# Fälle zum Familien- und Erbrecht

von

**Dr. Martin Löhnig**

o. Professor an der Universität Regensburg

unter Mitarbeit von
Dr. Martin Leiß, M. A.

2., neubearbeitete Auflage

Verlag C. H. Beck München 2010

Verlag C. H. Beck im Internet:
**beck.de**

ISBN 978 3 406 59855 5

© 2010 Verlag C. H. Beck oHG
Wilhelmstraße 9, 80801 München
Druck und Bindung: Nomos Verlagsgesellschaft
In den Lissen 12, 76547 Sinzheim

Satz: Druckerei C. H. Beck Nördlingen

Gedruckt auf säurefreiem, alterungsbeständigem Papier
(hergestellt aus chlorfrei gebleichtem Zellstoff)

# Vorwort

Seit dem Erscheinen der ersten Auflage der „Fälle zum Familien- und Erbrecht"
sind zahlreiche Gesetzesänderungen ergangen. Das Unterhaltsrecht, §§ 1569ff., 1615l
BGB, wurde genauso reformiert wie der Zugewinnausgleich, §§ 1372ff. BGB, oder das
Pflichtteilsrecht, § 2303ff. BGB. Hinzu kommt die Neuregelung des Verfahrensrechts
durch das FamFG. Die Neuauflage berücksichtigt sämtliche Reformen der 16. Legis-
laturperiode auf dem Stand vom 1. 10. 2009. Ebenso berücksichtigt sie Verbesserungs-
hinweise aus zahlreichen Leserzuschriften, für die ich sehr herzlich danke und die
ich auch weiterhin erbitte, am besten an martin.loehnig@jura.uni-regensburg.de.
Ebenso danke ich meinen Mitarbeiterinnen *Anita Bohn* und *Ruth Schneider* für die
kritische Lektüre der Neuauflage. Ich wünsche allen Leserinnen und Lesern viel Vergnügen und Gewinn bei der Arbeit auch mit der neuen Auflage.

Regensburg, im März 2010                                        *Martin Löhnig*

## Vorwort zur ersten Auflage (2007)

Die „Fälle zum Familien- und Erbrecht" sind aus den Erfahrungen meiner jahrelan-
gen Tätigkeit im UNI-Rep an der Universität Regensburg hervorgegangen. Sie sind
für das Klausurtraining von Examenskandidaten genauso geeignet wie für Studentin-
nen und Studenten, die sich auf Abschlussklausuren familien- und erbrechtlicher Vor-
lesungen oder entsprechender Schwerpunktveranstaltungen vorbereiten.

Ein besonderes Augenmerk der Klausuren liegt auf den für die Klausurbearbeitung
so wichtigen „Querverstrebungen" zwischen Familien- und Erbrecht und den ersten
drei Büchern des Bürgerlichen Gesetzbuches, aber auch zwischen Familien- und
Erbrecht und den „Nebengebieten" Handels-, Gesellschafts- und Zivilprozessrecht.
Außerdem werden natürlich zentrale Bereiche des Familien- und Erbrechts selbst behandelt. Wichtige Entwicklungen der Rechtsprechung der letzten Jahre sind umfassend berücksichtigt.

Die weitaus meisten Klausuren verlangen ein Gutachten zur Rechtslage. Daneben
sind in der Fallsammlung aber auch Klausuren enthalten, die eine Mandantenberatung
oder Fragen der vorsorgenden Rechtspflege zum Gegenstand haben. Damit wird neueren Entwicklungen Rechnung getragen, die eine stärkere „Anwaltsorientierung" des
Studiums und damit auch der Klausuraufgaben zur Folge haben.

Ein Fallbuch kann nicht ohne die Hilfe zahlreicher Kollegen entstehen: Notarasses-
sor *Dr. Martin Leiß* (Regensburg/Ingolstadt) hat die Fälle 13–15 bearbeitet und das
Buch so um die notarielle Sichtweise erweitert. Herr Rechtsreferendar *Dr. Philipp
S. Fischinger* (Regensburg) hat die Fälle 1–12 kritisch durchgesehen und zahlreiche
Verbesserungsvorschläge beigetragen. Die Teilnehmerinnen und Teilnehmer meiner
Regensburger Repetitorien haben durch ihre Beiträge zur stetigen Verbesserung der
Fälle beigetragen. Ihnen allen danke ich herzlich.

Kritische Anmerkungen und Verbesserungsvorschläge sind jederzeit willkommen: martin.loehnig@jura.uni-regensburg.de. Ich wünsche allen Leserinnen und Lesern viel Vergnügen und Gewinn bei der Arbeit mit diesem Buch.

# Inhaltsverzeichnis

# Abkürzungsverzeichnis

| | |
|---|---|
| a. A. | andere Ansicht |
| Abs. | Absatz |
| a. E. | am Ende |
| a. F. | alte Fassung |
| AcP | Archiv für die civilistische Praxis |
| Alt. | Alternative |
| Art. | Artikel |
| BayObLG | Bayerisches Oberstes Landesgericht |
| BeurkG | Beurkundungsgesetz |
| BGB | Bürgerliches Gesetzbuch |
| BGH | Bundesgerichtshof |
| BGHZ | Entscheidungen des BGH in Zivilsachen |
| BVerfG | Bundesverfassungsgericht |
| ders. | derselbe |
| DNotZ | Deutsche Notar-Zeitschrift |
| EGMR | Europäischer Gerichtshof für Menschenrechte |
| EMRK | Europäische Menschenrechtskonvention |
| FamFG | Gesetz über das Verfahren in Familiensachen und in den Angelegenheiten der freiwilligen Gerichtsbarkeit |
| FamRZ | Zeitschrift für das gesamte Familienrecht |
| FS | Festschrift |
| GG | Grundgesetz |
| GmbH | Gesellschaft mit beschränkter Haftung |
| GmbHG | GmbH-Gesetz |
| GS | Gedächtnisschrift |
| Halbs. | Halbsatz |
| HGB | Handelsgesetzbuch |
| h. M. | herrschende Meinung |
| InsO | Insolvenzordnung |
| JA | Juristische Arbeitsblätter |
| JA-R | Juristische Arbeitsblätter Rechtsprechung |
| JuS | Juristische Schulung |
| JZ | Juristenzeitung |
| LPartG | Lebenspartnerschaftsgesetz |
| m. Anm. | mit Anmerkung |
| MittBayNot | Mitteilungen der Bayerischen Notarkammer |
| NJW | Neue Juristische Wochenschrift |
| NJW-RR | NJW-Rechtsprechungs-Report Zivilrecht |
| n. F. | neue Fassung |
| NJW-Spezial | NJW-Spezial: Die wichtigsten Informationen in speziellen Rechtsgebieten |
| notar | Zeitschrift „Notar" |
| Nr. | Nummer(n) |
| OHG | Offene Handelsgesellschaft |
| OLG | Oberlandesgericht |
| RG | Reichsgericht |
| RGZ | Entscheidungen des RG in Zivilsachen |
| RNotZ | Rheinische Notar-Zeitschrift |
| Rn. | Randnummer |
| S. | Seite |
| s. | siehe |
| SGB XII | Sozialgesetzbuch Zwölftes Buch – Sozialhilfe – |
| VersAusglG | Versorgungsausgleichsgesetz |
| vgl. | vergleiche |

# Verzeichnis der abgekürzt zitierten Literatur

AnwK/*Bearbeiter* .................. *Dauner-Lieb/Heidel/Ring*, Anwaltkommentar BGB, 2005
Bamberger/Roth/*Bearbeiter* .. Bamberger/Roth, Kommentar zum Bürgerlichen Gesetzbuch, 2. Aufl., 2008
*Baur/Stürner* ......................... *Baur/Stürner*, Sachenrecht, 18. Aufl., 2009
Beck'sches Notarhandbuch .... Beck'sches Notarhandbuch, 5. Aufl., 2009
*Brox/Walker*,
Allgemeines Schuldrecht ........ *Brox/Walker*, Allgemeines Schuldrecht, 33. Aufl., 2009
*Brox/Walker*,
Besonderes Schuldrecht .......... *Brox/Walker*, Besonderes Schuldrecht, 33. Aufl., 2008
*Brox/Walker*, Erbrecht ........... *Brox/Walker*, Erbrecht, 23. Aufl., 2009
*Dethloff* ................................. *Dethloff*, Familienrecht, 9. Aufl., 2009
*Deutsch/Ahrens* ..................... *Deutsch/Ahrens*, Deliktsrecht, 5. Aufl., 2009
*Ebenroth* ............................... *Ebenroth*, Erbrecht, 2002
*Emmerich* .............................. *Emmerich*, BGB-Schuldrecht Besonderer Teil, 12. Aufl., 2009
Erman/*Bearbeiter* .................. *Erman*, BGB, Handkommentar, 12. Aufl., 2008
FA-ErbR ................................. *Frieser/Sarres/Stückemann/Tschichoflos*, Handbuch des Fachanwalts Erbrecht, 3. Aufl., 2009
*Frank* ..................................... *Frank*, Erbrecht, 4. Aufl., 2007
Göppinger/Wax ...................... *Göppinger/Wax*, Unterhaltsrecht, 9. Aufl., 2008
*Gursky* ................................... *Gursky*, Erbrecht, 5. Aufl., 2007
HK-FamR/*Bearbeiter* ............ *Schulz/Hauß*, Familienrecht, Handkommentar, 2008
Jauernig/*Bearbeiter* ............... *Jauernig*, BGB, Kommentar, 13. Aufl., 2009
*Kornexl* .................................. *Kornexl*, Nachlassplanung bei Problemkindern, 2006
*Lange/Kuchinke* ..................... *Lange/Kuchinke*, Erbrecht, 5. Aufl., 2001
*Leipold* .................................. *Leipold*, Erbrecht, 17. Aufl., 2009
*Looschelders* ........................... *Looschelders*, Schuldrecht Allgemeiner Teil, 7. Aufl., 2009
*Medicus/Lorenz* ...................... *Medicus/Lorenz*, Schuldrecht I – Allgemeiner Teil, 18. Aufl., 2008
*Medicus/Petersen* ................... *Medicus/Petersen*, Bürgerliches Recht, 22. Aufl., 2009
*Michalski* ............................... *Michalski*, BGB – Erbrecht, 3. Aufl., 2006
*Münch* ................................... *Münch*, Ehebezogene Rechtsgeschäfte, 2. Aufl., 2007
Münchener Anwaltshandbuch  Münchener Anwaltshandbuch Erbrecht, 2. Aufl., 2006
MünchKomm/*Bearbeiter* ....... Münchener Kommentar zum BGB, 5. Aufl., 2006 ff.
Münchener Vertragshandbuch  Münchener Vertragshandbuch, Bd. 6: Bürgerliches Recht, 5. Aufl., 2003
*Nieder/Kössinger* .................... *Nieder/Kössinger*, Handbuch der Testamentsgestaltung, 3. Aufl., 2008
Palandt/*Bearbeiter* ................ *Palandt*, BGB, Kommentar, 69. Aufl., 2010
Prütting/Wegen/Weinreich/
*Bearbeiter* ............................... *Prütting/Wegen/Weinreich*, BGB, Kommentar, 4. Aufl., 2009
*Rauscher* ................................ *Rauscher*, Familienrecht, 2. Aufl., 2008
*Reimann/Bengel/Mayer* ........ *Reimann/Bengel/Mayer*, Testament und Erbvertrag, 5. Aufl., 2006
*Rüthers/Stadler* ...................... *Rüthers/Stadler*, Allgemeiner Teil des BGB, 16. Aufl., 2009
*Schlüter*, Familienrecht .......... *Schlüter*, BGB-Familienrecht, 13. Aufl., 2009
*Schlüter*, PdW ....................... *Schlüter*, Prüfe dein Wissen – Erbrecht, 10. Aufl., 2007
*Schwab*, Familienrecht ........... *Schwab*, Familienrecht, 17. Aufl., 2009
*Schwab*, PdW ......................... Prüfe dein Wissen – Familienrecht, 11. Aufl., 2006
*Schwab*, Scheidungsrecht ........ Handbuch des Scheidungsrechts, 5. Aufl., 2004
Staudinger/*Bearbeiter* ........... *Staudinger*, Kommentar zum BGB, 13. Bearbeitung, 1993 ff.
Stein/Jonas/*Bearbeiter* ........... *Stein/Jonas*, Kommentar zur ZPO, 22. Aufl., 2002 ff.
Würzburger Notarhandbuch ..  *Limmer/Hertel/Frenz/Mayer*, Würzburger Notarhandbuch, 2. Aufl., 2009
Zöllner/*Bearbeiter* .................. *Zöllner*, ZPO, Kommentar, 28. Aufl., 2009

# Fall 1. Designerradio

## Sachverhalt

Hannah und Christoph Huber sind verheiratet. In die Ehe hat Hannah ein altes Radio mitgebracht, das jetzt im Wohnzimmer der Hubers steht. Christoph hasste dieses Gerät, weil er es hässlich fand und es außerdem keinen guten Klang hatte. Eine Tages, Hannah war gerade für mehrere Wochen auf Kur, sah er bei seinem Nachbarn Norbert Nacht ein von Henry Kloss entworfenes Designerradio und entschloss sich, so ein Gerät zu kaufen. Als Christoph seinem Nachbarn von diesem Plan berichtete, bot Norbert an, die Radios einfach zu tauschen.

Was Christoph nicht wusste: Hannahs Radio war ein begehrtes und wertvolles Designerstück aus den 1960er Jahren, das ursprünglich Hannahs Onkel Olav Ochs gehörte. Hannah hatte ihren Onkel Olav als Vorerbin zu ½ beerbt, weitere Vorerbin zu ½ war Hannahs Schwester Lisa. Die Erbengemeinschaft war noch nicht auseinandergesetzt, Lisa hatte Hannah aber einstweilen die Benutzung des Radios gestattet, weil sie selbst in ihrem Studentenzimmer keinen Platz dafür hatte. Alleiniger Nacherbe nach Olav ist Hannas und Lisas Cousin Conrad Cruel.

Gesagt, getan: Christoph und Norbert tauschten die Radios und Christoph stellte das neue Radio zu Hause im Wohnzimmer auf, während Norbert Hannahs Radio teuer weiterverkaufte.

Einige Tage später lud Christoph seine Kollegin Juliette, die er schon sehr lange äußerst attraktiv fand, zum Abendessen ein. Juliette wiederum fand das Designerradio, das Christoph als „seine neueste Errungenschaft" vorstellte, sehr begehrenswert. Christoph, der für Juliette alles tun würde, schenkte ihr schließlich das Gerät. Juliette nahm das Radio daraufhin mit nach Hause. Sie hatte allerdings nicht viel Freude an dem Gerät: Ihr Sohn Frederic (2 Jahre) zog am Stromkabel und warf das Radio vom Tisch, so dass es zerstört wurde.

Als Hannah von der Kur nach Hause kam und bemerkte, dass ihr Radio fehlte, gestand ihr Christoph nach kurzem Zögern alles.

**Bearbeitervermerk:**

In einem Gutachten, das auf alle aufgeworfenen Rechtsfragen eingeht, sind in der vorgegebenen Reihenfolge folgende Fragen zu beantworten:

1. Wer ist Eigentümer der beiden Radiogeräte?
2. Welche Ansprüche hat Hannah gegen ihren Mann?

## Gliederung

Lösung

## Frage 1

### I. Eigentumslage am alten Radio

### 1. Ursprüngliche Eigentumslage

Ursprünglich waren Hannah und Lisa in gesamthänderischer Verbundenheit als **1** Miterben in ungeteilter Erbengemeinschaft Eigentümer des alten Radios. Conrads Nacherbenstellung ändert daran nichts, da Conrad erst durch die Nacherbfolge, welche bei fehlender Bestimmung durch den Erblasser mit dem Tod des bzw. der Vorerben eintritt, § 2106 Abs. 1 BGB, Eigentümer des Radios wird.

### 2. Eheschließung

Möglicherweise hat sich die Eigentumslage durch die Eheschließung der Hannah mit **2** Christoph geändert. Die Eheschließung hat jedoch, soweit die Ehegatten keine Vereinbarung zum Güterstand treffen und deshalb eine Zugewinngemeinschaft begründen, keinen Einfluss auf die dingliche Rechtslage an den im Zeitpunkt der Eheschließung im Eigentum des jeweiligen Ehegatten stehenden Sachen, § 1363 Abs. 2 BGB.

### 3. Übereignung von Christoph an Norbert, § 929 S. 1 BGB

Allerdings könnte Christoph das Radio an den Nachbarn Norbert übereignet ha- **3** ben, § 929 S. 1 BGB. Dazu wäre eine Einigung zwischen Christoph und Norbert über den Eigentumsübergang, die Übergabe des Radios von Christoph an Norbert und das Vorliegen der Verfügungsbefugnis des Christoph erforderlich.

### a) Einigung

Christoph und Norbert waren darüber einig, dass das Eigentum am Radio auf Nor- **4** bert übergehen solle.

Möglicherweise bedurfte es für die Wirksamkeit der Einigung jedoch der Einwilli- **5** gung der Ehefrau Hannah, § 1369 Abs. 1 BGB. Norbert wollte das Radio – einen Gegenstand des ehelichen Haushalts – an Norbert übereignen. § 1369 Abs. 1 BGB stellt jedoch nur die Verfügung über eigene Haushaltsgegenstände unter Einwilligungsvorbehalt. Verbreitet wird allerdings die Auffassung vertreten, dass § 1369 BGB, der einem Ehegatten schon die Verfügung über eigene Haushaltsgegenstände verbietet, erst recht eine Verfügung über Haushaltsgegenstände verbieten müsse, die dem anderen Ehegatten gehören.[1] Für diese Auffassung spricht, dass § 1369 BGB die sachliche Lebensgrundlage der Ehe schützen möchte und es deshalb nicht darauf ankommen kann, in wessen Eigentum der betreffende Haushaltsgegenstand steht. Eine analoge Anwendung der Norm zum Schutz des Eigentümerehegatten ist jedoch allenfalls dann erforderlich, wenn dieser nicht schon durch allgemeine Regeln, insbesondere § 935 BGB, geschützt ist.[2] Soweit dies der Fall ist, muss die Streitfrage deshalb nicht entschieden werden.

---

[1] *Baur/Stürner*, § 51 Rn. 29; *Schwab*, Familienrecht, Rn. 207; Palandt/*Diederichsen*, § 1369 Rn. 1; Erman/*Heckelmann*, § 1369 Rn. 8.

[2] Staudinger/*Thiele*, § 1369 Rn. 37; *Dethloff*, § 5 Rn. 86; *Schlüter*, Familienrecht, Rn. 120; eingehend *Löhnig*, JA 2006, 753 ff.

### b) Übergabe

6    Christoph hat das Radio an Norbert übergeben.

### c) Berechtigung

7    Fraglich ist ob Christoph zur Übereignung des Radios berechtigt war. Zur Verfügung über eine Sache berechtigt ist grundsätzlich der Eigentümer. Christoph war jedoch nicht Eigentümer des Radios. Möglicherweise ergibt sich jedoch aus der Schlüsselgewalt des Christoph, § 1357 Abs. 1 BGB, eine Verfügungsberechtigung. Die Schlüsselgewalt der Ehegatten erzeugt aber jedenfalls keine Verfügungsbefugnis eines Ehegatten über ihm nicht gehörende Sachen, die ansonsten dem beliebigen Zugriff des jeweils anderen Ehegatten ausgesetzt wären.[3] Überdies dient der Verkauf des Haushaltsgegenstands nicht der Deckung des angemessenen Lebensbedarfs der Familie. Somit kann auch § 1357 Abs. 1 BGB Christoph keine Verfügungsberechtigung verschaffen.

### d) Gutgläubiger Erwerb, § 932 BGB

8    Christoph war also nicht verfügungsberechtigt, so dass allein ein gutgläubiger Erwerb des Norbert von dem nicht berechtigten Christoph in Betracht kommt. Dafür ist zunächst ein Rechtsscheinstatbestand erforderlich, an den sich der gute Glaube des Norbert an das Eigentum des Christoph knüpfen kann. Das ist der Besitz der betreffenden Sache. Christoph war Besitzer des Radios. Mangels entgegenstehender Anhaltspunkte ist davon auszugehen (§ 932 Abs. 2 BGB: „es sei denn"), dass Norbert ohne grobe Fahrlässigkeit glauben durfte, Christoph sei demnach auch Eigentümer des Radios.

### e) Abhandenkommen des Radios, § 935 BGB

9    Ein gutgläubiger Erwerb des Norbert würde aber dann ausscheiden, wenn zumindest einer der Eigentümerinnen, hier Hannah, das Radio abhanden gekommen wäre, § 935 Abs. 1 S. 1 BGB. Das wäre dann der Fall, wenn sie ihren unmittelbaren Besitz an dem Radio gegen oder ohne ihren Willen verloren hätte.

### aa) Besitz der Hannah am Radio

10    Zunächst ist deshalb zu prüfen, ob Hannah überhaupt Besitz an dem Radio hatte. Das Radio befand sich im ehelichen Wohnzimmer der Familie Huber. An einem derartigen gemeinsam genutzten Haushaltsgegenstand haben die Ehegatten, unabhängig von den Eigentumsverhältnissen, in der Regel Mitbesitz,[4] den sie sich kraft Ehe zu gewähren verpflichtet sind, § 1353 BGB.

11    Allerdings ist Hannah für mehrere Wochen zur Kur gegangen und könnte auf diese Weise ihren Mitbesitz an dem Radio verloren haben. Besitz wird aus zwei Komponenten gebildet: Dem Sachherrschaftswillen und der tatsächlichen Sachherrschaft über die Sache. Hannah, die mehrere Wochen außer Haus war, hatte zwar weiterhin Sachherrschaftswillen, aber keine unmittelbare Sachherrschaft über das Radio mehr. Eine derartige vorübergehende Aufhebung der Sachherrschaft beendet jedoch nicht den Besitz, § 856 Abs. 2 BGB. Damit war Hannah im Augenblick der Weggabe des Radios an Norbert Mitbesitzerin.

---

[3] *Schwab*, Familienrecht, Rn. 147; *Dethloff*, § 4 Rn. 22.
[4] BGHZ 12, 380, 398 ff.

### bb) Abhandenkommen

Dieser Mitbesitz wurde durch die Übergabe des Radios von Christoph an Norbert, **12** der damit alleiniger Besitzer des Radios wurde, beendet. Dies geschah ohne den Willen der Hannah. Damit ist Hannah das Radio abhanden gekommen und ein gutgläubiger Eigentumserwerb des Norbert scheidet aus, § 935 Abs. 1 S. 1 BGB.

### 4. Ergebnis

Hannah und Lisa in gesamthänderischer Verbundenheit als Miterben in ungeteilter **13** Erbengemeinschaft nach Olav sind also Miteigentümerinnen des alten Radios. Die oben aufgeworfene Streitfrage zur analogen Anwendung des § 1369 Abs. 1 BGB kann somit offen bleiben, weil die Ehefrau nicht etwa – wie früher vielfach angenommen wurde – Besitzdienerin des Ehemannes, sondern gleichberechtigte Mitbesitzerin der gemeinsam benutzten Haushaltsgegenstände ist und damit durch § 935 BGB geschützt wird.

### II. Eigentumslage am neuen Radio

### 1. Ursprüngliche Eigentumslage

Ursprünglich war Norbert Eigentümer des neuen Radios. **14**

### 2. Übereignung von Norbert an Christoph, § 929 S. 1 BGB

Möglicherweise hat Norbert sein Eigentum an Christoph verloren, indem er diesem **15** das Radio übereignet hat, § 929 S. 1 BGB. Norbert und Christoph waren sich darüber einig, dass das Eigentum an dem Radio auf Christoph übergehen solle. Norbert hat das Radio auch an Christoph übergeben. Schließlich war Norbert als Eigentümer des Radios auch zur Übereignung des Geräts berechtigt. Damit wäre Christoph Eigentümer des Radios geworden.

### 3. Dingliche Surrogation, § 2111 BGB

Etwas anderes würde jedoch gelten, wenn ein Eigentumserwerb der Vorerbinnen **16** Hannah und Lisa kraft dinglicher Surrogation erfolgt wäre, § 2111 BGB.[5] Dann wäre das Eigentum an dem neuen Radio ohne Zwischenerwerb bei Christoph direkt von Norbert auf Hannah und Lisa in gesamthänderischer Verbundenheit übergegangen.

### a) Vor- und Nacherbschaft

§ 2111 BGB ist grundsätzlich anwendbar, denn Hannah und Lisa waren zwar Er- **17** binnen nach Olav, jedoch nur Vorerbinnen, während Conrad als Nacherbe, § 2100 BGB eingesetzt ist und Olav nach dem Tod der Hannah und Lisa jeweils ein weiteres Mal beerben wird.

### b) Erwerb mit Mitteln der Erbschaft

Außerdem müsste das Radio durch Rechtsgeschäft mit Mitteln der Erbschaft er- **18** worben worden sein. Norbert und Christoph haben einen Tausch Eigentum am alten Radio gegen Eigentum am neuen Radio vereinbart und damit einen Tauschvertrag geschlossen. Das Eigentum am alten, zum Nachlass des Olav gehörenden, Radio war die

---

[5] Dazu eingehend *Löhnig*, JA 2003, 990; *Dethloff*, § 5 Rn. 63 f.

Gegenleistung für den Eigentumserwerb am neuen Radio, das somit mit Mitteln der Erbschaft erworben wurde.

19    Allerdings müsste das Rechtsgeschäft, vorliegend also der Tausch, vom Vorerben getätigt worden sein. Das ist nicht der Fall, denn Christoph ist Partner des Tauschvertrages geworden. Das Handeln des Christoph lässt sich auch ansonsten nicht der Hannah oder Lisa als Vorerbinnen zurechnen, weil es auch nicht in ihrem Auftrag geschehen ist.

Nach alter Rechtslage wäre zu überlegen gewesen, ob Lisa nicht bereits gem. § 1370 BGB a. F. im Wege der dinglichen Surrogation im Güterrecht Eigentümerin des Radios geworden wäre. Auf den Streit um dessen Anwendbarkeit bei einer Kollision mit der Surrogationsvorschrift des § 2111 BGB kommt es seit der Reform des ehelichen Zugewinnausgleichs und der damit verbundenen Abschaffung des § 1370 BGB a. F. jedoch nicht mehr an.

### 4. Dingliche Surrogation, § 2041 BGB

20    In Betracht kommt jedoch eine dingliche Surrogation nach § 2041 BGB. Es besteht eine ungeteilte Erbengemeinschaft nach Olav bestehend aus den beiden Vorerbinnen Hannah und Lisa, so dass § 2041 BGB Anwendung finden kann.

21    Der Tauschvertrag zwischen Christoph und Norbert bezieht sich auf den Nachlass, denn er verpflichtet Christoph zur Übereignung eines Nachlassgegenstands; anders als in § 2111 BGB ist jedoch in § 2041 BGB nicht die Einschränkung vorgesehen, dass das Rechtsgeschäft von einem oder mehreren Miterben vorgenommen sein muss.[6] So findet ohne Rücksicht auf den Willen der erwerbenden Miterben die Surrogation statt, sofern der Erwerb durch Nachlassmittel erfolgt. Denn schon die durch die Verwendung von Nachlassmitteln zum Ausdruck kommende objektive Beziehung zum Nachlass reicht für den Surrogationserwerb aus.[7] Damit liegen die Voraussetzungen des § 2041 BGB vor und Hannah und Lisa sind in gesamthänderischer Verbundenheit Eigentümerinnen des neuen Radios geworden; sie haben das Eigentum direkt von Norbert erworben. § 2041 BGB bewirkt nämlich gleichsam eine Änderung der erwerbenden Person im Rahmen der Übereignung nach § 929 S. 1 BGB ohne Rücksicht auf den Willen der an der Übereignung beteiligten Personen.

### 5. Übereignung von Christoph an Juliette, § 929 S. 1 BGB

22    Hannah und Lisa könnten jedoch ihr Eigentum dadurch wieder verloren haben, dass Christoph das Radio an seine Kollegin Juliette übereignet hat, § 929 S. 1 BGB.

#### a) Einigung; Übergabe; Berechtigung

23    Christoph und Juliette waren sich darüber einig, dass Juliette Eigentum an dem Radio erwerben soll. Auch hat Christoph das Radio an Juliette übergeben. Als Nichteigentümer war Christoph jedoch nicht zu einer Verfügung über das Radio berechtigt.

#### b) Gutgläubiger Erwerb vom Nichtberechtigten, § 932 BGB

24    Deshalb kommt allein ein gutgläubiger Erwerb der Juliette vom nicht berechtigten Christoph in Betracht. Christoph war Besitzer des Radios. An diesen Rechtsscheinstatbestand müsste sich der gute Glaube der Juliette an das Eigentum des Christoph geknüpft haben. Soweit keine anderen Anhaltspunkte ersichtlich sind, ist von Gutgläubigkeit des Erwerbers auszugehen, § 932 Abs. 2 BGB.

---

[6] Staudinger/*Werner*, § 2041 Rn 10; a. A. MünchKomm/*Heldrich*, § 2041 Rn 3.
[7] *OLG Hamm* ZEV 2001, 275.

Hier könnte der Gutgläubigkeit der Juliette entgegenstehen, dass sich das Radio im 25 Wohnzimmer des Ehepaares Huber befand. Deshalb hätte für Juliette der Eindruck entstehen können, dass das Radio nicht Christoph allein gehöre. Auf der anderen Seite konnte es für Juliette den Anschein haben, als gehöre Christoph das Radio, denn er hat sich entsprechend verhalten und insbesondere das Radio als „seine neueste Errungenschaft" vorgestellt. Diese Umstände müssten die Wertung zulassen, Juliette habe nicht infolge grober Fahrlässigkeit verkannt, dass Christoph nicht Eigentümer ist. Außerdem ist zu berücksichtigen, dass sich das Eigentum von Hannah und Lisa doch erst aus einer Anwendung der Surrogationsregel des § 2041 BGB ergibt, welches für Juliette als juristischen Laien erst recht nicht erkennbar gewesen sein dürfte.

## c) Abhandenkommen, § 935 BGB

### aa) Besitz

Ein gutgläubiger Erwerb der Juliette würde aber dann ausscheiden, wenn einer der 26 Miteigentümerinnen, hier Hannah, das Radio abhanden gekommen wäre, § 935 Abs. 1 S. 1 BGB. Das wäre dann der Fall, wenn sie ihren unmittelbaren Besitz an dem Radio gegen oder ohne ihren Willen verloren hätte. An einem gemeinsam genutzten Haushaltsgegenstand haben die Ehegatten unabhängig von den Eigentumsverhältnissen in der Regel Mitbesitz. Daran ändert auch der Kuraufenthalt der Hannah nichts.

Allerdings war Hannah überhaupt nicht bekannt, dass dieser Haushaltsgegenstand 27 vorhanden ist. Möglicherweise ist sie deshalb zwar grundsätzlich Besitzerin aller Haushaltsgegenstände in der ehelichen Wohnung, nicht aber des neuen Radios. Besitz wird aus zwei Komponenten gebildet: Dem Sachherrschaftswillen und der tatsächlichen Sachherrschaft über die Sache. Eine, wenn auch gelockerte, Sachherrschaft der Hannah lag vor, vgl. § 856 Abs. 2 BGB. Es könnte jedoch am Sachherrschaftswillen fehlen. Allerdings kann angenommen werden, dass der Bewohner einer Wohnung den Willen hat, sämtliche darin befindliche Haushaltsgegenstände zu besitzen, ohne dass er sich über deren genauen Bestand bewusst sein müsste (genereller Besitzwille).[8] Damit war Hannah Mitbesitzerin des neuen Radios.

### bb) Abhandenkommen

Dieser Mitbesitz wurde durch die Übergabe des Radios von Christoph an Juliette 28 beendet, was ohne den Willen der Hannah geschah. Damit ist Hannah das Radio abhanden gekommen und ein gutgläubiger Eigentumserwerb der Juliette scheidet aus. Hannah und Lisa sind damit in gesamthänderischer Verbundenheit Eigentümerinnen des neuen Radios geblieben.

## 6. Ergebnis

Sowohl das alte Radio als auch das neue Radio stehen im Miteigentum von Hannah 29 und Lisa als Erbengemeinschaft nach Olav. Zu unterscheiden ist deshalb in der Folge zwischen Ansprüchen, die Hannah aus eigenem Recht gegen Christoph hat, und Ansprüchen, die zum Nachlass gehören und von Hannah geltend gemacht werden können, § 2039 S. 2 BGB.

---

[8] Staudinger/*Bund,* § 854 Rn. 18; Palandt/*Bassenge,* § 854 Rn. 5.

**Frage 2**

## I. Ansprüche bezüglich des alten Radios

### 1. §§ 1353, 280 Abs. 1 BGB

30    Bezüglich des alten Radios kommt zunächst ein Schadensersatzanspruch der Hannah gegen Christoph aus §§ 1353, 280 Abs. 1 BGB in Betracht. Derartige Schadenersatzansprüche unter Ehegatten kommen zwar nicht bei der Verletzung personaler Ehepflichten, wohl aber im vermögensrechtlichen Bereich in Betracht.[9]

#### a) Voraussetzungen des § 280 Abs. 1 BGB

31    Dafür müsste zunächst zwischen Hannah und Christoph ein Schuldverhältnis bestehen. Dieses Schuldverhältnis besteht in Form der Ehe. Innerhalb dieses Schuldverhältnisses müsste Christoph eine Pflichtverletzung begangen haben. Die Pflichten der Ehegatten ergeben sich, soweit es an besonderen Regelungen fehlt, aus § 1353 Abs. 1 BGB. Dort ist geregelt, dass die Ehegatten zur ehelichen Lebensgemeinschaft verpflichtet sind und füreinander Verantwortung tragen. Dies umfasst auch die Pflicht zur Rücksichtnahme auf Rechtsgüter und Interessen des anderen Ehegatten. Christoph hat Hannahs Radio an Norbert verschenkt und damit seine Pflicht zur Rücksichtnahme auf die Rechtsgüter der Hannah verletzt. Christoph muss diese Pflichtverletzung auch vertreten. Er kann die Vermutung des § 280 Abs. 1 S. 2 BGB nicht widerlegen, denn er hat das Radio seiner Frau wissentlich verschenkt.

#### b) Rechtsfolge: Schadensersatz, §§ 249 ff. BGB

32    Damit hat Hannah einen Anspruch auf Schadensersatz nach Maßgabe der §§ 249 ff. BGB gegen Christoph, der deshalb verpflichtet ist, den Zustand wiederherzustellen, der ohne seine Pflichtverletzung bestünde, § 249 Abs. 1 BGB (Naturalrestitution). Ohne die Weggabe des alten Radios an Norbert wäre Hannah nicht nur Eigentümerin, vgl. oben, sondern auch Besitzerin des Radios. Deshalb muss Christoph seiner Frau Hannah wieder den Besitz an dem Radio verschaffen oder ihr sämtliche Kosten ersetzen, die ihr für die Wiedererlangung des Besitzes, also die Durchsetzung ihres Herausgabeanspruches aus § 985 BGB gegen Norbert, entstehen.

33    Soweit es nicht möglich ist, Hannah wieder in den Besitz des alten Radios zu setzen, weil Norbert dieses beispielsweise an Dritte weitergegeben oder beim Basteln zerstört hat, kann Hannah von Christoph Geldentschädigung in Höhe des Wertes des Radios verlangen, § 251 Abs. 1 BGB.

### 2. §§ 687 Abs. 2 S. 1, 678 BGB (Angemaßte Eigengeschäftsführung)

#### a) Voraussetzungen des § 687 Abs. 2 S. 1 BGB

34    Ein weiterer Anspruch der Hannah könnte sich aus §§ 687 Abs. 2, 678 BGB ergeben. Voraussetzung dafür wäre, dass Christoph ein fremdes Geschäft als sein eigenes geführt hat, obwohl er wusste, dass er dazu nicht berechtigt ist. Ein Geschäft ist dann fremd, wenn es nicht in den Rechts- und Interessenkreis des Handelnden fällt. Die Veräußerung eines Gegenstandes fällt in den Rechts- und Interessenkreis des Eigentümers, vorliegend also der Hannah. Damit hat Christoph ein fremdes Geschäft geführt.

---

[9] *Schwab,* Familienrecht, Rn. 134 ff.; *Rauscher,* Rn. 244.

Christoph müsste dieses Geschäft außerdem als eigenes Geschäft geführt haben. Das 35
ist der Fall, denn Christoph hatte nicht den Willen, für seine Frau zu handeln, sondern
handelte eigennützig, wollte er das Radio doch endlich loswerden.

Schließlich wusste Christoph auch darum, dass er ein Geschäft, das in den Rechts- 36
und Interessenkreis der Hannah fällt, als eigenes führt. Damit sind die Voraussetzungen des § 687 Abs. 2 S. 1 BGB erfüllt.

## b) Rechtsfolge: Ansprüche der Hannah aus GoA

Infolgedessen kann der „Geschäftsherr", also derjenige, in dessen Rechts- und Inte- 37
ressenkreis das vorgenommene Geschäft fällt, Ansprüche aus §§ 677, 678, 681, 682
BGB gegen den Geschäftsführer geltend machen. Hier interessiert Hannahs Anspruch
aus § 678 BGB: Der Geschäftsführer ist dem Geschäftsherrn ohne weiteres zum Ersatz
von Schäden verpflichtet, die aus einer Geschäftsführung gegen den Willen des Geschäftsherrn entstehen. Die Veräußerung des Radios war eine solche Geschäftsführung
gegen den Willen der Hannah. Deshalb schuldet Christoph auch aus §§ 687 Abs. 2,
678 BGB Schadensersatz nach Maßgabe der §§ 249ff. BGB, vgl. oben.

## 3. §§ 990 Abs. 1, 989 BGB

Ein weiterer Schadensersatzanspruch der Hannah gegen Christoph wegen der Ver- 38
äußerung des Radios könnte sich aus §§ 990 Abs. 1, 989 BGB ergeben. Voraussetzung
hierfür wäre zunächst das Vorliegen eines Eigentümer-Besitzer-Verhältnisses zum
Zeitpunkt des schädigenden Ereignisses, also zum Zeitpunkt der Veräußerung des Radios durch Christoph an Norbert. In diesem Zeitpunkt müsste also Hannah Eigentümerin des Radios gewesen sein und Christoph Besitzer ohne ein Recht zum Besitz
gegenüber Hannah.

Hannah war Eigentümerin, vgl. oben, und Christoph hatte Mitbesitz an dem Radio, 39
das sich als gemeinsam genutzter Haushaltsgegenstand in der Ehewohnung befand.
Fraglich ist jedoch, ob er auch ein Recht zum Besitz hatte. Im Rahmen der ehelichen
Lebensgemeinschaft, § 1353 BGB, sind die Ehegatten verpflichtet, sich gegenseitig
Mitbesitz an den ihnen gehörenden Haushaltsgegenständen zu gewähren.[10] Also war
im Rahmen der Ehe Christoph zum Mitbesitz aller der Hannah gehörenden Haushaltsgegenstände, also auch des Radios, berechtigt.

Problematisch ist jedoch, dass Christoph sein Besitzrecht überschritten hat, indem 40
er das Radio verschenkt hat. Diese Berechtigung des Christoph ergibt sich aus der Ehe
mit Hannah nämlich nicht. Christoph war also ein „nicht so berechtigter Besitzer",
der zwar ein Recht zum Besitz hatte, aber dessen Grenzen nicht respektiert hat. Fraglich ist, ob der „nicht so berechtigte Besitzer" so zu behandeln ist, als hätte er kein
Recht zum Besitz, so dass in diesen Fällen das Eigentümer-Besitzer-Verhältnis entsprechend angewendet werden kann.[11] Für diese Möglichkeit spricht der Umstand,
dass dem Eigentümer nur auf diese Weise Ansprüche aus dem Eigentümer-Besitzer-
Verhältnis verschafft werden können, insbesondere der Schadensersatzanspruch aus
§ 989 BGB. Nach vorzugswürdiger Ansicht müssen diese Ansprüche jedoch ausscheiden. Der Besitz kann nicht in einen berechtigten und einen nichtberechtigten Teil auf-
getrennt werden.[12] Der Gegenauffassung, die eine solche Aufspaltung vornehmen

---

[10] *Schwab,* Familienrecht, Rn. 101.
[11] So der BGH vor allem in Fällen, in denen die Frage der Nutzungsherausgabe und des Verwen-
dungsersatzes nicht geregelt sei, *BGH* NJW 1995, 2627, 2628, vor allem mit dem Argument zugunsten
des Besitzers, dass dieser nicht schlechter stehen dürfe als der nichtberechtigte Besitzer.
[12] *Medicus/Petersen,* Bürgerliches Recht, Rn. 582; *Roth,* JuS 1997, 518ff., 710ff., 897ff., 1087ff.

möchte, um dem Eigentümer die Ansprüche aus dem Eigentümer-Besitzer-Verhältnis zu eröffnen, ist entgegenzuhalten, dass sich Schadensersatzansprüche sowohl aus einer Pflichtverletzung im Rahmen des Schuldverhältnisses ergeben, das dem Besitzer das Besitzrecht gewährt, vgl. oben, und dass überdies deliktische Schadensersatzansprüche bestehen, vgl. unten. Ein Anspruch aus §§ 989, 990 BGB scheidet also mangels Vorliegen eines Eigentümer-Besitzer-Verhältnisses aus.

### 4. § 823 Abs. 1 BGB

41    In Betracht kommt jedoch ein Schadensersatzanspruch aus § 823 Abs. 1 BGB. Voraussetzung dafür wäre zunächst, dass Christoph eines der in § 823 Abs. 1 BGB geschützten Rechtsgüter der Hannah verletzt hat. In Betracht kommt eine Eigentumsverletzung. Hannah hat jedoch das Eigentum am Radio nicht verloren. Auch ist nicht ersichtlich, dass das Radio irgendwelche Beschädigungen erlitten hätte. Jedoch ist auch im Besitzentzug für eine nicht nur ganz unerhebliche Zeitspanne eine Eigentumsverletzung zu sehen.[13] Ein solcher Besitzentzug ist durch die Weggabe des Radios an Norbert erfolgt.

42    Diese Eigentumsverletzung wurde durch eine Verletzungshandlung des Christoph, nämlich die Weggabe des Radios an Norbert, verursacht. Rechtswidrigkeit liegt vor. Christoph hat auch schuldhaft gehandelt, wusste er doch, dass er fremdes Eigentum weggibt. Die Rechtsfolgen ergeben sich aus §§ 249 ff. BGB, vgl. oben.

## II. Ansprüche bezüglich des neuen Radios

### 1. §§ 1353, 280 Abs. 1 BGB

43    Auch bezüglich des neuen Radios hat Christoph seine Pflicht zur Rücksichtnahme auf die Rechtsgüter seiner Ehefrau Hannah verletzt, indem er es weggegeben hat, vgl. oben.

44    Fraglich ist jedoch, ob er diese Pflichtverletzung auch zu vertreten hat. Ein Vertretenmüssen ist nach § 280 Abs. 1 S. 2 BGB zu vermuten, wenn Christoph diese Vermutung nicht widerlegen kann. Zunächst ist der Haftungsmaßstab zu ermitteln. Zwischen Ehegatten gilt das Haftungsprivileg des § 1359 BGB. Christoph schuldet Hannah also nur eigenübliche Sorgfalt, ist jedoch von einer Haftung wegen grober Fahrlässigkeit nicht befreit, § 277 BGB. Christoph ist davon ausgegangen, dass es sich bei dem Designerradio um sein Eigentum handle, weil er selbst dieses Radio gekauft hat. Ihm als juristischem Laien ist bei Anwendung der eigenüblichen Sorgfalt nicht erkennbar, dass es sich bei dem von ihm erworbenen Radio nicht um „sein Radio" handelt, sondern Hannah Eigentümerin dieses Radios ist. Er hat auch nicht grob fahrlässig gehandelt, also gleichsam die Augen vor dem Umstand verschlossen, dass Hannah Eigentümerin des Radios ist. Deshalb scheidet ein Anspruch aus §§ 1353, 280 Abs. 1 BGB aus.

### 2. §§ 687 Abs. 2, 678 BGB

45    Ein Anspruch aus §§ 687 Abs. 2, 678 BGB scheidet ebenfalls aus. Zwar hat Christoph mit der Veräußerung des neuen Radios ein Geschäft der Eigentümerin Hannah als eigenes Geschäft geführt. Christoph wusste jedoch nicht, dass das neue Radio in Hannahs Eigentum steht.

### 3. §§ 990 Abs. 1, 989 BGB

46    Ein Schadensersatzanspruch aus §§ 990 Abs. 1, 989 BGB scheidet mangels Vorliegen einer Vindikationslage aus, vgl. oben.

---

[13] BGHZ 55, 153; Palandt/*Sprau*, § 823 Rn. 8.

## 4. § 823 Abs. 1 BGB

In Betracht kommt schließlich ein Anspruch aus § 823 Abs. 1 BGB. Erforderlich ist **47**
hierfür zunächst eine Eigentumsverletzung bei Hannah. Das neue, im Eigentum der
Hannah stehende Radio wurde zerstört, als Frederic es vom Tisch gezogen hat.

Fraglich ist jedoch, ob dies durch eine Handlung des Christoph geschehen ist. **48**
Christoph hat das Radio aus der Hand gegeben und damit ermöglicht, dass Frederic
das Radio zerstört. Das Verschenken des Radios an Juliette ist also kausal für die Zerstörung des Radios geworden, denn das Verschenken kann nicht hinweggedacht werden, ohne dass die Zerstörung durch Frederic entfiele. Das Weggeben des Radios an
Juliette hat jedoch nicht unmittelbar zu dessen Zerstörung geführt. Vielmehr ist unmittelbare Zerstörungsursache das Handeln des Frederic. Fraglich ist deshalb, ob die
Zerstörung dem Christoph noch zuzurechnen ist oder ob das Handeln des Frederic
den Zurechnungszusammenhang unterbrochen hat. Das wäre etwa dann der Fall,
wenn der Verlauf der Dinge als gänzlich untypisch (Adäquanz) anzusehen wäre oder
das Handeln des Frederic den Kausalverlauf unterbrochen hätte. Die Zerstörung eines
Gegenstandes durch ein Kleinkind liegt nicht außerhalb jeder Lebenserfahrung. Auch
eine Unterbrechung des Kausalverlaufes erfolgt jedenfalls dann nicht, wenn der Da-
zwischentretende schuldlos handelt.[14] Vorliegend hat Frederic, der nicht deliktsfähig
ist, § 828 Abs. 1 BGB, und damit schuldlos gehandelt hat, das Radio zerstört. Zu einer
Sorgfaltswidrigkeit der Juliette ist nichts ersichtlich. Damit liegt auch eine kausale Verletzungshandlung des Christoph vor. Rechtswidrigkeit ist gegeben.

Fraglich ist jedoch, ob Christoph die Eigentumsverletzung zu vertreten hat. Auch hier **49**
ist zunächst der Haftungsmaßstab zu ermitteln. In Betracht kommt eine Anwendung des
§ 1359 BGB. Diese Norm ist jedoch ihrem Wortlaut nach nur auf die Erfüllung der sich
aus dem ehelichen Verhältnis ergebenden Verpflichtungen und damit nicht im deliktischen Bereich anwendbar. Allerdings wird eine die Pflicht aus § 1353 BGB verletzende
Eigentumsbeeinträchtigung in der Regel mit einem deliktischen Anspruch konkurrie-
ren, so dass über die Anwendung des Deliktsrechts das Haftungsprivileg des § 1359 BGB
ausgehebelt würde. Deshalb ist im Rahmen dieses deliktischen Anspruchs § 1359 BGB
analog anzuwenden.[15] Damit scheidet ein Vertretenmüssen aus, vgl. oben. Auch ein de-
liktischer Anspruch ist also bezüglich des neuen Radios nicht gegeben.

### III. Rücksichtnahme bei der Durchsetzung der Ansprüche

Hannah hat somit gegen Christoph Schadenersatzansprüche lediglich wegen der **50**
Weggabe des alten Radios an Norbert. Möglicherweise ist Hannah jedoch daran gehindert, ihre Ansprüche gegenüber Christoph durchzusetzen, weil Christoph eine
Einrede aus § 1353 Abs. 1 BGB zusteht. Aus dieser Norm können sich nämlich unter
dem Gesichtspunkt der Rücksichtnahme Beschränkungen für die Geltendmachung
von Ansprüchen unter Ehegatten ergeben.[16] Nach zutreffender Auffassung ist die Geltendmachung eines Anspruchs als solche jedoch nicht rücksichtslos, es sei denn zusätzliche Umstände, etwa eine bedrängte finanzielle Situation des Ehegatten, kommen
hinzu. Dafür ist vorliegend jedoch nichts ersichtlich.

---

[14] Vgl. *Deutsch/Ahrens*, Rn. 66 ff.
[15] Palandt/*Brudermüller*, § 1359 Rn. 2; *Schwab*, Familienrecht, Rn. 136.
[16] Staudinger/*Hübner/Voppel*, § 1353 Rn. 88 ff.

# Fall 2. Kulturschaffende Mutter

## Sachverhalt

### Teil 1

Die fünfjährige Lara rannte aus dem Gartengrundstück ihrer Mutter einfach auf die Straße. Sie wurde von einem Rollerblader erfasst und tödlich verletzt. Kurze Zeit später sucht Laras Mutter, die unverheiratete Ernestine Elch, Rechtsanwältin Felber auf und fragt, ob sie gegen den Rollerblader, Paule Perger, Ansprüche geltend machen könne. Auf Nachfragen der Rechtsanwältin erklärt Ernestine Elch, sie habe sich „das Kind quasi als Alterssicherung angeschafft", weil sie als selbständige Filmkritikerin zwar immer wieder Honorare erhalte, aber nicht einsehe, dass sie von dem spärlichen Verdienst, den die kapitalistische Gesellschaft einer freien Kulturschaffenden gewähre, auch noch etwas für ihr Alter abzweigen solle.

Bereiten Sie die Auskunft der Rechtsanwältin Felber in Form eines Rechtsgutachtens vor. Dabei sollen die Kosten der Bestattung des Kindes und Sachschäden außer Betracht bleiben. Insbesondere ist zu bedenken, welche prozessualen Risiken vorliegen und welcher Aufklärungsbedarf noch besteht.

### Teil 2

Als Ernestine Elch bei Rechtsanwältin Felber im Büro sitzt, fällt ihr noch eine weitere Frage ein. Laras Vater sei der berühmte Filmstar James Clean. Dieser habe sich allerdings nie besonders für Lara interessiert und auch keinen Unterhalt für sie bezahlt. Deshalb habe sie, Ernestine Elch, ihn am 18. 12. 2007, zusammen mit den Weihnachtsgrüßen, mit sehr deutlichen Worten dazu aufgefordert, endlich zu bezahlen. Clean habe aber nicht reagiert. Das sei ziemlich ungerecht.

Auf Nachfrage der Rechtsanwältin Felber erklärt Elch, dass Clean die Vaterschaft nicht anerkannt habe und auch niemals ein Vaterschaftsfeststellungsverfahren durchgeführt worden sei. Clean sei allerdings absolut sicher der Vater.

Wie ist die Rechtslage?

## Gliederung

## Lösung

## Teil 1: Altersversorgung der Elch

### I. § 823 Abs. 1

Ein Anspruch aus § 823 Abs. 1 setzt voraus, dass P ein Rechtsgut der E verletzt hat. 1
Die entgangene Altersversorgung stellt einen Vermögensschaden, jedoch kein von
§ 823 absolut geschütztes Rechtsgut dar. Somit ist der Schaden nicht nach § 823 Abs. 1
ersatzfähig.

### II. §§ 845, 823 Abs. 1 BGB

Ein Anspruch der Elch gegen Perger wegen entgangener Altersversorgung könnte 2
sich aus §§ 845, 823 Abs. 1 BGB ergeben. § 845 BGB betrifft jedoch nur Schäden wegen entgangener Dienste des Getöteten, also etwa der Dienste, zu denen ein Kind nach
§ 1619 BGB verpflichtet ist.[1] Damit wird das Begehren der Elch, die um ihre Altersversorgung fürchtet, nicht getroffen.

**Hinweis:** Der Anwendungsbereich des § 845 BGB ist sehr eng. Insbesondere besteht ein derartiger
Anspruch nicht, wenn eine verheiratete Frau verletzt wird und deshalb für eine bestimmte Zeitspanne
an der Haushaltführung verhindert ist. Die Ehefrau ist nämlich dem Ehemann nicht „zur Leistung
von Diensten verpflichtet", sondern erfüllt durch die Haushaltsführung ihre Unterhaltspflicht[2]; wird
die infolge einer Verletzung daran gehindert, so steht ihr ein eigener Schadensersatzanspruch nach
Maßgabe des § 842 BGB zu.[3]

---

[1] Dazu AnwK/*Löhnig*, § 1619 Rn. 2 ff.
[2] Staudinger/*Röthel*, § 845 Rn 4; MünchKomm/*Wagner*, § 845 Rn 3.
[3] Zum Problemkreis *Löhnig*, FamRZ 2005, 2030 ff.

### III. §§ 844 Abs. 2, 823 Abs. 1 BGB

#### 1. Anspruchsvoraussetzungen

3    Möglicherweise kommt jedoch ein Anspruch der Elch gegen Perger aus §§ 844 Abs. 2, 823 Abs. 1 BGB in Betracht. Eine widerrechtliche Tötung eines Menschen, hier der Lara, durch eine Handlung des Anspruchsgegners Perger ist erfolgt. Fraglich ist jedoch, ob ein Verschulden des Perger gegeben ist. Der Vortrag der Elch gibt hierauf keine Hinweise. Bislang ist lediglich bekannt, dass Lara aus dem Gartengrundstück gelaufen ist und Perger sie angefahren hat. Zu beachten ist jedoch, dass Elch als Klägerin das Verschulden des Perger darlegen und im Bestreitensfall beweisen müsste. Hier besteht also noch Aufklärungsbedarf.

**Hinweis:** Anwaltsorientierte Fragestellungen werden in der Regel keinen völlig ausermittelten und unstreitigen Sachverhalt anbieten. Vielmehr werden Einzelheiten unbekannt oder streitig sein. Ihre Aufgabe ist es dann, diese Unvollständigkeiten aufzuspüren, die Darlegungs- und Beweislast zu ermitteln und auf dieser Grundlage die Risiken der Rechtsverfolgung zu benennen.

4    Weitere Voraussetzung des Anspruchs aus §§ 844 Abs. 2, 823 Abs. 1 BGB ist, dass dem Anspruchsteller durch die Tötung ein gesetzlicher Unterhaltsanspruchs entzogen wurde. Lara hätte also ihrer Mutter unterhaltspflichtig werden können müssen. Elch und Lara sind in gerader Linie miteinander verwandt, § 1589 BGB, so dass Lara ihrer Mutter Verwandtenunterhalt schuldet, § 1601 BGB, soweit sie selbst leistungsfähig, § 1603 BGB, und ihre Mutter bedürftig ist, § 1602 BGB. Dieser Fall hätte irgendwann in der Zukunft durchaus eintreten können, so dass durch die Tötung der Lara, durch die die Unterhaltspflicht erlischt, § 1615 Abs. 1 BGB, der Elch ein gesetzlicher Unterhaltsanspruch entzogen worden ist.[4] Dem lässt sich angesichts des klaren Wortlautes des § 844 BGB auch nicht entgegenhalten, dass diese Möglichkeit angesichts des geringen Alters des Kindes und der Unsicherheit der weiteren Entwicklung einigermaßen fern liegend erscheint. Da nur das Rechtsverhältnis selbst, nicht jedoch die übrigen Voraussetzungen wie Bedürftigkeit und Leistungsfähigkeit zum Zeitpunkt der Verletzungshandlung vorliegen müssen,[5] sind alle Anspruchsvoraussetzungen erfüllt, sofern sich ein Verschulden des Perger darlegen und beweisen lässt.

#### 2. Rechtsfolge

#### a) Schadensersatz, § 249 Abs. 1 BGB

5    Elch kann von Perger Schadensersatz nach Maßgabe des § 249 Abs. 1 BGB verlangen. Sie kann also im Bedarfsfall die entgangenen Unterhaltszahlungen als Schaden geltendmachen. Dazu muss Elch freilich darlegen, dass sie nach dem zu erwartenden Verlauf der Dinge und ihrer Lebensplanung später von ihrer Tochter Lara Unterhalt bezogen hätte.

#### b) Kürzung, §§ 846, 254 Abs. 1 BGB

6    Möglicherweise ist der Anspruch der Elch jedoch zu kürzen. In Betracht kommt ein Mitverschulden der getöteten Lara, §§ 846, 254 Abs. 1 BGB, die einfach auf die Straße gelaufen ist. Fraglich ist jedoch, ob es auf ein Mitverschulden der Lara bei der Schadensentstehung überhaupt ankommen kann. Das getötete Kind war nicht schuldfähig, § 828 Abs. 1 BGB. Verschuldensfähigkeit bei der Anspruchsentstehung und Mitver-

---

[4] Palandt/*Sprau*, § 844 Rn. 5; Soergel/*Zeuner*, § 844 Rn. 14.
[5] Staudinger/*Röthel*, § 844 Rn 78.

schuldensfähigkeit müssen sich nach dem gleichen Maßstab bemessen, damit insoweit ein Gleichgewicht zwischen Schädiger und Geschädigtem besteht. Deswegen war Lara nicht fähig, ein Mitverschulden im Sinne des § 254 Abs. 1 BGB auf sich zu laden.[6]

### c) Kürzung, §§ 846, 254 Abs. 1 und 2 S. 2 BGB

Lara könnte aber ein Mitverschulden ihrer Mutter zuzurechnen sein, §§ 846, 254 Abs. 1 und 2 S. 2 BGB, weil Elch ihre Tochter in dem Gartengrundstück möglicherweise nicht ausreichend beaufsichtigt hat und Lara nur deshalb auf die Straße laufen konnte.

§ 254 Abs. 2 S. 2 BGB, der auf § 278 BGB verweist, ist nach allgemeiner Auffassung als § 254 Abs. 3 BGB zu lesen[7] und deshalb auch auf das Mitverschulden nach § 254 Abs. 1 BGB anwendbar, weil eine unterschiedliche Behandlung des Mitverschuldens und der Schadensminderungsobliegenheit vom Gesetzgeber nicht beabsichtigt war.

Fraglich ist jedoch, welchen Umfang die Verweisung auf § 278 BGB hat. Nach zutreffender Auffassung handelt es sich um eine Rechtsgrundverweisung.[8] Es ist also erforderlich, dass bereits vor dem Unfall eine Sonderbeziehung zwischen Lara und Perger bestand. Für diese Auffassung spricht, dass nur auf diese Art und Weise das schuldhafte Verhalten von Hilfspersonen bei der Beschränkung der Haftung genauso behandelt werden kann wie das schuldhafte Verhalten von Hilfspersonen bei der Haftungsbegründung, wo als Zurechnungsvoraussetzung immer die Tatbestandsmerkmale des § 278 BGB zu prüfen sind.[9] Eine derartige Sonderbeziehung bestand vorliegend jedoch nicht.

Das bedeutet jedoch nicht, dass eine Zurechnung von Hilfspersonen infolgedessen überhaupt nicht in Betracht kommen kann. Außerhalb von Sonderbeziehungen muss der Anspruchsschuldner für Hilfspersonen nach § 831 BGB, einer eigenständigen Anspruchsgrundlage, einstehen, die eine Haftung für Hilfspersonen mit Exkulpationsmöglichkeit regelt. Diese Wertung muss auch für das Mitverschulden gelten, so dass nach zutreffender Auffassung § 831 BGB hier die, ansonsten gerade nicht gegebene, Rolle einer Zurechnungsnorm erhält.[10] Soweit also Lara und ihre Mutter in einem Verhältnis nach § 831 BGB zueinander standen, kann ein Mitverschulden der Elch an Lara zugerechnet werden, § 831 BGB analog. Dazu müsste die Mutter Verrichtungsgehilfin der Lara, also weisungsabhängige Hilfsperson, gewesen sein. Eine Mutter kann jedoch nicht als weisungsabhängige Hilfsperson ihres Kindes angesehen werden, so dass die Zurechnung eines Mitverschuldens der Elch nach § 831 BGB analog ausscheiden muss.

### d) Kürzung, § 254 Abs. 1 BGB

Zu prüfen ist jedoch ein eigenes Mitverschulden der Elch, denn Elch macht einen eigenen Schaden geltend und muss sich nach § 254 Abs. 1 BGB deshalb gegebenenfalls auch ihre eigene Mitverantwortung schadensmindernd entgegenhalten lassen.

**Hinweis:** Ein mögliches Mitverschulden der Elch als Mutter spielt also in zweierlei Zusammenhang eine Rolle: Einmal als eigenes Mitverschulden der Geschädigten (Rn. 10 ff.) und einmal als Mitverschulden der Getöteten im Wege der Zurechnung nach § 278 BGB (Rn. 6 ff.). Diese Besonderheit er-

---

[6] Vgl. Staudinger/*Schiemann*, § 254 Rn. 42 f.

[7] *Brox/Walker*, Allgemeines Schuldrecht, § 31 Rn. 46; *Looschelders*, Rn. 1035; Palandt/*Heinrichs*, § 254 Rn. 60.

[8] *Looschelders*, Rn. 1036; zum Streitstand siehe auch Staudinger/*Schiemann*, § 254 Rn 95 f.

[9] Symmetrie zwischen Schädiger und Geschädigtem, vgl. *Hager*, NJW 1989, 1641.

[10] BGHZ 103, 388, 394; *Medicus/Lorenz*, Rn. 680; Staudinger/*Schiemann*, § 254 Rn. 99.

gibt sich daraus, dass § 844 BGB es ausnahmsweise zulässt, dass der Inhaber des verletzten Rechtsgutes (Lara) und derjenige, der zur Liquidation seines Schadens berechtigt ist (Elch) auseinanderfallen, während ansonsten in §§ 823 ff. BGB in der Regel immer nur derjenige einen Schadensersatzanspruch hat, dessen Rechtsgut geschädigt wurde.

**12**    Zu klären ist zunächst der Haftungsmaßstab. Dabei ist zu beachten, dass es hier nicht um ein Verschulden oder ein Vertretenmüssen im technischen Sinne geht, das im Rahmen einer Pflichtverletzung zu prüfen ist, sondern um ein Verschulden gegen sich selbst im Rahmen einer Obliegenheitsverletzung. Für Obliegenheitsverletzungen kennt das Gesetz keine besonderen Regelungen zum Haftungsmaßstab, so dass die Regelungen zum Vertretenmüssen analog angewendet werden können.[11] Der Haftungsmaßstab könnte sich hiernach aus §§ 1664, 277 BGB analog ergeben. Diese Norm ist jedoch nur im Verhältnis zwischen Eltern und Kind anwendbar, nicht jedoch gegenüber Dritten. Vorliegend geht es jedoch gerade um eine Drittbeziehung, nämlich um eine Obliegenheitsverletzung im Rahmen eines Anspruchs der Elch gegen Perger. Somit ist auf den allgemeinen Haftungsmaßstab, § 276 BGB analog, zurückzugreifen.

**13**    Es könnte also zu einer Kürzung des Anspruchs kommen, wenn Elch ihre Tochter Lara nicht sorgfaltsgemäß beaufsichtigt hätte und Lara deshalb auf die Straße laufen und überfahren werden konnte. Der Vortrag der Elch gibt hierfür keine Hinweise, die Rechtsanwältin Felber wird ihrer Mandantin hierzu also noch Fragen stellen müssen. Zu beachten ist außerdem, dass Perger eine derartige Sorgfaltsverletzung darzulegen und zu beweisen hätte, weil sich diese Tatsache anspruchskürzend und damit für Perger günstig auswirkt. Die Wahrscheinlichkeit, dass Perger im Bestreitensfall der Beweis einer Sorgfaltspflichtverletzung der Elch gelingen wird, erscheint gering.

**Hinweis:** Eine Kürzung des Anspruchs nach den Regeln über die gestörte Gesamtschuld kommt hingegen nicht in Betracht. Anders wäre dies im Rahmen der Prüfung eines Anspruchs der Lara gegen Perger, weil Perger sich darauf berufen könnte, dass Lara auch einen Schadensersatzanspruch gegen Elch habe, die ihren elterlichen Pflichten nicht nachgekommen sei. Perger und Elch wären dann Gesamtschuldner und die Gesamtschuld wäre wegen des Haftungsprivilegs der Elch aus § 1664 BGB gestört. Vorliegend wurde jedoch ein eigener Anspruch der Elch gegen Perger geprüft und für Ansprüche der Lara, die auf Elch übergegangen sind, § 1922 Abs. 1 BGB, ist nichts ersichtlich: Lara war auf der Stelle tot und hat deshalb aus dem Unfallgeschehen keine eigenen Ansprüche erworben.

### e) Kürzung wegen ersparter Aufwendungen

**14**    Zu erörtern bleibt eine Kürzung des Anspruchs unter dem Gesichtspunkt ersparter Aufwendungen. Elch hat keine Aufwendungen in Form von Unterhalt für Lara mehr, denn diese ist verstorben. Die ersparten Aufwendungen für das Aufziehen des Kindes sind deshalb im Wege der Vorteilsausgleichung anzurechnen,[12] soweit Perger diesen Umstand vorträgt.

### 3. Prozessuales Vorgehen

**15**    Damit besteht, unter der Voraussetzung, dass ein Verschulden des Perger dargelegt und bewiesen werden kann, ein Anspruch der Elch gegen Perger aus §§ 844, 823 Abs. 1 BGB, der gegebenenfalls nach oben erörterten Maßstäben zu kürzen ist. Perger hat der Elch in Form einer Geldrente Unterhalt zu leisten, § 844 Abs. 2 BGB. Diese Zahlungen kann Elch allerdings erst ab dem Zeitpunkt verlangen, ab dem auch Lara mit ihren Unterhaltszahlungen begonnen hätte.

---

[11] *Looschelders,* Rn. 1026.
[12] Soergel/*Zeuner,* § 844 Rn. 25.

## a) Leistungsklage

Zu klären bleibt, wie dieser Unterhaltsanspruch der Elch prozessual geltend ge- **16**
macht werden kann. Ein solcher Anspruch wäre, wenn Lara weitergelebt hätte, überhaupt erst zu einem Zeitpunkt in Betracht gekommen, zu dem die Getötete selbst ein
Einkommen hätte erzielen können. Die genaue Anspruchshöhe, die nach Durch-
schnittswerten zu bemessen sein wird, kann gegenwärtig noch nicht ermittelt werden,
sodass es gegenwärtig nicht sinnvoll erscheint, eine Leistungsklage auf künftige Unterhaltszahlung zu erheben.

## b) Feststellungsklage

Zu beachten ist allerdings, dass die Schadensersatzansprüche der Elch innerhalb von **17**
drei Jahren nach Kenntnis oder Kennenmüssen von Schaden und Schädiger verjähren,
§§ 195, 199 Abs. 1 BGB. Deshalb wird Felber raten, eine Feststellungsklage, § 256
ZPO, zu erheben mit dem Antrag, das Gericht möge feststellen, dass Perger der Elch
Ersatz des entgangenen Unterhalt schulde, gekürzt um den Vorteilsausgleich und gegebenenfalls auch um einen Mitverschuldensanteil der Elch.

Damit würde die Unterhaltsschuld dem Grunde nach rechtskräftig festgestellt und **18**
eine dreißigjährige Verjährungsfrist in Gang gesetzt werden, § 197 Abs. 1 Nr. 3 BGB.
Das Feststellungsinteresse, § 256 Abs. 1 ZPO, der Elch ergibt sich daraus, dass die Ansprüche verjähren würden, bevor überhaupt Zahlung verlangt werden könnte.

## Teil 2: Anspruch gegen Clean

## I. Ansprüche aus übergegangenem Recht

Ein Anspruch der Elch gegen Clean könnte sich aus § 1601 BGB ergeben. Voraus- **19**
setzung dafür ist, dass Lara ein Unterhaltsanspruch gegen Clean zustand und dieser
auf Elch übergegangen ist.

**Hinweis:** In anwaltsorientierten Aufgabenstellungen ist es sehr wichtig, auch Ansprüche aufzuspüren, **20**
die sich nicht ganz unmittelbar aus dem Vortrag des Mandanten ergeben.

## 1. Unterhaltsanspruch der Lara gegen Clean

## a) Verwandtschaft in gerader Linie

Fraglich ist zunächst, ob Unterhaltsansprüche der Lara gegen Clean überhaupt be- **21**
standen. Sie könnten sich aus § 1601 BGB ergeben, wonach sich Verwandte in gerader
Linie zum Unterhalt verpflichtet sind. Lara und Clean waren jedoch nicht miteinander
verwandt. Clean mag zwar der biologische Vater der Lara sein, von Rechts wegen ist
Clean jedoch nicht Vater der Lara, weil er Lara nicht anerkannt hat, § 1592 Nr. 2 BGB,
und auch kein Feststellungsverfahren durchgeführt wurde, § 1592 Nr. 3 BGB.

## b) Vaterschaftsfeststellung nach dem Tod des Kindes

Zu prüfen ist deshalb, ob auch nach dem Tod der Lara noch die Möglichkeit besteht, **22**
Clean als Vater der Lara gerichtlich feststellen zu lassen, § 1592 Nr. 3 BGB. Wäre dies
der Fall, so könnte durch ein rechtskräftiges Feststellungsurteil Clean der Lara rückwirkend ab Laras Geburt als Vater von Rechts wegen zugeordnet werden.[13] Auf diese
Weise wiederum könnte eine Grundlage für Unterhaltsansprüche hergestellt werden.

---

[13] *Schwab*, Familienrecht, Rn. 485.

**23**    Die Mutter eines Kindes ist befugt, einen Antrag auf Festellung der Vaterschaft eines bestimmten Mannes, den sie für den Vater ihres Kindes hält, zu stellen. Nach Wegfall des § 1600 e BGB a. F. ist die Antragsbefugnis zwar nicht mehr ausdrücklich geregelt, jedoch steht außer Zweifel, dass der Mutter – wie bisher – ein derartiges Recht zusteht.[14] § 1600 d BGB und §§ 169 ff. FamFG[15] enthalten keine Einschränkung dahingehend, dass ein derartiger Antrag nur zu Lebzeiten des Kindes gestellt werden könnte. Damit kann also tatsächlich James Clean der Lara auch nach ihrem Tod noch als Vater zugeordnet werden, wenn die Aussage der Elch, Clean sei sicher der Vater, zutrifft. Auf diese Weise kann die für einen Unterhaltsanspruch nach § 1601 BGB erforderliche Verwandtschaftsbeziehung zwischen Clean und Lara rückwirkend hergestellt werden.

### c) Unterhalt für die Vergangenheit

**24**    Fraglich ist jedoch, ob dieses rückwirkende Entstehen eines Verwandtschaftsverhältnisses zwischen Lara und Clean auch das rückwirkende Entstehen von Unterhaltsansprüchen zur Folge hat. Unterhalt kann grundsätzlich nicht für die Vergangenheit gefordert werden, § 1613 Abs. 1 BGB. Etwas anderes würde jedoch gelten, wenn Clean sich mit den Unterhaltszahlungen in Verzug befand, §§ 1613 Abs. 1 S. 1 BGB, 286 BGB. Elch hat Clean am 18. 12. 2007 eine Aufforderung zur Unterhaltszahlung geschickt und ihn damit wirksam gemahnt, weil sich – trotz Verbindung mit den Weihnachtsgrüßen – aus den Worten der Elch ein eindeutiges Zahlungsverlangen ergibt. Weil nur eine Mahnung des Unterhaltsgläubigers verzugsbegründend sein kann, ist davon auszugehen, dass Elch als gesetzliche Vertreterin ihrer Tochter Lara gemahnt hat, §§ 1626 Abs. 2, 1629 BGB. Das hätte zur Folge, dass Clean rückwirkend ab dem 1. 12. 2007 bis zu ihrem Tode der Lara Unterhalt geschuldet hat, § 1613 Abs. 1 S. 2 BGB.

**25**    Dabei bliebe jedoch § 1613 Abs. 2 Nr. 2 BGB außer Betracht. Hiernach kann Unterhalt für die Vergangenheit ohne die Beschränkungen des § 1613 Abs. 1 BGB verlangt werden, soweit der Unterhaltsberechtigte aus rechtlichen Gründen an der Geltendmachung des Unterhaltsanspruchs gehindert war. Ein derartiges rechtliches Hindernis bestand vorliegend, solange die Vaterschaft des Clean nicht festgestellt war;[16] die Rechtswirkungen der Vaterschaft – also auch der Unterhaltsanspruch – können nämlich grundsätzlich[17] erst ab dem Zeitpunkt der Vaterschaftsfestellung geltend gemacht werden, § 1600 d Abs. 4 BGB.

**26**    Damit hätte Lara nach rechtskräftiger Festellung des Clean als Vater Unterhalt von Clean rückwirkend ab dem Zeitpunkt ihrer Geburt verlangen können. Zu beachten ist aber, dass Clean unbillige Härte geltendmachen könnte, § 1613 Abs. 3 BGB. Das hängt von den Vermögensverhältnissen des Clean ab. Insoweit besteht also noch Aufklärungsbedarf.

### 2. Anspruchsübergang von Lara auf Elch, § 1922 Abs. 1 BGB

**27**    Diese Ansprüche könnten nach dem Tod ihrer Tochter Lara auf Elch übergegangen sein, so dass Elch jetzt diese Ansprüche gegen Clean geltend machen könnte. Elch ist gegenwärtig als einzige Erbin zweiter Ordnung, § 1925 Abs. 1 BGB, in der Tat Alleinerbin ihrer Tochter.

---

[14] MünchKomm/*Seidel*, § 1600 d Rn. 25.
[15] Dazu eingehend *Löhnig*, FamRZ 2009, 1798.
[16] MünchKomm/*Born*, § 1613 Rn. 96; MünchKomm/*Seidel*, § 1600 d Rn. 136.
[17] Zu Ausnahmen *BGH* JA 2009, 66 m. Anm. *Löhnig*.

Betreibt jedoch Elch erfolgreich die Zuordnung des Clean als Vater von Rechts we- **28** gen zu Lara, erzeugt sie damit gleichzeitig einen weiteren Erben zweiter Ordnung, so dass Elch und Clean ihre Tochter Lara zu je ½ beerben würden, § 1925 Abs. 2 BGB. Die Ansprüche der Lara gegen Clean fallen dann in die aus Elch und Clean bestehende Erbengemeinschaft.

Die Erbengemeinschaft könnte diese Ansprüche gegen Clean geltend machen, wo- **29** bei Elch alleine handeln könnte, § 2039 S. 2 BGB. Die vereinnahmte Summe wäre dann im Rahmen der Auseinandersetzung der Erbengemeinschaft zu gleichen Teilen unter Elch und Clean aufzuteilen.

Bei einer Auseinandersetzung der Erbengemeinschaft vor Geltendmachung der An- **30** sprüche würden die Ansprüche der Erbengemeinschaft gegen Clean zu ½ an Clean übertragen, § 398 BGB, wo sie in Folge des Zusammenfallens von Gläubigerstellung und Schuldnerstellung in der Person des Clean erlöschen würden, und zu ½ an Elch, § 398 BGB, die diese Ansprüche dann gegen Clean geltend machen könnte.

### 3. Anspruchsübergang von Lara auf Elch, § 1607 Abs. 2 S. 2 BGB

Etwas anderes würde jedoch gelten, wenn die Unterhaltsansprüche der Lara gegen **31** Clean bereits nach § 1607 Abs. 2 S. 2 BGB vollständig auf Elch übergegangen wären; dann hätten sie sich im Zeitpunkt des Erbfalls bereits nicht mehr im Vermögen der Lara befunden.

Voraussetzung dafür wäre, dass Elch ihrer Tochter überobligatorisch Unterhalt ge- **32** währt hat, weil die Rechtsverfolgung gegen einen anderen Unterhaltspflichtigen erheblich erschwert war, § 1607 Abs. 2 S. 1 BGB. Die Eltern eines Kindes sind anteilig unterhaltsverpflichtet, § 1606 Abs. 3 S. 1 BGB. Elch hat die minderjährige Lara betreut und ihre Unterhaltspflicht gegenüber Lara damit vollständig durch Pflege und Erziehung des Kindes erfüllt, § 1606 Abs. 3 S. 2 BGB, während der Kindesvater barunterhaltspflichtig war. Weil Clean keine Zahlungen leistete, hat Elch jedoch auch diesen Teil der Unterhaltspflicht übernommen, obschon sie über Pflege und Erziehung hinaus keinen Unterhalt schuldete.

Nachdem Clean, solange seine Vaterschaft nicht festgestellt war, nicht auf Unter- **33** haltszahlungen in Anspruch genommen werden konnte, war die Rechtsverfolgung gegen ihn auch erschwert, § 1607 Abs. 2 S. 1 BGB.[18]

Infolge der Erfüllung dieser Voraussetzungen gingen die Unterhaltsansprüche der **34** Lara gegen Clean jeweils auf Elch über, § 1607 Abs. 2 S. 2 BGB (cessio legis) und Elch kann diese Ansprüche aus übergegangenem Recht gegen Clean geltendmachen, sobald dieser als Vater der Lara von Rechts wegen festgestellt ist. Wegen der cessio legis befanden sich diese Ansprüche im Zeitpunkt des Erbfalls auch nicht mehr im Vermögen und damit auch nicht im Nachlass der Lara, so dass sie nicht nach § 1922 Abs. 1 BGB auf den oder die Erben der Lara übergehen konnten. Damit besteht nach rechtskräftiger Vaterschaftsfeststellung ein Anspruch aus §§ 1601, 1607 Abs. 2 S. 2 BGB der Elch gegen Clean.

### II. Eigene Ansprüche

### 1. Anspruch aus §§ 677, 683, 670 BGB

Außerdem kommt ein Anspruch der Elch gegen Clean aus berechtigter Geschäfts- **35** führung ohne Auftrag in Betracht. Durch die Leistung überobligatorischen Unterhalts

---

[18] *OLG Brandenburg* FamRZ 2004, 560.

an ihre Tochter Lara hat Elch ein Geschäft geführt. Es handelt sich um ein objektiv fremdes Geschäft, weil die Unterhaltsleistung im Zuständigkeitsbereich des Clean lag. Jedoch fehlt es am Fremdgeschäftsführungswillen: Elch handelte nicht mit dem Willen, eine Pflicht des Clean zu erfüllen und diesem beispielsweise Geld vorzuschießen, sondern um ihre Tochter zu ernähren. Ein Anspruch aus §§ 677, 683, 670 BGB scheidet damit aus.

### 2. Bereicherungsrechtliche Ansprüche

36    Bereicherungsrechtliche Ansprüche der Elch gegen Clean setzen jeweils voraus, dass Clean etwas erlangt hat. In Betracht käme die Befreiung von seinen Unterhaltsverpflichtungen gegenüber Lara. Eine solche Befreiung ist jedoch nicht eingetreten, sind die Ansprüche doch nach § 1607 Abs. 2 S. 2 BGB auf Elch übergegangen.

# Fall 3. Schneller Stefan

## Teil 1

Timo und Stefan haben 2003 eine eingetragene Lebenspartnerschaft begründet. Nach der „Hochzeit" hat Timo ein Testament errichtet, in dem er Stefan zum Alleinerben eingesetzt hat. Außerdem hat Timo eine Lebensversicherung bei der Lucrum Versicherungen AG abgeschlossen und beim Punkt „Bezugsberechtigung" angekreuzt: Der Ehegatte/Lebenspartner, mit dem der Versicherungsnehmer im Zeitpunkt seines Todes verheiratet/registriert ist". Schließlich hat Timo dem Stefan eine umfassende, privatschriftliche Vollmacht erteilt, die über seinen Tod hinaus gelten soll, damit Stefan sich gegebenenfalls „um alles kümmern" kann.

Anfang 2008 gerät die Partnerschaft von Timo und Stefan aufgrund verschiedener Affären des Stefan in eine Krise, die schließlich dazu führt, dass Timo im Juni 2008 das gemeinsame Haus verlässt und in eine eigene Wohnung zieht. Mit Stefan hat Timo endgültig gebrochen und ihm in einem Abschiedsbrief mitgeteilt, dass das Band zwischen ihm und Stefan „vollständig zerschnitten" sei. Im Juli 2009 reichen Timo und Stefan gemeinsam die „Scheidung" ein. Am 20. 10. 2009 erliegt Timo den Verletzungen, die er sich am gleichen Tag bei einem Verkehrsunfall zugezogen hatte. Er hinterlässt ein Sparguthaben von 70.000 € bei der Sparkasse Konstanz. Timos einzige Verwandte ist seine Schwester Meike. Der Lucrum AG hatte er am Tag vor dem Unfall folgenden Brief geschrieben: „Sehr geehrte Damen und Herren, als Bezugsberechtigte für meine Lebensversicherung nenne ich nunmehr meine Schwester Meike Leber. Mit freundlichen Grüßen, Timo Leber". Dieser Brief geht der Lucrum AG am 22. 10. 2009 zu.

Meike hält sich für die Erbin ihres Bruders, muss aber feststellen, dass Stefan schneller war: Er hat die Lebensversicherungssumme von der Lucrum AG erhalten, unter Vorlage der Vollmacht das Sparkonto des Timo „abgeräumt" und mit dem Geld eigene Schulden getilgt. Nachdem bei Stefan nichts zu holen ist, will Meike wissen, ob sie Ansprüche gegen die Lucrum AG oder die Sparkasse Konstanz hat.

**Hinweis:** Bei der Bearbeitung des Falles ist § 159 VVG zu berücksichtigen.

## Teil 2

Meike hat noch weitere Fragen. Sie selbst ist seit dem 11. 1. 1996 rechtskräftig geschieden und streitet mit ihrem Ex-Mann Florian, mit dem sie als Hausfrau zusammengelebt hat, über nachehelichen Ehegattenunterhalt. Mit Urteil vom 13. 3. 2001 war Florian verurteilt worden, an Meike für die Zeit vom 1. 7. bis zum 1. 12. 2000 monatlichen nachehelichen Ehegattenunterhalt in Höhe von 975 € zu zahlen. Für die Folgezeit wies das Gericht die Klage rechtskräftig ab, weil Meike über anrechenbare Einkünfte aus ihrer Tätigkeit als angestellte Buchhändlerin verfügte, die ihren nach der Anrechnungsmethode ermittelten Unterhaltsbedarf deckten. Mit einer erneuten Klage wollte Meike unter Hinweis auf die neuere Rechtsprechung des BGH zum Unterhaltsbedarf nach den ehelichen Lebensverhältnissen innerhalb einer Hausfrauenehe, wonach auch der Wert der Haushaltstätigkeit eheprägend ist, weil die Haushaltsführung des nicht erwerbstätigen Ehegatten der Erwerbstätigkeit des anderen Ehegatten gleichgestellt wird, die Abänderung des Urteils vom 13. 3. 2001 erreichen. Hilfsweise hat sie ihren Antrag auf nacheheliche Ehegattenunterhalt auch im Wege der Leistungsklage verfolgt. In der ersten Instanz ist sie allerdings mit ihrem Begehren gescheitert. Meike will wissen, ob es sich lohnt, „den Rechtsweg zu beschreiten".

Das Sorgerecht für Petra, die gemeinsame Tochter von Meike und Florian, ist nach der Ehescheidung mit Zustimmung der Meike auf Florian übertragen worden. Florian ist mit Petra nach Hamburg verzogen, während Meike weiterhin in München lebt. Das Familiengericht hat eine Umgangsregelung getroffen, nach der Petra an genau bestimmten Wochenenden ihre Mutter Meike in München besuchen kommt. Zu diesem Zweck soll Florian seine Tochter am Freitag abend in Hamburg zum Flughafen bringen. Petra soll dann mit einem Begleitservice nach München fliegen, wo sie von Meike in Empfang genommen wird. Die Rückreise am Sonntag abend verläuft spiegelbildlich. Florian hat es an vier der vom Familiengericht festgelegten Termine kurzfristig abgelehnt, Petra zum Flughafen zu bringen. Die von Meike verbindlich gebuchten Flüge sind deshalb zum Teil verfallen, weil Meike ihre Tochter jeweils mit dem Auto abgeholt hat und sie zurückfliegen hat lassen. Meike will wissen, ob sie den Mehraufwand in Höhe von insgesamt 830 € von Florian ersetzt verlangen kann.

## Gliederung

### Teil 1: Meike und Stefan

**Zeittabelle**

| | |
|---|---|
| 2003 | Begründung der Lebenspartnerschaft |
| danach | Testament und Lebensversicherung des Timo |
| Juni 2008 | Trennung der Lebenspartner |
| Juli 2009 | Einreichung der „Scheidung" |
| 19. 10. 2009 | Absendung des Briefs an die Lucrum AG |
| 20. 10. 2009 | Tod des Timo |
| 22. 10. 2009 | Eingang des Briefs bei der Lucrum AG |

## Lösung

### Teil 1: Meike und Stefan

#### I. Meike gegen Lucrum AG

Meike könnte gegen die Lucrum AG einen Anspruch auf Auszahlung der Versiche- **1** rungssumme haben. Ein solcher Anspruch könnte sich aus §§ 328, 331 BGB ergeben. Die Versicherungssumme fällt nämlich nicht in den Nachlass, sondern wird „am Nachlass vorbei" weitergegeben, sodass es an dieser Stelle nicht auf die Frage ankommt, wer Erbe des Timo geworden ist. Voraussetzung des Anspruchs ist vielmehr, dass Timo und die Lucrum AG einen wirksamen Lebensversicherungsvertrag geschlossen haben, der die Auszahlung einer Lebensversicherungssumme an einen Dritten (Bezugsberechtigter) nach dem Tode des Versicherungsnehmers vorsieht und dass Meike die Bezugsberechtigte ist.

#### 1. Lebensversicherungsvertrag

Timo und die Lucrum AG haben einen Lebensversicherungsvertrag geschlossen, in **2** dem ein Dritter als Bezugsberechtigter für die mit dem Tode des Timo auszuzahlende Lebensversicherungssumme genannt wird. Bei einem derartigen Vertrag handelt es sich um einen echten Vertrag zugunsten eines Dritten, des Bezugsberechtigten, der damit mit dem Tod des Versicherungsnehmers, § 331 BGB, einen Anspruch gegen die Versicherung erwirbt.

#### 2. Bezugsberechtigung

##### a) Ehegatte/eingetragener Lebenspartner

Damit Meike einen Anspruch gegen die Lucrum AG hat, muss sie zum Zeitpunkt **3** des Todes von Timo Bezugsberechtigte gewesen sein. Im Versicherungsvertrag war als Bezugsberechtigte der Ehegatte oder eingetragene Lebenspartner im Todeszeitpunkt des Versicherungsnehmers genannt. In diesem Zeitpunkt war Stefan der eingetragene Lebenspartner des verstorbenen Timo und wäre damit Bezugsberechtigter.

### b) §§ 10 Abs. 5 LPartG, 2077 BGB

4    Etwas anderes könnte sich aus § 2077 BGB ergeben. § 2077 BGB ordnet an, dass mit Ehescheidung oder einem gleichgestellten Ereignis die Erbeinsetzung des Ehegatten unwirksam wird. Diese Regelung ist auch auf eingetragene Lebenspartner anwendbar, § 10 Abs. 5 LPartG.

#### aa) Vorliegen der Aufhebungsvoraussetzungen

5    Der Auflösung der Ehe bzw. Lebenspartnerschaft gleichgestellt ist in §§ 10 Abs. 5 LPartG, 2077 BGB das Vorliegen der Scheindungs- bzw. Aufhebungsvoraussetzungen und ein Scheidungs- bzw. Auflösungsantrag des Erblassers. Timo hat einen „Scheidungsantrag", also einen Antrag auf Aufhebung der Lebenspartnerschaft, gestellt. Fraglich ist, ob im Zeitpunkt seines Todes auch die Voraussetzungen für eine Aufhebung der eingetragenen Lebenspartnerschaft vorlagen. Das richtet sich nach § 15 Abs. 2 LPartG.

6    Möglicherweise liegen die Voraussetzungen für eine einverständliche Aufhebung der eingetragenen Lebenspartnerschaft vor, § 15 Abs. 2 Nr. 1 LPartG. Timo und Stefan haben die Aufhebung gemeinsam beantragt, § 15 Abs. 2 Nr. 1 Buchst. a LPartG. Sie haben im Zeitpunkt des Todes von Timo bereits über ein Jahr lang getrennt gelebt, denn es bestand keine häusliche Gemeinschaft mehr und Timo wollte erkennbar eine solche Gemeinschaft nicht herstellen, § 15 Abs. 2 Nr. 1, Abs. 5 LPartG. Nachdem Timo aufgrund der Untreue des Stefan endgültig mit seinem Lebenspartner gebrochen hat, kann eine Wiederherstellung der partnerschaftlichen Lebensgemeinschaft überdies auch nicht mehr erwartet werden, § 15 Abs. 2 Nr. 1 Buchst. b LPartG. Damit lagen im Todeszeitpunkt die Voraussetzungen des § 15 Abs. 2 Nr. 1 LPartG vor.

#### bb) Analoge Anwendung des § 2077 BGB

7    Fraglich ist jedoch, ob § 2077 BGB auf die Bezugsberechtigung angewendet werden kann. Die Norm erfasst lediglich die Erbeinsetzung, bei der Lebensversicherung handelt es sich jedoch um ein Rechtsgeschäft unter Lebenden, sodass allenfalls eine analoge Anwendung des § 2077 BGB in Betracht kommt. Für eine Analogie spräche die tatsächliche Ähnlichkeit zwischen Erbeinsetzung und Einsetzung als Bezugsberechtigter einer Lebensversicherung.

8    Eine Analogie kommt nach überwiegender Auffassung[1] jedoch nicht in Betracht, weil der Gesetzgeber einen derartigen Unwirksamkeitsgrund für Rechtsgeschäfte unter Lebenden nicht regeln wollte. Die Lebensversicherung soll überdies nicht mit Risiken aus der Ehe/eingetragenen Lebenspartnerschaft des Versicherungsnehmers belastet und dem Risiko einer Leistung an einen Nichtberechtigten ausgesetzt werden. Im übrigen ist auch die Interessenlage von Erbeinsetzung und Bezugsberechtigung nicht jedenfalls vergleichbar, kann die Bezugsberechtigung doch beispielsweise gerade auch der Absicherung eines geschiedenen Partners in Erfüllung einer Scheidungsvereinbarung dienen. Damit ist Stefan trotz des „Scheidungsantrags" Bezugsberechtigter geblieben (a. A. vertretbar).

---

[1] *BGH* NJW 1976, 463; Staudinger/*Otte*, § 2077 Rn. 29; *Lange/Kuchinke*, § 35 I 5 a; a. A. Münch-Komm/*Leipold*, § 2077 Rn. 31; Jauernig/*Stürner*, § 2077 Rn. 8.

### c) Änderung der Bezugsberechtigung

Etwas anderes würde jedoch gelten, wenn Timo durch seinen Brief vom 19. 10. 2009 **9**
die Bezugsberechtigung abändern und wirksam seine Schwester Meike als Bezugsberechtigte benennen konnte.

§ 159 VVG regelt, dass der Versicherungsnehmer durch eine einseitige Erklärung die **10**
Bezugsberechtigung einer Lebensversicherung ändern kann. Eine briefliche Erklärung
des Versicherungsnehmers ist damit also grundsätzlich ausreichend. Bei der Änderungserklärung handelt es sich um eine empfangsbedürftige Willenserklärung, die erst
mit ihrem Zugang beim Empfänger wirksam wird, § 130 Abs. 1 BGB.

Die Änderungserklärung ist bei der Lucrum AG zugegangen. Problematisch ist vor **11**
liegend jedoch, dass die Änderungserklärung erst nach dem Tode des Timo zugegangen ist. Möglicherweise kann hier § 130 Abs. 2 BGB Anwendung finden, der dem Interesse des Erklärenden dient und dafür sorgt, dass seine Willenserklärungen auch
nach seinem Tode noch wirksam werden können. Dann hätte Timo also durch seinen
Brief Meike wirksam als Bezugsberechtigte eingesetzt. Jedoch kann eine nach dem
Tode des Versicherungsnehmers eingehende Erklärung zur Abänderung der Bezugsberechtigung keine Wirkung mehr entfalten. § 130 Abs. 2 BGB setzt nämlich voraus,
dass die Erben als Rechtsnachfolger, § 1922 BGB, des Versicherungsnehmers in dem
Zeitpunkt, in dem die Erklärung wirksam wird, verfügungsberechtigt sind. Das ist
aber nicht der Fall, denn die Rechte aus dem Versicherungsvertrag stehen mit dem Tod
des Versicherungsnehmers sofort und unentziehbar dem bezugsberechtigten Dritten
zu. So kann eine nach dem Tod des Erblassers durch die Erben vorgenommene Änderungsverfügung nichts mehr an der Bezugsberechtigung ändern (a. A. vertretbar).

### 3. Ergebnis

Damit konnte Timo die Bezugsberechtigung nicht mehr wirksam ändern und Meike **12**
hat keinen Anspruch aus §§ 328 Abs. 1, 331 BGB auf Auszahlung der Lebensversicherungssumme gegen die Lucrum AG.

**Hinweis:** Diese nicht einfache Aufgabenstellung setzt an den beiden zentralen Punkten, nämlich § 2077
BGB analog und § 130 Abs. 2 BGB, kein vertieftes Wissen, sondern lediglich Problembewusstsein
voraus. In beiden Fällen lässt sich die gegenteilige Auffassung gut vertreten und es kommt allein auf ein
Argumentieren mit Strukturprinzipien des Bürgerlichen Rechts an.

### II. Meike gegen Sparkasse Konstanz, §§ 700 Abs. 1 S. 1, 488 Abs. 1 S. 1, 1922 Abs. 1 BGB

### 1. Entstehen des Anspruchs

Meike könnte einen Anspruch auf Auszahlung des Guthabens gegen die Sparkasse **13**
Konstanz haben, §§ 700 Abs. 1 S. 1, 488 Abs. 1 S. 1, 1922 Abs. 1 BGB. Dazu müsste
ein Anspruch des Timo gegen die Sparkasse Konstanz auf Auszahlung bestanden haben, der mit Timos Tod auf Meike übergegangen ist.

### a) Anspruch Timo gegen Sparkasse Konstanz

Bei der Anlage eines Sparkontos handelt es sich um eine so genannte unregelmäßige **14**
Verwahrung: Es werden vom Kunden bei dem kontoführenden Bankinstitut vertretbare Sachen – Geld – in der Weise hinterlegt, dass das Bankinstitut verpflichtet sein soll,
Sachen von gleicher Art, Güte und Menge zurückzugewähren. Auf einen derartigen
Vertrag sind, soweit es um die Verwahrung von Geld geht, die Regeln über das Dar

lehen anzuwenden, § 700 Abs. 1 S. 1 BGB. Timo und die Sparkasse Konstanz haben einen derartigen Verwahrungsvertrag (Sparbuchvertrag) abgeschlossen. Timo hat das Geld auf das Sparkonto eingezahlt und, nachdem nichts anders ersichtlich ist, ist der Rückzahlungsanspruch auch jederzeit fällig. Somit ist ein solcher Anspruch des Timo gegen die Sparkasse Konstanz aus § 488 Abs. 1 S. 2 BGB entstanden.

**b) Anspruchsübergang auf Meike**

15    Mit dem Tode des Timo ist dieser Anspruch auf den/die Erben des Timo übergegangen, § 1922 BGB. Zu erörtern ist deshalb, wer Timo beerbt hat.

16    Timo hat in einem wirksamen Testament seinen eingetragenen Lebenspartner Stefan zum Erben eingesetzt. Damit wäre Stefan Erbe und der Anspruch wäre auf ihn übergegangen. Etwas anderes könnte sich jedoch aus §§ 10 Abs. 5 LPartG, 2077 BGB ergeben. Hiernach ist die Erbeinsetzung eines Lebenspartners unwirksam, wenn die Voraussetzungen für die Aufhebung der Lebenspartnerschaft vorliegen und der Erblasser Antrag auf Aufhebung der Lebenspartnerschaft gestellt hat. Diese Voraussetzungen liegen vor, vgl. oben. Damit ist die Erbeinsetzung des Stefan unwirksam und mangels anderer letztwilliger Verfügung des Timo sind die Regeln über die gesetzliche Erbfolge anzuwenden.

17    Timo hatte keine Abkömmlinge, so dass keine Erben erster Ordnung existieren, § 1924 Abs. 1 BGB. Somit kommen die Erben zweiter Ordnung zum Zuge, §§ 1925, 1930 BGB. Erben zweiter Ordnung sind die Eltern des Erblassers und deren Abkömmlinge. Einzige Erbin zweiter Ordnung ist also Meike, die damit Alleinerbin ihres Bruders Timo ist. Der Auszahlungsanspruch des Timo gegen die Sparkasse ist also auf Meike übergegangen, so dass Meike ein entsprechender Anspruch gegen die Sparkasse zusteht.

**2. Erlöschen des Anspruchs**

**a) Keine Gläubigerstellung des Stefan**

18    Die Sparkasse könnte jedoch dadurch, dass sie das Geld an Stefan ausgezahlt hat, von ihrer Verpflichtung frei geworden sein. Ein Schuldner wird von seiner Leistungsverpflichtung frei, wenn er die geschuldete Leistung an den Gläubiger erbringt, § 362 Abs. 1 BGB. Stefan, an den die Sparkasse Konstanz das Guthaben ausgezahlt hat, war jedoch nicht Erbe des Timo und damit auch nicht Gläubiger. Die Gläubigerin Meike hat auch nicht in eine Leistung an Stefan eingewilligt, §§ 362 Abs. 2, 185 BGB. Stefan hat auch keine Quittung überbracht und gilt deshalb auch nicht nach § 370 BGB dazu berechtigt, die Leistung zu empfangen.

19    Für Stefans Erbenstellung sprach auch nicht der öffentliche Glaube eines Erbscheins, der dazu geführt hätte, dass die Sparkasse Konstanz mit befreiender Wirkung an Stefan hätte leisten können, § 2367 Alt. 1 BGB.

**b) Postmortale Vollmacht**

20    Deshalb ist zu prüfen ob sich aus der Vollmacht, § 164 Abs. 1 BGB, die Timo dem Stefan erteilt hat, die Berechtigung des Stefan zur Abhebung des Geldes ergibt.

**aa) Vorliegen einer postmortalen Vollmacht**

21    Stefan besaß eine umfassende Vollmacht des Timo, die ausdrücklich über den Tod des Timo hinaus wirksam sein sollte. Stefan als postmortal Bevollmächtigter war damit

Stellvertreter der Erbin Meike, freilich nur den Nachlass betreffend.[2] Eine derartige Vollmacht ist so lange gültig, bis sie durch den Erben, der an die Stelle des Erblassers tritt, § 1922 Abs. 1 BGB, widerrufen wird. Ein solcher Widerruf seitens der Meike ist jedoch nicht erfolgt. Damit konnte die Sparkasse Konstanz an Stefan als postmortal Bevollmächtigten – Stellvertreter der Meike – mit Erfüllungswirkung leisten, §§ 362 Abs. 1, 164 Abs. 1 BGB.

### bb) Widerruf durch Timo

Möglicherweise ist die Vollmacht jedoch schon bei der Trennung von Timo wider- **22** rufen worden. Timo hat den Stefan als seine engste Vertrauensperson damit beauftragt, sich nach seinem Tode „um alles zu kümmern". Dieser Auftrag, § 662 BGB, könnte bei der Trennung widerrufen worden sein mit der Folge, dass auch die Vollmacht erloschen ist, § 168 S. 1 BGB.

Timo als Auftraggeber war jederzeit zum Widerruf berechtigt, § 671 Abs. 1 BGB. **23** Bei dem Widerruf handelt es sich um eine Willenserklärung, die mit Zugang beim Auftragnehmer wirksam wird. Eine ausdrückliche Widerrufserklärung hat Timo nicht abgegeben. Jedoch könnte in dem Abschiedsbrief des Timo eine konkludente Widerrufserklärung zu sehen sein. Timo hat erklärt, das Band zwischen ihm und Stefan sei vollständig zerschnitten. Wenn Timo aber mit Stefan in keiner Weise mehr verbunden sein möchte, dann sicherlich auch nicht durch ein über den eigenen Tod hinaus wirkendes, ein besonderes Vertrauen voraussetzendes Auftragsverhältnis; er hat also eine Kündigungserklärung abgegeben, § 133 BGB. Diesen Inhalt musste Stefan als Empfänger des Briefes der Erklärung des Timo auch zumessen, § 157 BGB.

Damit bestand im Todeszeitpunkt bereits keine wirksame Vollmacht des Stefan **24** mehr und die Sparkasse konnte doch nicht an Stefan als Vertreter der Meike mit Erfüllungswirkung leisten.

### cc) § 172 BGB

Etwas anderes könnte sich jedoch aus § 172 BGB ergeben. Timo hat Stefan eine **25** schriftliche Vollmacht erteilt und Stefan hat die Vollmachtsurkunde beim „Abräumen" des Kontos bei der Sparkasse Konstanz vorgelegt. Unter diesen Voraussetzungen bleibt die Vertretungsmacht bestehen, bis die Vollmachtsurkunde dem Vollmachtgeber Timo – beziehungsweise nach dem Tode des Timo seiner Erbin Meike – zurückgegeben oder von Timo (oder seiner Erbin Meike) für kraftlos erklärt wird, § 172 Abs. 2 BGB. Beides ist vorliegend nicht geschehen. Damit hat Stefan mit Vertretungsmacht für Meike gehandelt, als er das Geld bei der Sparkasse Konstanz abgehoben hat.

### 3. Ergebnis

Damit wurde die Sparkasse durch Erfüllung von ihrer Leistungspflicht frei und der **26** Anspruch ist erloschen, § 362 Abs. 1, hat sie doch die geschuldete Leistung an den Gläubiger in Person des Vertreters, § 164 Abs. 1 BGB, erbracht. Meike hat somit keinen Anspruch gegen die Sparkasse Konstanz.

**Hinweis:** Die Erörterungen in Rn. 18 ff. sind ein gutes Beispiel für eine alle Nuancen ausschöpfende Bearbeitung, die mehrfach zwischen den beiden möglichen Ergebnissen, Bank wird frei oder Bank wird nicht frei, hin- und herpendelt, bevor schließlich das Ergebnis erreicht wird. Eine derartige Bearbeitung ist für Examensarbeiten sehr zu empfehlen.

---

[2] *BGH* NJW 1983, 1487; MünchKomm/*Zimmermann*, vor § 2197 Rn. 14.

**Teil 2: Meike und Florian**

## I. Unterhalt

### 1. Materiellrechtliche Vorüberlegungen

27    Im Jahr 2001 hat der BGH seine Rechtsprechung zum Unterhaltsbedarf nach den ehelichen Lebensverhältnissen innerhalb einer Hausfrauenehe geändert.[3] Betroffen sind Fälle, in denen ein Ehegatte, wie vorliegend Meike, erst nach Scheidung der Ehe eine Erwerbstätigkeit aufgenommen hat. Zuvor wurde in diesen Fällen nur das Einkommen des erwerbstätigen Ehegatten als eheprägend angesehen und dem haushaltsführenden Ehegatten wurden die Einkünfte aus der nach Scheidung aufgenommenen Erwerbstätigkeit in voller Höhe auf seinen Anspruch auf nachehelichen Unterhalt angerechnet.

28    Nunmehr bestimmen sich die ehelichen Lebensverhältnisse, § 1578 Abs. 1 S. 1 BGB, in der Weise, dass die Haushaltsführung des nicht erwerbstätigen Ehegatten der Erwerbstätigkeit des anderen Ehegatten gleichgestellt wird. Nimmt der haushaltsführende Ehegatte nach der Scheidung eine Erwerbstätigkeit auf, wie dies Meike als Buchhändlerin getan hat, so kann sie als Surrogat für ihre bisherige Familienarbeit angesehen werden; die eheprägenden Einkünfte erhöhen sich. Das hat zur Folge, dass dem haushaltsführenden Ehegatten regelmäßig ein betragsmäßig höherer Anspruch auf Scheidungsunterhalt zusteht als nach der früheren Rechtsprechung.

### 2. Prozessuale Durchsetzung

29    Zu prüfen ist, ob Meike das gegen ihren Ex-Mann erstrittene, rechtskräftige Unterhaltsurteil an diese neue Rechtslage anpassen lassen und eine Unterhaltsberechnung auf Grundlage der neuen Rechtsprechung erreichen kann.

30    In Betracht kommt möglicherweise ein Abänderungsantrag, § 238 FamFG. Die Abänderung nach § 238 FamFG setzt allerdings eine Verurteilung zu künftig fällig werdenden wiederkehrenden Leistungen voraus. Florian hätte also zu einer – wenngleich auch unter Beachtung der neuen Rechtslage zu niedrigen – Unterhaltszahlung an Meike verurteilt worden sein müssen. Das ergibt sich daraus, dass nur ein dem Unterhaltsantrag für die Zukunft wenigstens teilweise stattgebender Beschluss über den Zeitpunkt der Entscheidung hinauswirkt, indem seine Rechtskraft auch die erst künftig zu entrichtenden Unterhaltsleistungen erfasst. Weicht die tatsächliche Entwicklung von der im Beschluss vorgenommenen Prognose ab, ist ein Angriff gegen die Richtigkeit des früheren Urteils notwendig, das mit Hilfe von § 323 ZPO unter Durchbrechung seiner Rechtskraft den veränderten Verhältnissen angepasst werden kann. Deswegen kann Meike nicht im Wege des Abänderungsantrags vorgehen.[4]

31    Meikes erster Unterhaltsantrag war hingegen vollständig abgewiesen worden. Diese Abweisung enthält gerade keine Prognose der zukünftigen Verhältnisse. Deswegen kommt dem Beschluss auch keine in die Zukunft reichende Rechtskraftwirkung zu. Also steht seine Rechtskraft einem neuen Antrag auf Unterhalt nicht entgegen.

32    Das erstinstanzliche Gericht hat also Meikes Abänderungsantrag zu Recht abgewiesen, es hätte jedoch aufgrund des hilfsweise erhobenen Leistungsantrags auf künftigen Unterhalt Meike einen Unterhaltsanspruch auf Grundlage der neuen Berechnungs-

---

[3] BGHZ 148, 105 = NJW 2001, 2254.
[4] *BGH* JA 2005, 165 m. Anm. *Löhnig*.

methode zusprechen müssen. Meike sollte deshalb gegen den erstinstanzlichen Beschluss „den Rechtsweg beschreiten".

## II. Umgangsrecht

Die nicht sorgeberechtigte Meike hat ein Recht und eine Pflicht zum Umgang mit **33**
ihrer Tochter Petra, § 1684 Abs. 1 BGB. Die Modalitäten dieses Umgangsrechts sind
vom Familiengericht genau festgelegt worden. Florian hat sich nicht an diese Festlegungen gehalten, sodass für Meike ein Mehraufwand entstanden ist, den sie ersetzt
haben möchte.

### 1. § 280 Abs. 1 BGB

Ein Schadensersatzanspruch der Meike gegen Florian könnte sich aus § 280 Abs. 1 **34**
BGB ergeben. Dafür müsste zwischen Meike und Florian ein Schuldverhältnis bestehen. Das jedem Elternteil eröffnete Recht zum Umgang mit dem Kind begründet nach
Auffassung des Bundesgerichtshofs[5] ein gesetzliches Schuldverhältnis zwischen den
geschiedenen Eltern.

Innerhalb dieses Schuldverhältnisses haben die geschiedenen Eltern die Pflicht, bei **35**
der Gewährung des Umgangs nach Maßgabe der Umgangsvereinbarung oder der gerichtlichen Umgangsregelung auf die Vermögensbelange des jeweils anderen Elternteils Rücksicht zu nehmen. Diese Pflicht hat Florian durch die kurzfristige Weigerung,
Petra zum Flughafen zu bringen, jeweils verletzt, weil Meike zu diesem Zeitpunkt bereits die Flüge verbindlich gebucht hatte und die Flüge somit verfallen mussten. Diese
Pflichtverletzung hat Florian auch zu vertreten; er hat vorsätzlich gehandelt und kann
deshalb die Vermutung des § 280 Abs. 1 S. 2 BGB nicht widerlegen.

Infolgedessen muss Florian seine Ex-Frau Meike so stellen, wie sie ohne Begehung **36**
der Pflichtverletzung stünde, § 249 Abs. 1 BGB, und ihr also 830 € Schadensersatz
zahlen.

### 2. § 823 Abs. 1 BGB

Ein Schadensersatzanspruch könnte sich zudem auch aus § 823 Abs. 1 BGB erge- **37**
ben. Dazu müsste Florian eine Rechtsposition der Meike verletzt haben, die durch
§ 823 Abs. 1 BGB geschützt wird. Das Vermögen als solches wird durch § 823 Abs. 1
BGB, der nur absolute Rechte erfasst, nicht geschützt. In Betracht kommt jedoch das
Umgangsrecht als „sonstiges Recht" im Sinne des § 823 Abs. 1 BGB. Das Umgangsrecht besteht nicht nur gegenüber dem Sorgeberechtigten, sondern gegenüber jedem,
in dessen Obhut sich das Kind befindet. Es ist damit ein gegenüber jedem Beteiligten
am Rechtsverkehr wirkendes, absolutes Recht.[6] Dieses Recht hat Florian durch seine
Weigerung, Petra zum Flughafen zu bringen, verletzt.

Diese Verletzung geschah rechtswidrig und schuldhaft, vgl. oben. Dadurch ist Mei- **38**
ke ein Schaden in Höhe von 830 € entstanden. Dieser Schaden wird auch vom
Schutzzweck des § 823 Abs. 1 BGB erfasst: Der Umgangsberechtigte trägt die Kosten
für die Ausübung seines Umgangsrechts[7] und soll deshalb auch vor Schäden geschützt
werden, die dadurch entstehen, dass für die Ausübung des Umgangsrechts investierte
Kosten durch Verletzung des Umgangsrechts entwertet werden. Auch aus § 823 Abs. 1
BGB kann Meike deshalb von Florian 830 € verlangen.

---

[5] *BGH* JA 2003, 102 m. Anm. *Löhnig;* kritisch *Schwab,* FamRZ 2002, 1297.
[6] Soergel/*Strätz,* § 1684 Rn. 5; Staudinger/*Rauscher,* § 1684 Rn. 25.
[7] Staudinger/*Rauscher,* § 1684 Rn. 135.

# Fall 4. Cleverer Rechtsanwalt

## Teil 1

Melanie und Robert Meier haben 2000 geheiratet. Sie leben in einem Haus, das Robert von seinen Eltern geerbt hat. Die Familie lebt in bescheidenen Verhältnissen, weil Roberts Rechtsanwaltskanzlei kaum Erträge abwirft. Diese Erträge werden, genauso wie die Einkünfte von Melanie, die als angestellte Lehrerin an einer Montessori-Schule arbeitet, vollständig für den Familienunterhalt verwendet. Neben Roberts acht Jahre altem Volvo 740 und der Einrichtung hat die Familie kein Vermögen. Anfang 2006 verliebt sich Robert in Felicitas Funk, die gerne einen gehobenen Lebensstil pflegt. Robert gerät dadurch immer mehr in finanzielle Probleme und entschließt sich schließlich zum Verkauf seines Hauses. Er wendet sich an seinen Bruder Thorsten, den er in seine Lage einweiht und der Robert anbietet, ihm das Haus für 350.000 € abzukaufen, was dem Marktwert des Hauses entspricht.

Robert und Thorsten begeben sich zum Notar, der, nachdem er Robert zu Familienstand und Vermögensverhältnissen befragt hat, die Parteien darauf hinweist, dass allein durch ihre Erklärungen keine wirksame Veräußerung des Hausgrundstücks möglich sei, weil Melanie der Veräußerung des Hauses zustimmen müsse. Robert ist verärgert. Wieso sollte seine Frau einer Veräußerung des Hauses, das ihr überhaupt nicht gehört, zustimmen müssen. Tags drauf ruft Robert bei Thorsten an und erklärt ihm, er werde sich darum bemühen, die Einwilligung von Melanie zu erhalten. Wenn es gar nicht anders gehe, dann werde er ihr eben irgendein Märchen erzählen müssen. Schließlich sei es sein Haus. Und in der Tat erscheint Robert scheinbar zerknirscht zum familiären Abendessen und erzählt seiner Frau, heute hätten sich Gläubiger seiner Eltern gemeldet. Sein Vater habe vor Jahren einen Wechsel über 400.000 DM unterschrieben, der jetzt fällig sei. Man werde deshalb das Haus verkaufen müssen.

Melanie glaubt ihrem Mann. Robert, Thorsten und Melanie begeben sich erneut ins Notariat, wo Notarassessor Leiß das Geschäft beurkundet, nachdem Melanie ihre Einwilligung erklärt hat. Thorsten überweist am nächsten Tag den Kaufpreis auf Roberts Kanzleikonto und wird kurze Zeit später als Eigentümer des Hauses im Grundbuch eingetragen. Er ist damit einverstanden, dass Robert mit seiner Frau gegen einen geringen Mietzins weiterhin im Haus lebt.

Einige Monate später ist Melanie in der Stadt unterwegs und traut ihren Augen nicht, als sie ihren Mann Robert Arm in Arm mit der mondänen Felicitas durch die Kaiserstraße flanieren sieht. Mit einem Mal wird ihr alles klar. Melanie zieht daraufhin zu ihrem Jugendfreund Xavier. Brieflich teilt sie ihrem Mann mit, dass sie sich scheiden lassen werde und dass ihre Einwilligung zum Hausverkauf hinfällig sei. Diesen Umstand teilt sie auch Thorsten telefonisch mit.

### Bearbeitervermerk:

In einem Gutachten, das auf alle aufgeworfenen Rechtsfragen eingeht, sind in der vorgegebenen Reihenfolge folgende Fragen zu beantworten:

1. Ist der Kaufvertrag zwischen Robert und Thorsten wirksam?
2. Angenommen, der Vertrag ist unwirksam: Kann Melanie von Robert verlangen, dass die Veräußerung des Hauses rückgängig gemacht wird? Sie selbst möchte sich nämlich mit diesen Angelegenheiten nicht beschäftigen.
3. Angenommen, Melanie kann Rückgängigmachung verlangen: Welche Ansprüche hat Thorsten gegen Robert?

## Teil 2

Nach ihrer Scheidung von Robert arbeitet Melanie nach wie vor als angestellte Lehrerin an einer privaten Montessori-Schule und erzielt ein Einkommen von 2.700 € netto im Monat. Ihrem Ex-Mann, der als Rechtsanwalt noch immer keinen rechten Erfolg hat, zahlt sie 300 € Unterhalt pro Monat. Melanie freut sich, endlich sorgenfrei und unabhängig leben zu können.

Kurze Zeit später wendet sich jedoch die Stadt Nürnberg an sie: Melanies Mutter, die seit einiger Zeit in einem Pflegeheim lebt, kann von ihrer Rente, die 950 € pro Monat beträgt, die Kosten für das Heim von insgesamt 1.600 € pro Monat nicht vollständig aufbringen. Deshalb ist für den monatlich entstehenden Fehlbetrag von 650 € die Stadt Nürnberg als Sozialhilfeträger aufgekommen. Die Stadt möchte jetzt Rückgriff bei Melanie nehmen, die ihrer Mutter zum Unterhalt verpflichtet sei.

Melanie wendet ein, sie habe selbst so viele feste Verpflichtungen, dass sie unmöglich 650 € im Monat entbehren könne. Sie zahle 200 € pro Monat für eine private Rentenversicherung, um sich für ihr eigenes Alter abzusichern. Und Geld zum Leben brauche sie schließlich auch noch. Außerdem habe ihre Mutter Erspartes. Schließlich könne es nicht angehen, dass sie, Melanie, sowohl an ihren Ex-Mann als auch an ihre Mutter Unterhalt zahlen müsse.

Wie ist die Rechtslage?

## Gliederung

## Lösung

### Teil 1: Hausverkauf

### Frage 1

### I. Formwirksame Einigung

1    Robert und Thorsten haben sich über den Verkauf des Hauses, § 433 BGB, geeinigt und dabei die notarielle Form des § 311b Abs. 1 S. 1 BGB beachtet.

### II. Einwilligung der Melanie

### 1. Erforderlichkeit der Einwilligung

### a) Verpflichtung zur Verfügung über das Vermögen im Ganzen

2    Fraglich ist jedoch, ob der Kaufvertrag zu seiner Wirksamkeit der Einwilligung von Melanie bedurfte, § 1365 BGB. Die Regelung des § 1365 BGB ist auf Verpflichtungsgeschäfte anwendbar, § 1365 Abs. 1 S. 1 BGB. Eine Einwilligung der Melanie ist erforderlich, wenn das Ehepaar im gesetzlichen Güterstand lebt, wovon mangels entgegenstehender Hinweise im Sachverhalt auszugehen ist, und Robert sich zu einer Verfügung über sein Vermögen im Ganzen, § 1365 Abs. 1 S. 1 BGB verpflichtet hat.[1]

---

[1] Dazu eingehend *Schwab*, Familienrecht, Rn. 220.

Das Haus müsste also das Vermögen im Ganzen des Robert im Sinne des § 1365 **3**
BGB darstellen. Dafür ist nicht erforderlich, dass sich das Rechtsgeschäft ausdrücklich
auf das gesamte Vermögen bezieht, wie dies in § 311 b Abs. 2 und 3 BGB der Fall ist.
Ausreichend ist vielmehr, dass tatsächlich das gesamte Vermögen erfasst wird.[2] Dabei
ist es jedoch wiederum nicht erforderlich, dass sich der Ehegatte zur Verfügung über
seine sämtlichen Vermögensgegenstände verpflichtet. Nach gängiger Auffassung[3] ist
auch dann von dem Vermögen im Ganzen auszugehen, wenn sich das Geschäft tatsächlich auf nahezu das gesamte Vermögen, also etwa 85 bis 90%, bezieht. § 1365 BGB
dient nämlich dem Schutz der wirtschaftlichen Lebensgrundlage der Familie,[4] die auch
schon bei einer Veräußerung eines Großteils des Vermögens bedroht ist. Deshalb kann
auch ein einzelner Gegenstand das Vermögen im Ganzen bilden,[5] wenn er dem Wert
nach etwa 85 bis 90% des Vermögens ausmacht, wie das vielfach bei der ehelichen
Wohnung der Fall sein wird.

Vorliegend besaß Robert neben dem Haus lediglich einen alten Pkw und einige **4**
Haushaltsgegenstände, so dass aufgrund des erheblichen Wertes des Hauses davon
auszugehen ist, dass es sich um das Vermögen des Robert im Ganzen im Sinne des
§ 1365 BGB handelt.

Allerdings hat sich Thorsten zur Zahlung eines Kaufpreises verpflichtet, der dem **5**
Marktwert des Hauses entspricht, so dass die Familie durch den Verkauf des Hauses
keinen Verlust erleidet. Deswegen könnte der Anwendungsbereich des § 1365 BGB
doch nicht eröffnet sein. Dass ein Gegenwert in Form des Kaufpreises in das Vermögen des Robert fließen wird, spielt bei der Anwendung des § 1365 BGB jedoch keine
Rolle.[6] § 1365 BGB soll die Familie nicht vor wirtschaftlichen Einbußen, sondern auch
vor einer einseitig von einem Ehegatten beschlossenen Umschichtung des Gesamtver-
mögens schützen.[7] Damit hat sich Robert zu einer Verfügung über sein Vermögen im
Ganzen verpflichtet.

## b) Kenntnis des Geschäftspartners

Fraglich ist, ob es einer Korrektur des § 1365 BGB auf subjektiver Ebene in dem **6**
Sinne bedarf, dass der Vertragspartner des Ehegatten um die Vermögensverhältnisse
wissen oder diese aufgrund von Fahrlässigkeit nicht kennen muss, um zu einer Anwendbarkeit des § 1365 BGB zu gelangen.

Der Wortlaut der Norm gibt keinen Hinweis auf ein derartiges Tatbestandsmerk- **7**
mal. Die Erweiterung des Anwendungsbereichs des § 1365 BGB von Verträgen, die
ausdrücklich das gesamte Vermögen einer Vertragspartei erfassen, auf Verträge, die
rein tatsächlich nahezu das gesamte Vermögen erfassen, das auch durch einen einzelnen Gegenstand gebildet werden kann, macht für die überwiegende Auffassung[8] aus
Gründen des Verkehrsschutzes eine derartige Ergänzung jedoch erforderlich. Dafür
spricht, dass bei einer Ermittlung des (nahezu) gesamten Vermögens nach rein tatsächlichen Gesichtspunkten der Vertragspartner nicht in der Weise auf das Bedürfnis einer
Einwilligung des Ehegatten hingewiesen wird, wie dies bei einer ausdrücklichen Bezeichnung des Geschäftsgegenstands als das „gesamte Vermögen" oder das „Vermögen
im Ganzen" der Fall ist.

---

[2] MünchKomm/*Koch*, § 1365 Rn. 13 ff.
[3] BGHZ 77, 293; *BGH* FamRZ 1991, 669; *Rauscher*, Rn. 385; eingehend *Löhnig*, JA 2006, 753 ff.
[4] MünchKomm/*Koch*, § 1365 Rn. 1.
[5] BGHZ 35, 135, 143.
[6] Soergel/*Lange*, § 1365 Rn. 21; Palandt/*Diederichsen*, § 1365 Rn. 5.
[7] MünchKomm/*Koch*, § 1365 Rn. 22.
[8] BGHZ 64, 246, 247; Staudinger/*Thiele*, § 1365 Rn. 20; Soergel/*Lange*, § 1365 Rn. 12.

8 Auf der anderen Seite würde auf diese Weise die Schutzfunktion des § 1365 BGB, der seiner Konzeption nach auch durch guten Glauben des Geschäftspartners nicht überwunden werden können soll, erheblich abgeschwächt. Interessen des Rechtsverkehrs würden den Vorrang vor dem Schutz der Familie erhalten.[9]

9 Vorliegend muss diese Frage jedoch nicht entschieden werden, da Robert seinen Bruder Thorsten über seine Vermögenslage unterrichtet hat.

**Hinweis:** Lassen Sie Streitfragen offen, wo immer das möglich ist, denn das zeigt: Sie überblicken den Fall. Das Offenlassen erspart Ihnen aber nicht die Nennung einiger Argumente, mit denen Sie zeigen: Ich muss mich hier zwar nicht entscheiden, aber wenn ich wollte, dann könnte ich eine wohlbegründete Entscheidung treffen.

### 2. Wirksame Erklärung der Einwilligung

#### a) Wirksame Einwilligung

10 Damit ist für die Wirksamkeit des Kaufvertrages zwischen Robert und Thorsten eine Einwilligung der Melanie erforderlich. Bei der Einwilligung handelt es sich um eine empfangsbedürftige Willenserklärung, die formfrei ist, auch wenn das Hauptgeschäft, wie vorliegend, notarieller Form bedarf, § 182 Abs. 2 BGB. Eine derartige Erklärung hat Melanie im zweiten Notartermin gegenüber Robert und Thorsten abgegeben, die beide taugliche Erklärungsempfänger sind, § 182 Abs. 1 BGB. Eine wirksame Einwilligung der Melanie liegt damit vor.

#### b) Anfechtung, § 142 Abs. 1 BGB

11 Möglicherweise ist jedoch so zu verfahren, als wäre diese Einwilligung niemals gegeben worden, weil Melanie diese Willenserklärung wirksam angefochten hat, § 142 Abs. 1 BGB.

#### aa) Anfechtungserklärung, Anfechtungsgegner

12 Zunächst müsste Melanie eine wirksame Anfechtungserklärung abgegeben haben. Dabei handelt es sich um eine empfangsbedürftige Willenserklärung, die mit Zugang beim Anfechtungsgegner wirksam wird, § 130 Abs. 1 BGB.

13 Fraglich ist jedoch, wem gegenüber die Einwilligung zu einem Rechtsgeschäft anzufechten ist. Bei einseitigen Rechtsgeschäften ist dies „der andere Teil", § 143 Abs. 3 BGB. Melanie konnte die Einwilligung gegenüber Robert oder Thorsten erklären, § 182 Abs. 1 BGB, und hat sie tatsächlich beiden Teilen gegenüber erklärt. Fraglich ist, wer in diesem Fall der andere Teil ist.

14 Teilweise wird angenommen, es bestehe ein Wahlrecht des Einwilligenden, wem gegenüber er anfechte.[10] Dafür spricht, dass der Einwilligende bei der Erklärung der Einwilligung diese Wahlmöglichkeit hat, § 182 Abs. 1 BGB, und er bei der Anfechtungserklärung die gleiche Wahlmöglichkeit haben soll. Nach anderer Auffassung ist nur dem tatsächlichen Empfänger gegenüber anzufechten.[11] Dafür scheint der Wortlaut des § 143 Abs. 3 BGB zu sprechen; außerdem erscheint es zutreffend, dass die Anfechtung als actus contrarius zur Einwilligung auch dem gleichen Erklärungsempfänger gegenüber zu erklären ist wie die Einwilligung selbst. Nach wohl überwiegender und zutreffender Auffassung ist immer eine Anfechtung gegenüber beiden Beteiligten

---

[9] Erman/*Heckelmann*, § 1365 Rn. 10.

[10] Erman/*Palm*, vor § 182 Rn. 6.

[11] Bamberger/Roth/*Bub*, § 182 Rn. 8.

erforderlich.[12] Die Anfechtung trifft nämlich letztlich das Hauptgeschäft, so dass zum Schutz beider Parteien des Hauptgeschäfts auch eine Anfechtung beiden Parteien gegenüber erforderlich ist. Vorliegend hat Melanie die Anfechtung gegenüber Robert und Thorsten erklärt und damit auch diese Voraussetzungen erfüllt, so dass der Streit nicht entschieden werden muss.

### bb) Anfechtungsgrund gegenüber Robert

Des Weiteren wäre ein Anfechtungsgrund erforderlich. In Betracht kommt eine arglistige Täuschung, § 123 Abs. 1 BGB. Robert müsste also bei Melanie einen Irrtum erregt haben, der kausal für die Abgabe der Einwilligung geworden ist.[13] Robert hat Melanie erzählt, dass er sich in einer schwierigen finanziellen Situation befinde, weil ein Wechsel seiner Eltern aufgetaucht sei, und hat bei Melanie so einen Irrtum über seine Vermögenslage und die Ursache ihrer Verschlechterung erzeugt. Deswegen hat Melanie sich darauf eingelassen, in den Verkauf des von Roberts Eltern ererbten Hauses einzuwilligen. **15**

Außerdem müsste Robert arglistig gehandelt haben, die geprüften objektiven Tatbestandsmerkmale müssten also von Robert vorsätzlich erfüllt worden sein.[14] Robert hat Melanie zur Erwirkung der Einwilligung bewusst getäuscht. Damit liegt der Anfechtungsgrund der arglistigen Täuschung vor. Melanie kann also Robert gegenüber ihre Erklärung anfechten. **16**

### cc) Anfechtungsgrund gegenüber Thorsten

Allerdings hat lediglich Robert, nicht aber auch Thorsten getäuscht, so dass fraglich ist, ob auch ihm gegenüber wirksam angefochten werden konnte. Zwar besteht ein Anfechtungsgrund für eine Anfechtung der Einwilligung gegenüber Robert, vgl. oben, zu prüfen bleibt, ob auch ein Anfechtungsgrund für eine Anfechtung gegenüber Thorsten besteht. **17**

Die Anfechtbarkeit der Einwilligung bemisst sich im Verhältnis zu Thorsten nach § 123 Abs. 2 BGB. Für Thorsten ist der täuschende Robert Dritter im Sinne dieser Norm, stand Robert doch nicht im Verhältnis eines Erfüllungsgehilfen, § 278 BGB, oder Verhandlungsgehilfen[15] zu Thorsten, so dass sich Thorsten dessen Täuschung ohne weiteres zurechnen lassen müsste. Es kommt also darauf an, ob Thorsten die Täuschung zumindest kennen musste. Robert hat gegenüber Thorsten geäußert, wenn es nicht anders gehe, dann werde er ein Märchen erzählen müssen. Thorsten musste deshalb also zumindest damit rechnen, dass die Einwilligung der Melanie durch Täuschung erschlichen sein könnte. Damit kann Melanie auch gegenüber Thorsten anfechten. **18**

### 3. Ergebnis

Infolge der Anfechtung greift § 142 Abs. 1 BGB, so dass niemals eine Einwilligung existiert hat. Infolgedessen wäre der Kaufvertrag zwischen Robert und Thorsten schwebend unwirksam. In der Anfechtung der Einwilligung kann jedoch zugleich eine Verweigerung der nachträglichen Genehmigung gesehen werden, so dass der Vertrag endgültig nichtig ist, § 1366 Abs. 4 BGB. **19**

---

[12] Eingehend *Staudinger/Gursky,* vor §§ 182 ff. Rn. 45 ff.
[13] *Schwab/Löhnig,* Einführung in das Zivilrecht, Rn. 628.
[14] *Rüthers/Stadler,* § 25 Rn. 79.
[15] *Rüthers/Stadler,* § 25 Rn. 81.

**Frage 2**

20  Melanie verlangt von Robert, dass die Veräußerung des Hauses rückgängig gemacht wird. Damit ist nach Ansprüchen von Melanie gegen Robert gefragt, die als Rechtsfolge Naturalrestitution, § 249 Abs. 1 BGB, gewähren.

### I. §§ 1353, 280 Abs. 1 BGB

#### 1. Anspruchsvoraussetzungen

21  Zunächst kommt ein Schadensersatzanspruch aus §§ 1353, 280 Abs. 1 BGB in Betracht. Dafür müsste zwischen Melanie und Robert ein Schuldverhältnis bestehen. Dieses Schuldverhältnis besteht in Form der Ehe. Innerhalb dieses Schuldverhältnisses müsste Robert eine Pflichtverletzung begangen haben. Die Pflichten der Ehegatten ergeben sich, soweit es an besonderen Regelungen fehlt, aus § 1353 Abs. 1 BGB. Dort ist geregelt, dass die Ehegatten zur ehelichen Lebensgemeinschaft und zur Verantwortung füreinander verpflichtet sind. Dies umfasst auch die Pflicht zur Rücksichtnahme auf Rechtsgüter und Interessen des anderen Ehegatten.[16] Zwar ist umstritten, ob Schadensersatzansprüche im „inneren" Bereich der ehelichen Beziehung möglich sein sollen, z.B. in Bezug auf die Pflicht zur ehelichen Lebensgemeinschaft, jedoch besteht Einigkeit darüber, dass Pflichtverletzungen mit rein vermögensrechtlichem oder geschäftsmäßigem Charakter schadensrechtlich relevant werden können.[17] Die Pflicht zur Rücksichtnahme hat Robert verletzt, indem er seine Frau Melanie belogen hat, um die Einwilligung zur Veräußerung des ehelichen Wohnhauses von ihr zu erschleichen. Die Pflichtverletzung geschah vorsätzlich, so dass Robert die Vermutung des § 280 Abs. 1 S. 2 BGB nicht widerlegen kann.

#### 2. Rechtsfolge

##### a) Schaden

22  Melanie kann somit Schadensersatz nach §§ 249 ff. BGB verlangen. Fraglich ist jedoch zunächst, ob Melanie überhaupt einen Schaden erlitten hat. Ob ein Schaden eingetreten ist, wird im Wege der Differenzhypothese festgestellt: Zu vergleichen ist die gegenwärtige Vermögenslage der Melanie mit der Vermögenslage, die hypothetisch bestünde, wenn Robert die Pflichtverletzung nicht begangen hätte. Ein Vermögensverlust der Melanie ist hierbei jedoch nicht ohne weiteres ersichtlich: Das veräußerte Hausgrundstück stand im Eigentum des Robert und nicht einmal Robert hat das Grundstückseigentum verloren, ist doch auch das Verfügungsgeschäft mangels wirksamer Einwilligung der Melanie nichtig, § 1365 Abs. 1 S. 2 BGB. Thorsten hat also lediglich eine Buchposition erworben, das Grundbuch ist insoweit unrichtig.

23  Diese Buchposition kann freilich einem Geschäftspartner des Thorsten den gutgläubigen Eigentumserwerb an dem Hausgrundstück ermöglichen und damit den von § 1365 BGB beabsichtigten Schutz der familiären Lebensgrundlage vor einer einseitigen Vermögensumschichtung durch einen Ehegatten endgültig aushebeln. Die Buchposition des Thorsten ist allein deshalb entstanden, weil Robert seine Frau Melanie durch Täuschung zur Einwilligung bewegt und ihr auf diese Weise ihr Vetorecht gegen eine Vermögensumschichtung genommen hat. Melanie hat im Wege der Anfechtung zwar ihr Vetorecht wieder herstellen können, weil die Anfechtung die Einwilligung

---

[16] Vgl. dazu oben Fall 1.
[17] Bamberger/Roth/*Hahn*, § 1353 Rn 38 f.

der Melanie rückwirkend vernichtet. Trotzdem ist jedoch aufgrund der verbleibenden Unrichtigkeit des Grundbuches nicht der Zustand gegeben, der bestünde, wenn Melanie ihre Einwilligung von Anfang an verweigert hätte. Das Vetorecht der Melanie kann aufgrund der von Thorsten bereits erworbenen Buchposition keine vollumfängliche Sicherung gegen den Verlust des Grundstückseigentums bei Robert mehr gewähren. Diese Differenz zwischen tatsächlicher und hypothetischer Lage macht den Schaden der Melanie aus, der durchaus als Vermögenseinbuße qualifiziert werden kann, soll doch § 1365 BGB gerade die wirtschaftliche Lebensgrundlage der Familie und damit auch die von Melanie schützen.

### b) Naturalrestitution

#### aa) Grundbuchberichtigung, § 894 BGB

Damit kann Melanie von Robert verlangen, dass er diese Differenz beseitigt, § 249 **24** Abs. 1 BGB. Dies hat Robert durch Geltendmachung eines Grundbuchberichtigungsanspruchs gegen Thorsten zu tun, § 894 BGB. Ein derartiger Anspruch besteht: Im Grundbuch ist Thorsten als Eigentümer ausgewiesen. Tatsächlich ist jedoch die Auflassung, §§ 873, 925 BGB, an Thorsten unwirksam, weil es an der Einwilligung der Melanie fehlt, § 1365 Abs. 1 S. 2 BGB. Robert ist somit wirklicher Eigentümer des Hausgrundstücks.

#### bb) Einstweiliger Rechtsschutz

Zu bedenken ist außerdem, dass die Durchsetzung des Anspruchs aus § 894 BGB **25** einen erheblichen Zeitaufwand erfordern kann. Solange jedoch Thorsten im Grundbuch eingetragen ist, kann er zugunsten eines gutgläubigen Geschäftspartners über das Hausgrundstück verfügen. Zu erörtern sind deshalb auch die Möglichkeiten einstweiligen Rechtsschutzes. Im Wege einer Sicherungsverfügung, § 935 ZPO, kann die Eintragung eines Widerspruchs gegen die Richtigkeit des Grundbuchs, § 899 BGB, im Grundbuch erwirkt werden. Dieser Widerspruch beseitigt die Gutglaubenswirkung des Grundbuchs und verhindert für die Zeitspanne der Streitigkeit über die Richtigkeit des Grundbuchs einen gutgläubigen Erwerb durch Dritte. Nur wenn Robert auch eine Sicherungsverfügung erwirkt, kommt er seiner Verpflichtung zur Naturalrestitution vollumfänglich nach.

## II. § 826 BGB

In Betracht kommt außerdem ein Anspruch aus § 826 BGB. Dazu müsste Robert **26** seine Frau Melanie auf sittenwidrige Weise geschädigt haben. Ein Schaden ist bei Melanie eingetreten, vgl. Rn. 22 ff. Der Schadenseintritt wurde durch eine arglistige Täuschung erreicht, die ohne weiteres als sittenwidrig anzusehen ist. Der Schadenseintritt und die Umstände, die zum Sittenwidrigkeitsurteil führen, waren vom Vorsatz des Robert umfasst, so dass ein Schadensersatzanspruch auch aus § 826 BGB besteht. Zu den Rechtsfolgen vgl. Rn. 24 ff.

## III. Anspruchsausschluss

Zu prüfen bleibt, ob die Ansprüche der Melanie gegen Robert nicht deshalb ausge- **27** schlossen sind, weil Melanie in § 1368 BGB die Möglichkeit eingeräumt wird, selbst außergerichtlich und gerichtlich gegen Thorsten vorzugehen und als Prozessstandschafterin die Ansprüche ihres Mannes Robert gegen Thorsten geltendmachen kann.

28    Diese Ermächtigung, Ansprüche des anderen Ehegatten selbst geltendzumachen, soll jedoch die Rechtsstellung des Ehegatten, der nach § 1365 BGB einwilligen muss, nicht verschlechtern, sondern nur verbessern. Deshalb kann sich Melanie auch dafür entscheiden, ihren Ehemann Robert zur „Rückgängigmachung" zu zwingen und von ihrer Möglichkeit, Roberts Ansprüche selbst geltendzumachen, keinen Gebrauch machen.

## Frage 3

### I. Ersatz des Vertrauensschadens, §§ 311 Abs. 2, 280 Abs. 1 BGB

#### 1. Anspruchsvoraussetzungen

29    In Betracht kommt zunächst ein Anspruch von Thorsten gegen Robert auf Ersatz des Vertrauensschadens aus §§ 311 Abs. 2, 280 Abs. 1 BGB. Dazu müsste zwischen Robert und Thorsten ein Schuldverhältnis bestehen, innerhalb dessen Robert eine Pflicht gegenüber Thorsten verletzt hat. Robert und Thorsten haben sich in Verhandlungen über den Grundstückskauf begeben. Damit ist ein Schuldverhältnis mit Pflichten nach § 241 Abs. 2 BGB zustande gekommen, § 311 Abs. 2 Nr. 1 BGB.

30    Innerhalb dieses Schuldverhältnisses war Robert zur Rücksicht auf Rechte, Rechtsgüter und Interessen des Robert verpflichtet, vgl. § 241 Abs. 2 BGB. Robert hat mit Thorsten einen Vertrag geschlossen, der aufgrund des von Melanie erschlichenen Einverständnisses in seinem Bestand gefährdet war. Ficht Melanie ihr Einverständnis an und vernichtet damit den Vertrag, so wird das Vertrauen des Thorsten auf die Gültigkeit des Vertrages enttäuscht und die Aufwendungen des Thorsten für das Zustandekommen des Vertrags, etwa die Notarkosten, werden entwertet. Robert hat auf die Vermögensinteressen seines Bruders keine Rücksicht genommen. Er hätte bei pflichtgemäßem Handeln entweder einen Vertragsschluss auf dieser Grundlage unterlassen oder seinen Bruder über das Erschleichen des Einverständnisses informieren müssen, so dass dieser selbst entscheiden kann, ob er dieses Risiko eingehen möchte oder nicht. Damit hat Robert eine Pflichtverletzung begangen (a.A. im Hinblick auf die Wertung des § 122 Abs. 2 BGB gut vertretbar). Ein Vertretenmüssen des Robert ist zu vermuten, § 280 Abs. 1 S. 2 BGB.

#### 2. Rechtsfolge

31    Rechtsfolge ist Ersatz des Vertrauensschadens, also des Schadens, den Thorsten dadurch erlitten hat, dass er darauf vertraut hat, ein wirksamer und nicht von einem Dritten zu vernichtender Vertrag werde zwischen ihm und Robert zustande kommen, § 249 Abs. 1 BGB. Zu ersetzten sind also insbesondere die Vertragskosten.

32    Allerdings muss sich Thorsten möglicherweise eine Kürzung seines Anspruchs gefallen lassen, weil ein eigenes Verschulden an der Entstehung des Schadens mitgewirkt hat, § 254 Abs. 1 BGB. Thorsten wusste aufgrund der Bemerkungen seines Bruders nach dem ersten, gescheiterten Notartermin, dass Robert seine Frau Melanie notfalls belügen würde. Als er sich zum zweiten Notartermin begab, konnte er deshalb nicht einfach darauf vertrauen, dass das Einverständnis der Melanie nicht erschlichen worden sei. Er hätte zumindest damit rechnen müssen, dass der Vertrag möglicherweise auf einer erschlichenen Einwilligung beruhen werde. Um sich zu versichern, hätte er entweder den Vertragsschluss unterlassen oder bei seinem Bruder Robert rückfragen können. Beides hat Thorsten jedoch unterlassen. Somit erscheint eine Kürzung des Schadensersatzanspruchs um 50% angemessen.

## II. Rückzahlung des Kaufpreises, § 812 Abs. 1 S. 1 Alt. 1 BGB (Leistungskondiktion)

Des weiteren kommt ein Anspruch von Thorsten gegen Robert auf Rückzahlung 33 des Kaufpreises in Betracht. Anspruchsgrundlage ist § 812 Abs. 1 S. 1 Alt. 1 BGB. Robert hat einen Auszahlungsanspruch gegen die Bank, die sein Kanzleikonto führt, in Höhe von 350.000 € erlangt. Dies geschah durch Leistung, also durch bewusste und zweckgerichtete Mehrung des Vermögens von Robert durch Thorsten, wollte Thorsten doch auf diese Weise seine Kaufpreisschuld bei Robert begleichen. Diese Leistung ist ohne rechtlichen Grund geflossen, weil der Kaufvertrag zwischen Robert und Thorsten nichtig ist, vgl. oben. Somit kann Thorsten von Robert Rückzahlung des Kaufpreises in Höhe von 350.000 € verlangen.

## Teil 2: Stadt Nürnberg

Ein Anspruch der Stadt Nürnberg gegen Melanie könnte sich aus §§ 1601 BGB, 91 34 Abs. 1 S. 1 SGB XII ergeben.

## I. Anspruchsübergang auf den Sozialhilfeträger

Nach § 91 Abs. 1 S. 1 SGB XII geht ein nach bürgerlichem Recht bestehender Un- 35 terhaltsanspruch kraft Gesetzes auf den leistenden Sozialhilfeträger über. Soweit ein Unterhaltsanspruch der Mutter gegen Melanie besteht, ist dieser also bis zu einer Höhe von 650 € pro Monat auf die Stadt Nürnberg übergegangen.

## II. Unterhaltsanspruch der Mutter gegen Melanie

Ein Unterhaltsanspruch der Mutter gegen Melanie[18] ergibt sich aus § 1601 BGB, 36 weil Melanie und ihre Mutter in gerader Linie miteinander verwandt sind. Er richtet sich in seiner Höhe nach dem Bedarf des Unterhaltsberechtigten und reicht soweit, wie der Unterhaltsberechtigte bedürftig, § 1602 BGB, und der Unterhaltsverpflichtete leistungsfähig, § 1603 BGB, ist.

### 1. Bedarf

Der Unterhaltsbedarf bemisst sich nach der Lebensstellung des Unterhaltsberechtig- 37 ten, § 1610 Abs. 1 BGB. Lebt der Unterhaltsberechtigte – wie Melanies Mutter – in einem Pflegeheim, so bestimmt sich die Lebensstellung grundsätzlich nach den Kosten für das Pflegeheim.[19] Der Bedarf von Melanies Mutter liegt also bei 1.600 € pro Monat.

### 2. Bedürftigkeit

Melanies Mutter hat nur dann einen Unterhaltsanspruch, wenn sie bedürftig ist, also 38 mit ihren Einkünften und ihrem Vermögen ihren Unterhaltsbedarf nicht decken kann. Die Mutter hat einen Bedarf von 1.600 € pro Monat und Einkünfte von 950 € pro Monat, sodass sein Fehlbetrag von 650 € pro Monat entsteht. In diesem Umfang ist Melanies Mutter bedürftig. Allerdings muss der unterhaltsberechtigte Elternteil auch sein Vermögen verwerten. Soweit Melanies Einwand zutrifft und ihre Mutter über Erspartes verfügt, sind also zunächst die Ersparnisse aufzubrauchen und erst dann besteht ein Unterhaltsanspruch.

---

[18] Zum Problem des Elternunterhalts eingehend *Löhnig*, JA 2004, 450.
[19] *BGH* FamRZ 2002, 1698, 1700.

### 3. Leistungsfähigkeit

**39** Melanie als Unterhaltsverpflichtete ist leistungsfähig, soweit sie aus ihren Einkünften und ihrem Vermögen unter Berücksichtigung sonstiger Verpflichtungen und ohne Gefährdung ihres eigenen angemessenen Unterhalts zur Zahlung in der Lage ist.

#### a) Eigene Altersversorgung

**40** Als berücksichtigungsfähige Verpflichtungen des Unterhaltsverpflichteten werden Aufwendungen für die eigene Altersversorgung anerkannt. Das gilt nicht nur für Selbständige, sondern auch für Angestellte, die bereits in die gesetzliche Rentenversicherung einzahlen. Der Bundesgerichtshof begründet dies mit dem desolaten Zustand der gesetzlichen Rentenversicherung.[20] Die im Rahmen der Leistungsfähigkeit anzusetzenden Einkünfte der Melanie sind somit um 200 € pro Monat zu mindern.

#### b) Ex-Mann

**41** Zu prüfen bleibt, ob Melanie wegen ihrer Unterhaltszahlungen an ihren Ex-Mann in Höhe von 300 € pro Monat ihre Leistungsfähigkeit weiter absenken kann oder umgekehrt möglicherweise wegen der Unterhaltsverpflichtungen gegenüber ihrer Mutter nunmehr von der Zahlungspflicht gegenüber Robert frei wird. Das richtet sich nach der Rangfolge der Unterhaltsansprüche. Aus § 1609 BGB ergibt sich, dass der Unterhaltsanspruch eines geschiedenen Ehegatten dem Unterhaltsanspruch der eigenen Eltern vorgeht. Damit muss Melanie weiterhin ihrem Ex-Mann Unterhalt zahlen. Ihre Leistungsfähigkeit im Rahmen eines Unterhaltsanspruchs ihrer Mutter mindert sich um weitere 300 €.

#### c) Selbstbehalt

**42** Die Leistungsfähigkeit ist schließlich um den Selbstbehalt des Unterhalsverpflichteten zu mindern. Fraglich ist, in welcher Höhe dieser Selbstbehalt anzusetzen ist. Hier können keine Pauschalbeträge angesetzt werden. Der Selbstbehalt bestimmt sich nach der Lebensstellung des Unterhaltspflichtigen und darf nicht zu einer spürbaren und dauerhaften Senkung des Lebensstandards beim Unterhaltsverpflichteten führen, weil der Elternunterhalt ein dem Rang nach sehr schwacher Unterhaltsanspruch ist. Es erscheint deshalb vorliegend angemessen, einen Selbstbehalt von 2.000 € anzusetzen (a. A. vertretbar).

### 4. Berechnung des Unterhaltsbetrags

**43** Als Betrag des Elternunterhalts wird unter Billigung des Bundesgerichtshofs[21] in der Regel die Hälfte der unterhaltsrechtlichen Leistungsfähigkeit des Unterhaltsverpflichteten angesetzt. Von den Einkünften der Melanie in Höhe von 2.700 € pro Monat sind also 2.000 € Selbstbehalt, 300 € Scheidungsunterhalt und 200 € private Rentenversicherung abzuziehen. Es verbleiben hiernach 200 €. Von diesem Überschuss schuldet Melanie die Hälfte, also 100 € pro Monat, als Elternunterhalt. Diesen Betrag schuldet Melanie der Stadt Nürnberg ab dem Zeitpunkt, in dem die Stadt Nürnberg Melanie über die Gewährung von Leistungen an ihre Mutter informiert hat, § 91 Abs. 2 SGB XII.

---

[20] *BGH* FamRZ 2003, 1179, 1182.
[21] *BGH* FamRZ 2002, 1698, 1700.

# Fall 5. Roswitha Reh

Ernst Scholz (geb. 1956) ist seit 1981 mit Annemarie Scholz (geb. 1959) verheiratet. Sie haben zwei Kinder, Marius (geb. 1983) und Gunther (geb. 1987). Beide waren zum Zeitpunkt der Eheschließung noch Studenten und hatten keinerlei Vermögen, Ernst hatte sogar 100.000 € Schulden. Inzwischen ist Ernst erfolgreicher Unternehmer, Annemarie ist Schriftstellerin. 2001 verfassen Ernst und Annemarie ein Testament. Auf einen Briefbogen schrieb Ernst: „In Abstimmung mit meiner Frau Annemarie verfüge ich wie folgt: Wenn ich vor Annemarie sterbe, dann soll sie mich beerben. Sollte ich hingegen nach ihr sterben, dann sollen mich meine Kinder beerben – Ernst Scholz". Auf einen anderen Briefbogen schreibt Annemarie: „Wenn umgekehrt ich vor Ernst sterbe, dann soll er mich beerben. Sollte ich hingegen nach Ernst sterben, dann sollen mich meine Kinder beerben – Annemarie Scholz". Ernst Scholz steckt beide Bogen in einen Briefumschlag.

2007 lernt Ernst im Fitness-Studio Roswitha Reh (geb. 1989) kennen und verliebt sich heftig. Er trennt sich von seiner Frau und zieht mit Roswitha zusammen. Auf einen Ratschlag von Roswitha, die ein Jurastudium begonnen hat, begibt er sich außerdem zum Notar und lässt dort folgenden letzten Willen beurkunden: „Als Alleinerbin setze ich Roswitha Reh ein. Die Erbeinsetzung meiner Frau widerrufe ich". Am 29. 12. 2008 bringt Roswitha eine Tochter namens Julia zur Welt, die Ernst, der ganz begeistert von dem Kind ist, sofort als seine Tochter anerkennt und von der er sagt, sie werde einmal sein Lebenswerk fortführen.

Am 11. 11. 2009 erleidet Ernst einen Herzinfarkt und verstirbt. Zu diesem Zeitpunkt verfügt er über ein Vermögen von 4,9 Millionen €, das weitgehend im Unternehmen gebunden ist, während Annemarie, die einige erfolgreiche Romane veröffentlicht und mit den Tantiemen erfolgreich an der Börse spekuliert hat, über ein Vermögen von 4,4 Millionen € verfügt. In diesen 4,4 Millionen € ist allerdings auch ein Haus enthalten, das Annemarie 2002 von ihrem 76-jährigen Vater geschenkt bekommen hat. Das Haus war damals 200.000 € wert und hat 2009 einen – inflationsbereinigten – Wert von 220.000 €. Im Gegenzug zur Schenkung hatte sich Annemarie verpflichtet, ihrem Vater eine monatliche Leibrente in Höhe von 300 € zu gewähren.

## Bearbeitervermerk:

In einem Gutachten, das auf alle aufgeworfenen Rechtsfragen eingeht, sind in der vorgegebenen Reihenfolge folgende Fragen zu beantworten. Dabei ist davon auszugehen, dass die durchschnittliche Restlebenserwartung eines 76jährigen Mannes neun Jahre beträgt, die eines 83-jährigen Mannes sechs Jahre.

1. Wie ist die Erbfolge nach Ernst?
2. Erhält Julia etwas aus dem Vermögen ihres Vaters? Was ist ihr zu raten, damit sie einen möglichst hohen Betrag aus dem Vermögen ihres Vaters erhält?
3. Angenommen, es liegt keine wirksame letztwillige Verfügung des Ernst Scholz vor: Wie kann Annemarie möglichst viel von dem Vermögen erhalten?

## Gliederung

## Lösung

### Frage 1: Erbfolge nach Ernst Scholz

### I. Testament 2007

#### 1. Errichtung und Inhalt

Das jüngste Testament des Ernst aus dem Jahr 2007 sieht Roswitha als Alleinerbin **1** vor. Ernst hat dieses Testaments als öffentliches Testament formgültig errichtet, §§ 2231, 2232 BGB, und damit das Testament aus dem Jahre 2001 widerrufen, soweit dieses in Widerspruch zum Testament von 2007 steht, § 2258 BGB.

**Hinweis:** Prüfen sie die gewillkürte Erbfolge nicht „historisch", sondern beginnen Sie immer mit dem aktuellsten Testament!

#### 2. Bindungswirkung des Testaments 2001

Es könnte jedoch deshalb etwas anderes gelten, weil einem Widerruf des Testaments **2** von 2001 die Bindungswirkung von Verfügungen aus diesem Testament entgegensteht, § 2271 Abs. 1 S. 2 BGB.

#### a) Gemeinschaftliches Testament

Voraussetzung dafür wäre zunächst, dass es sich bei dem Testament von 2001 um ein **3** gemeinschaftliches Testament von Ehegatten handelt. Ernst und Annemarie waren 2001 miteinander verheiratet und konnten deshalb ein gemeinschaftliches Testament errichten, § 2265 BGB. Fraglich ist jedoch, ob es sich bei den letztwilligen Verfügungen von Ernst und Annemarie auch um ein solches gemeinschaftliches Testament handelt. Die beiden Verfügungen sind nicht in einer einheitlichen Urkunde errichtet worden, sondern jeder der beiden Ehegatten hat einen eigenen Briefbogen benutzt. Das könnte gegen das Vorliegen eines gemeinschaftlichen Testaments sprechen. Der Wortlaut der Verfügungen hingegen deutet auf ein gemeinschaftliches Testament hin, weil sich Ernst und Annemarie jeweils ausdrücklich auf die Verfügung des jeweils anderen Ehegatten beziehen („in Abstimmung mit meiner Frau"; „umgekehrt"). In den Formulierungen kommt der Wille, gemeinschaftlich zu testieren, zum Ausdruck. Dieser Wille der Ehegatten, ein gemeinschaftliches Testaments zu errichten, und nicht die Einheitlichkeit der Urkunde[1] ist nach zutreffender Auffassung[2] das entscheidende Kriterium. Damit handelt es sich bei dem Testament von 2001 um ein gemeinschaftliches Testament.

#### b) Wirksame Errichtung

Dieses gemeinschaftliche Testament müsste jedoch auch wirksam errichtet worden **4** sein. Nach § 2267 BGB ist es für die Errichtung eines gemeinschaftlichen Testaments erforderlich, dass ein Ehegatte die Verfügungen handschriftlich niederschreibt und diese daraufhin von beiden Ehegatten unterzeichnet werden. Vorliegend hat jedoch jeder der Ehegatten seine Verfügungen selbst niedergeschrieben und unterschrieben, so dass die Voraussetzungen des § 2267 BGB nicht erfüllt sind. § 2267 BGB soll jedoch nur eine Formerleichterung im Vergleich zum eigenhändigen Testament, § 2247 BGB,

---

[1] So noch RGZ 72, 204, 206.
[2] *Frank*, § 12 Rn. 8; *Leipold*, Rn. 460; MünchKomm/*Musielak*, vor § 2265 Rn. 4 ff.

bewirken („genügt es"), so dass zu prüfen ist, ob die Voraussetzungen des § 2247 BGB erfüllt sind.

5	§ 2247 BGB verlangt, dass der Erblasser seine Verfügung eigenhändig niederschreibt und mit Vor- und Familiennamen unterschreibt. Diese Voraussetzungen wurden von Ernst und Annemarie jeweils erfüllt. Außerdem ist die Angabe von Errichtungsdatum und -ort erforderlich, § 2247 Abs. 2 BGB. Diese Angabe fehlt bei beiden Erblassern. Ort und Zeit „sollen" jedoch nur angegeben werden, so dass ihr Fehlen die Wirksamkeit des Testaments nicht berührt. Damit handelt es sich bei den letztwilligen Verfügungen von 2001 um ein formwirksam errichtetes gemeinschaftliches Testament der Eheleute Scholz.

## c) Wechselbezügliche Verfügungen

6	Schließlich müssten in dem gemeinschaftlichen Testament so genannte wechselbezügliche Verfügungen enthalten sein, die dann nicht ohne weiteres widerrufen werden können, § 2271 BGB. In dem gemeinschaftlichen Testament von 2001 setzen sich Ernst und Annemarie gegenseitig zu Alleinerben ein. Bei dieser gegenseitigen Erbeinsetzung könnte es sich um ein Paar wechselbezüglicher Verfügungen, § 2270 Abs. 1 BGB, handeln. Verfügungen sind wechselbezüglich, wenn die eine nicht ohne die andere getroffen worden wäre, die eine also mit der anderen stehen und fallen soll. Ob dies der Fall ist, ist durch Auslegung zu ermitteln. Der Wortlaut der Verfügungen („in Abstimmung mit meiner Frau", „setze ich dafür Ernst ein"), deutet auf die Wechselbezüglichkeit hin. Soweit Zweifel verbleiben sollten, hilft die Auslegungsregel des § 2270 Abs. 2 BGB, die vorschreibt, im Zweifel für eine gegenseitige Erbeinsetzung von Ehegatten Wechselbezüglichkeit anzunehmen.

**Hinweis:** Wechselbezüglichkeit ist nicht pauschal für die letztwilligen Verfügungen der beiden Gatten zu prüfen, sondern immer gesondert für jeweils ein Paar von Einzelverfügungen des einen und des anderen Ehegatten zu ermitteln.

7	Derartige wechselbezügliche Verfügungen können nicht durch eine neue einseitige Verfügung von Todes wegen aufgehoben werden, § 2271 Abs. 1 S. 2 BGB. Die Erbeinsetzung der Roswitha im Testament von 2007, die in Widerspruch zu der Erbeinsetzung der Annemarie steht, ist deshalb unwirksam.

## d) Unwirksamkeit der wechselbezüglichen Verfügungen

8	Etwas anderes könnte jedoch gelten, wenn die Erbeinsetzung der Annemarie durch Ernst inzwischen unwirksam geworden wäre. In den Fällen des § 2077 BGB ist ein gemeinschaftliches Testament nämlich seinem ganzen Inhalt nach unwirksam, § 2268 BGB. Ist die Ehe geschieden worden, hat der Erblasser die Scheidung beantragt oder ist der Erblasser mit der Scheidung einverstanden, so geht der Gesetzgeber davon aus, dass die Grundlage des gemeinschaftlichen Testierens entfallen ist.

9	Allerdings haben Ernst und Annemarie sich nicht scheiden lassen. Auch hat Ernst die Scheidung nicht beantragt oder sein Einverständnis mit einer von Annemarie beantragten Scheidung erklärt. In Betracht kommt deshalb lediglich eine analoge Anwendung der §§ 2268, 2077 BGB für den Fall, dass sich die Ehegatten dauerhaft getrennt haben, ohne dass es bislang zu einem der in § 2077 BGB genannten Ereignisse gekommen wäre.

10	Gegen eine solche Analogie spricht jedoch, dass für die Ermittlung der Nichtigkeit eines gemeinschaftlichen Testaments an klar definierte und nachweisbare Umstände angeknüpft werden soll, wie sie die Rechtskraft der Scheidung, der Scheidungsantrag oder das Einverständnis mit der Scheidung sind. Die bloße Trennung oder dauerhafte Trennung von Ehegatten als rein tatsächliches, wertungsausfüllungsbedürftiges Ereignis bietet diese Sicherheit nicht.[3] Deshalb ist eine analoge Anwendung des § 2268 BGB auf die bloße Trennung der Ehegatten abzulehnen. Die Erbeinsetzung der Annemarie ist damit nicht schon allein durch die Trennung von Ernst und Annemarie unwirksam geworden.

### e) Widerruf

Möglicherweise könnte Ernst seine Verfügung zu Gunsten der Annemarie jedoch **11** wirksam widerrufen haben. Für einen Widerruf zu Lebzeiten beider Ehegatten ordnet § 2271 Abs. 1 S. 1 BGB die Geltung von Erbvertragsrecht an, § 2296 BGB. Hiernach muss dem anderen Ehegatten der Widerruf in notariell beurkundeter Form erklärt werden. Bei diesem Widerruf handelt es sich also um eine form- und empfangsbedürftige Willenserklärung, die mit Zugang beim anderen Ehegatten wirksam wird, § 130 Abs. 1 BGB.

Eine solche Erklärung könnte im Testament von 2007 enthalten sein, in dem Ernst **12** ausdrücklich äußert, dass er die Erbeinsetzung der Annemarie widerrufe. Das Testament von 2007 wurde als öffentliches Testament errichtet und ist somit notariell beurkundet. Fraglich ist jedoch, ob dieses Testament eine Willenserklärung, die an Annemarie gerichtet ist, enthält. Ein Testament ist zwar eine Willenserklärung, jedoch nicht eine empfangsbedürftige. Möglicherweise könnte man jedoch annehmen, dass in dem Testament des Ernst aus dem Jahre 2007 gleichzeitig eine an Annemarie gerichtete Willenserklärung, der Widerruf der Erbeinsetzung, enthalten gewesen sei. Diese Erklärung wäre dann durch Zugang bei Annemarie nach dem Tode des Ernst wirksam geworden, § 130 Abs. 2 BGB.

Nach zutreffender Auffassung muss der Widerruf jedoch zu Lebzeiten des anderen **13** Gatten erfolgen. Dazu genügt es nicht, dass die Erklärung zu Lebzeiten abgegeben worden ist, sondern der Widerruf als empfangsbedürftige Willenserklärung muss also – entgegen § 130 Abs. 2 BGB – auch noch zu Lebzeiten des Ernst bei Annemarie zugehen. Das ergibt sich bereits aus dem Wortlaut des § 2271 Abs. 1 BGB „bei Lebzeiten der Ehegatten". Außerdem soll § 2271 Abs. 1 BGB dem anderen Ehegatten eine Reaktion auf den Widerruf ermöglichen, die jedoch nicht mehr so leicht möglich ist, wenn der Widerrufende bereits verstorben ist.[4] Ist der Widerrufende zwischen Abgabe und Zugang der Erklärung gestorben, so mag eine Ausnahme angebracht sein, nicht jedoch dann, wenn die Erklärung, wie vorliegend, bewusst so angelegt ist, dass sie zwingend erst nach dem Tode des Widerrufenden zugehen kann und soll. Selbst wenn man annimmt, dass in dem Testament aus dem Jahre 2007 eine an Annemarie gerichtete Widerrufserklärung enthalten sei, könnte diese also keine Wirkung entfalten.

Damit ist die wechselbezügliche und damit bindende Erbeinsetzung der Annemarie **14** nach wie vor wirksam und also die dieser Erbeinsetzung widersprechende Erbeinsetzung der Roswitha im Testament von 2007 infolgedessen unwirksam. Das Testament von 2007 ist also nicht maßgeblich und Roswitha damit nicht Erbin des Ernst.

## II. Testament 2001

Vielmehr richtet sich die Erbfolge nach Ernst nach dem Testament von 1998, das **15** wirksam errichtet worden ist, vgl. Rn. 4 ff., sodass Annemarie Alleinerbin des Ernst ist.

---

[3] Vgl. Staudinger/*Otte*, § 2077 Rn. 13 und 23.
[4] BGHZ 9, 236; MünchKomm/*Musielak*, § 2271 Rn. 9; *Leipold*, Rn. 470; *Frank*, § 12 Rn. 19.

**Frage 2: Stellung der Julia**

**I. Beteiligung der Julia am Nachlass**

**1. Bestehen eines Pflichtteilsanspruchs**

16   Annemarie ist Alleinerbin des Ernst, so dass für Julia allenfalls ein Pflichtteilsanspruch in Betracht kommen kann. Erforderlich wäre dafür, dass Julia ein Abkömmling des Ernst ist, denn Abkömmlinge können von dem Erben den Pflichtteil verlangen, § 2303 Abs. 1 BGB. Julias Mutter Roswitha ist nicht verheiratet, sodass Julia bei ihrer Geburt zwar eine Mutter, § 1591 BGB, aber keinen Vater im Rechtssinne hatte. Ernst hat die Vaterschaft für Julia nach deren Geburt jedoch anerkannt, § 1592 Nr. 2 BGB, und ist damit Vater von Julia auch im Rechtssinne geworden. Damit ist Julia Abkömmling des Ernst im Rechtssinne und hat Julia nach dem Tode ihres Vaters einen Pflichtteilsanspruch.

**2. Höhe des Pflichtteilsanspruchs**

17   Dieser Anspruch beläuft sich der Höhe nach auf die Hälfte des Wertes ihres gesetzlichen Erbteils, § 2303 BGB. Um die Höhe des Pflichtteilsanspruchs zu berechnen, ist also zunächst die Ermittlung der gesetzlichen Erbfolge nach Ernst erforderlich.

18   Zu beginnen ist mit der Ehegattin Annemarie. Sie wird Erbin zu $1/4$ neben gesetzlichen Erben erster Ordnung, 1931 Abs. 1 BGB, also den Kindern des Ernst. Zu beachten ist, dass Ernst und Annemarie im gesetzlichen Güterstand der Zugewinngemeinschaft gelebt haben, so dass sich das Erbteil der Annemarie um ein weiteres $1/4$ erhöht, §§ 1931 Abs. 3, 1371 Abs. 1 BGB. Annemarie wäre also gesetzliche Erbin zu $1/2$ nach Ernst.

19   Die andere Hälfte entfiele zu gleichen Teilen auf die drei Kinder des Ernst, nämlich Rainer, Gunther und Julia. Jedes der Kinder wäre also gesetzlicher Erbe zu $1/6$. Der Pflichtteilsanspruch der Julia beläuft sich demnach dem Wert nach auf $1/12$ der Erbschaft. Hinzukommt der Anspruch aus § 1969 BGB (Dreißigster), weil Julia zum Hausstand des Ernst gehörte.

**II. Verbesserung von Julias Position**

**1. Anfechtung des Testaments 2001**

20   Um ihre Beteiligung am Nachlass des Ernst zu erhöhen, könnte Julia das Testament von 2001, nach dem sich die Erbfolge nach ihrem Vater Ernst richtet, anfechten, §§ 2078 ff. BGB. Könnte sie dadurch den Eintritt der gesetzlichen Erbfolge erreichen, würde sie ihre wertmäßige Beteiligung am Vermögen ihres Vaters von $1/12$ auf $1/6$ verdoppeln und außerdem nicht nur einen schuldrechtlichen Anspruch gegen den Erben, sondern eine dingliche Beteiligung am Nachlass erreichen. Dazu bedarf es eines Anfechtungsgrundes, der Anfechtungsberechtigung der Julia und einer fristgerechten Anfechtungserklärung.

**a) Anfechtungsgrund**

21   Der Anfechtungsgrund könnte sich aus § 2079 BGB ergeben. Julia ist Pflichtteilsberechtigte nach Ernst, vgl. Rn. 16 ff., und sie wurde als Pflichtteilsberechtigte übergangen, bei Errichtung des Testaments war sie nämlich noch nicht geboren.

Dieser Anfechtungsgrund ist auch nicht nach § 2079 S. 2 BGB ausgeschlossen. Es **22** sind keinerlei Anhaltspunkte dafür ersichtlich, dass Ernst seiner Tochter Julia vom Nachlass ausgeschlossen hätte, wenn er um ihre Existenz gewusst hätte. Allein aus der Tatsache, dass Ernst sein Testament nach der Geburt der Julia nicht verändert hat, lässt sich nicht entnehmen, dass er Julia übergehen wollte, die – ganz im Gegenteil – sein Lebenswerk fortführen sollte.

### b) Anfechtungsberechtigung und -erklärung

Die Anfechtungsberechtigung der Julia ergibt sich aus § 2080 Abs. 3 BGB. Die An- **23** fechtung ist gegenüber dem Nachlassgericht zu erklären, § 2081 BGB.

Fraglich ist jedoch, wie Julia die Anfechtung erklären kann. Bei der Anfechtung **24** handelt es sich um eine amtsempfangsbedürftige Willenserklärung. Julia kann, nachdem sie unter sieben Jahre alt ist, keine wirksame Willenserklärung abgeben, §§ 104 Nr. 1, 105 Abs. 1 BGB. Für Julia handelt vielmehr der gesetzliche Vertreter. Das ist ihre Mutter Roswitha, §§ 1629, 1626 a Abs. 2 BGB.

### c) Anfechtungsfrist

Diese Erklärung muss innerhalb der Jahresfrist des § 2082 BGB abgegeben werden. **25** Diese Jahresfrist beginnt mit Kenntnis des Anfechtungsgrundes. Für die Kenntnis der minderjährigen Julia ist auf die Kenntnis der gesetzlichen Vertreterin Roswitha abzustellen, § 166 Abs. 1 BGB analog.

Fraglich ist jedoch, ob es wirklich allein auf die Frist des § 2082 BGB ankommt. Zu **26** beachten ist, dass hier ein gemeinschaftliches Testament angefochten werden soll. Angesichts der in diesem Testament enthaltenen wechselbezüglichen und damit bindenden Verfügungen wird die Auffassung[5] vertreten, die Anfechtungsregeln für Erbverträge seien analog anzuwenden, hier also § 2285 BGB. Für diese Auffassung spricht, dass wechselbezügliche Verfügungen in gemeinschaftlichen Testamenten, zumal nach dem Tode eines Ehegatten in ähnlicher Weise bindend sind wie erbvertragliche Verfügungen. Die Frage kann jedoch offen bleiben, wenn die Voraussetzungen des § 2285 BGB erfüllt sind.

Julia könnte nach § 2285 BGB analog nur anfechten, wenn Ernst selbst im Zeit- **27** punkt seines Todes noch anfechten hätte können. Die Anfechtungsfrist für Ernst beträgt ein Jahr, § 2283 BGB, und hat mit der Geburt der Julia begonnen, also am 30. 12. 2008 um 0.00 Uhr, § 187 Abs. 1 BGB. Die Frist endete demnach am 29. 12. 2009 um 24.00, § 188 Abs. 2 BGB. Sie war also beim Tod des Ernst am 11. 11. 2009 noch nicht abgelaufen. Deshalb muss die Frage der analogen Anwendung des Erbvertragsrechts nicht entschieden werden.

### d) Anfechtungsfolgen

#### aa) § 142 Abs. 1 BGB

Julia kann das Testament aus dem Jahre 2001 also anfechten. Zu ermitteln bleibt, **28** welche Folge die Anfechtung hat. Grundsätzlich richtet sich die Folge der Anfechtung letztwilliger Verfügungen – wie die Anfechtung einer jeden Willenserklärung – nach § 142 Abs. 1 BGB. Die Anfechtung hat also zur Folge, dass die Verfügungen des Ernst,

---

[5] *BayObLG* NJW-RR 1989, 587, 588; MünchKomm/*Musielak,* § 2271 Rn. 41; Jauernig/*Stürner,* § 2271 Rn. 13.

und wegen der Wechselbezüglichkeit auch die Verfügungen der Annemarie, § 2270 Abs. 1 BGB, nichtig sind.

29    Unklar ist jedoch, ob damit nun die gesetzliche Erbfolge eintritt, oder ob das Testament von 2007 maßgeblich wird, dem nun nicht mehr die Bindungswirkung des Testaments von 2001 entgegensteht. Gegen die Maßgeblichkeit des Testaments von 2007 spricht, dass dieses Testament aufgrund der erkannten Bindungswirkung möglicherweise von Ernst nicht mehr als wirksam angesehen worden ist, sodass seine Aufhebung unterblieben ist. Auf der anderen Seite mag es dem Willen des Erblassers näher kommen, dieses Testament und nicht die gesetzliche Erbfolge als maßgeblich anzusehen. Überdies ist die Geltung des Testaments von 2007 Folge einer konsequenten Anwendung des § 142 Abs. 1 BGB, denn diese Norm verlangt, dass so verfahren wird, als ob das Testament von 2001 niemals existiert hätte.[6] Dann aber hätte es niemals Probleme bezüglich der Wirksamkeit des Testaments von 2007 gegeben.

### bb) Anfechtung des Testaments 2007

30    Julia muss also auch das Testament von 2007 anfechten und kann nur auf diese Weise schließlich die gesetzliche Erbfolge zur Geltung bringen. Für Anfechtungsgrund, -berechtigung und -frist kann auf die obigen Ausführungen verwiesen werden, Rn. 21 ff.

31    Zu beachten ist jedoch, dass bei der Anfechtung des Testaments von 2007 nicht Roswitha als Julias gesetzliche Vertreterin handeln kann, sondern für Julia ein Ergänzungspfleger bestellt werden muss, §§ 1629 Abs. 2 S. 3, 1796, 1909 Abs. 1 BGB, weil Julias Mutter Roswitha ein Interesse am Erhalt ihrer Stellung als Alleinerbin nach dem Testament aus dem Jahre 2007 hat und deswegen in der Person der Roswitha ein Interessenkonflikt zwischen Roswithas eigenem Vermögensinteresse und den Vermögensinteressen ihrer Tochter Julia besteht.

32    Wird dieses Testament vom Ergänzungspfleger wirksam angefochten, so wird Julia jedenfalls gesetzliche Erbin zu $1/6$, vgl. Rn. 19. Damit verdoppelt sie ihren Anteil an der Erbmasse und wird überdies Mitglied der Erbengemeinschaft nach Ernst, hat also dingliche Berechtigung am Nachlass und nicht nur einen schuldrechtlichen Anspruch gegen den Erben. Ob der Ergänzungspfleger freilich das Testament im Namen von Julia anfechten wird, erscheint immerhin fraglich, denn er wird sich überlegen, ob es besser ist, dass Julias Mutter ein großes Vermögen erbt, oder dass Julia einen etwas größeren Anteil am Nachlass erhält, Julius Mutter aber leer ausgeht, was der Beziehung von Julia zu ihrer Mutter Roswitha sicherlich nicht besonders förderlich sein wird.

### Frage 3: Stellung der Annemarie

### I. Beratungsbedarf

33    Liegt keine wirksame letztwillige Verfügung des Ernst vor, so hat Annemarie Beratungsbedarf, weil sie zwischen der erbrechtlichen und der güterrechtlichen Lösung wählen kann. Erbrechtliche Lösung bedeutet, dass Annemarie gesetzliche Erbin nach Ernst wird. Güterrechtliche Lösung bedeutet, dass Annemarie die gesetzliche Erbschaft ausschlägt und der Zugewinn wie nach einer Scheidung ausgeglichen wird, wobei jedoch noch ein Pflichtteil hinzu kommt, § 1371 Abs. 3 BGB. Um Annemarie beraten zu können, müssen beide Varianten durchgerechnet werden.

---

[6] Zutreffend MünchKomm/*Leipold*, § 2078 Rn. 48.

## II. Erbrechtliche Lösung

Annemarie ist gesetzliche Erbin zu $^1/_2$, vgl. Rn. 18. Sie würde also von dem Vermö- **34** gen ihres Mannes Ernst letztlich 2,5 Millionen € erhalten.

## III. Güterrechtliche Lösung

### 1. Zugewinnausgleich

Schlägt Annemarie die Erbschaft aus, so kann sie Zugewinnausgleich verlangen, **35** §§ 1371 Abs. 3, 1378 Abs. 1 BGB. Der Zugewinn eines Ehegatten ist die Differenz zwischen dessen Endvermögen und dessen Anfangsvermögen. Schuldner des Ausgleichsanspruchs ist derjenige Ehegatte, der den höheren Zugewinn erzielt hat, und deshalb dem anderen Ehegatten den halben Zugewinnüberschuss schuldet.

**Hinweis:** Der Zugewinnausgleichanspruch ist vor dem Pflichtteilsanspruch zu erörtern, weil sich der Pflichtteilsanspruch aus dem um Nachlassverbindlichkeiten, zu denen auch die Zugewinnausgleichsforderung gehört, bereinigten Nachlass berechnet, vgl. § 2311.

### a) Zugewinn Ernst

Der Zugewinn des Ernst beträgt 5 Millionen €, denn Ernst hatte bei Eheschließung **36** 100.000 € Schulden. Das Anfangsvermögen ist daher mit − 100.000 € anzusetzen, § 1374 Abs. 3 BGB (n. F. seit 1. 9. 2009). Bei Ende des Güterstandes durch den Tod des Ernst betrug das Vermögen des Ernst 4,9 Millionen €. Unter Berücksichtigung des negativen Anfangsvermögens kommt Ernst auf einen Zugewinn von 5 Millionen €.[7]

### b) Zugewinn Annemarie

Annemarie hat ein Vermögen von 4,4 Millionen €, während sie bei Eheschließung **37** ebenfalls keinerlei Vermögen hatte, so dass ihr Zugewinn 4,4 Millionen € beträgt.

### aa) Anfangsvermögen

Dabei bliebe jedoch außer Betracht, dass Annemarie ein Haus von ihrem Vater ge- **38** schenkt bekommen hat, das im Zeitpunkt der Schenkung einen Wert von 200.000 € hatte. Dieser Betrag ist als Schenkung gemäß § 1374 Abs. 2 BGB dem Anfangsvermögen der Annemarie hinzuzurechnen. Das Anfangsvermögen beträgt hiernach also 200.000 €.

Dabei wiederum bleibe jedoch das Leibrentenversprechen der Annemarie unbe- **39** rücksichtigt. Die Leibrente ist als Gegenleistung zur Übertragung des Eigentums anzusehen, die deshalb nicht in vollem Umfang unentgeltlich erfolgt ist. Vielmehr liegt eine gemischte Schenkung vor und es kann nur die Differenz zwischen dem Wert des Eigentums und der Leibrente dem Anfangsvermögen hinzugerechnet werden. Der Wert einer Leibrente ist nach der Formel „Jährlicher Betrag x durchschnittliche Restlebenserwartung" zu berechnen. Die Leibrente hat damit einen Wert von 3.600 € × 9 = 32.400 €. Deshalb sind nur 200.000 € − 32.400 € = 167.600 € als Anfangsvermögen anzusetzen.

---

[7] Eingehend zur Neuregelung des ehelichen Güterrechts, *Brudermüller*, FamRZ 2009, S. 1185 f.

### bb) Endvermögen

**40**     Auch das Endvermögen kann aufgrund des Leibrentenversprechens nicht einfach mit 4,4 Millionen € angesetzt werden. Annemarie ist ihrem Vater gegenüber noch immer zur Zahlung der Leibrente verpflichtet. Allerdings ist deren Wert inzwischen gesunken, weil der Vater älter geworden ist. Der von den 4,4 Millionen € abzuziehende Wert beträgt nunmehr 3.600 € × 6 = 21.600 €. Das Endvermögen beträgt somit 4.378.400 €.

### cc) Zugewinn

**41**     Der Zugewinn der Annemarie beläuft sich somit aus 4.378.400 € – 167.600 € = 4.210.800 €.

### c) Ausgleichsforderung

**42**     Ernst hat also 789.200 € mehr Zugewinn als Annemarie erzielt, so dass Annemarie 394.600 € Zugewinnausgleich verlangen kann, § 1378 Abs. 1 BGB.

### 2. Pflichtteil

**43**     Außerdem kann sie den Pflichtteil verlangen. Dieser bemisst sich nach gängiger Auffassung[8] wie in § 1371 Abs. 2 BGB nach dem nicht erhöhten Erbteil, der sich aus § 1931 Abs. 1 BGB ergibt. Hiernach ist Annemarie gesetzliche Erbin zu $1/4$, so dass der Pflichtteil $1/8$ des Wertes der Erbschaft beträgt. Dabei ist zu beachten, dass es sich um $1/8$ des um die Ausgleichsforderung reduzierten Nachlasses handelt, denn für die Berechnung des Pflichtteils ist der um Nachlassforderungen bereinigte Nachlass zugrunde zu legen, § 2311 BGB. Annemarie könnte also $1/8$ von 4.505.400 € verlangen. Das sind 563.175 €.

### 3. Ergebnis

**44**     Nach der güterrechtlichen Lösung würde Annemarie also 394.600 + 563.175 = 957.775 € erhalten.

### IV. Ergebnis

**45**     Somit ist Annemarie zu raten, die Erbschaft nicht auszuschlagen, sondern ihr gesetzliches Erbe anzutreten.

**Hinweis:** Wenn Sie mehrere Alternativen in einer Beratungssituation durchspielen – und die Wahl zwischen erb- und güterrechtlicher Lösung ist der „Klassiker" dafür –, dann geben Sie am Ende unbedingt eine abschließende Empfehlung!

---

[8] Vgl. dazu *Löhnig,* JA 2001, 937.

# Fall 6. Oskar und Constanze

## Sachverhalt

Oskar Wild (geb. 1945) ist freischaffender Schriftsteller. Seit 1991 hatte er großen Erfolg mit einigen Komödien, die das Leben der Oberschicht im wiedervereinigten Deutschland karikieren. Der Erfolg hat sich auch finanziell ausgewirkt. Zudem hat Oskar im Januar 1998 von einer Lebensversicherung 500.000 € ausgezahlt bekommen, nachdem sein Vater verstorben war. So verfügt Oskar nun über ein Vermögen von 890.000 €. Außerdem besitzt er Bauland im Wert von 450.000 €. Oskar Wild ist seit 1972 mit Constanze Wild (geb. 1947) verheiratet; zum Zeitpunkt der Heirat war er völlig mittellos, weil er sich damals auf avantgardistische Lyrik verlegt hatte, mit der er schonungslos die Situation der menschlichen Existenz aufzeigen wollte. Er hatte jedoch keinen Verleger gefunden und musste deshalb von Sozialhilfe leben; sein Girokonto hatte er damals um 10.000 € überzogen. Constanze Wild war hingegen begütert, sie besaß ein Vermögen von 250.000 €, über das sie auch heute noch verfügt.

Im Jahre 2001 wurde Oskar Wild bewusst, dass er sich eigentlich zum männlichen Geschlecht hingezogen fühlt; seit 2003 unterhielt er deshalb eine Liebesbeziehung zu dem mittellosen Komponisten Botho Henze (geb. 1976). Wild lebte allerdings weiterhin bei seiner Frau Constanze in der Ehewohnung. Am 24. 10. 2007 speiste Oskar Wild mit Botho Henze in der Uni-Pizzeria. Ein Gespräch am Nachbartisch über einen Todesfall an der Universität gemahnte ihn an den eigenen Tod; sogleich kam ihm die Idee, Botho müsse doch auch im Falle seines (Oskars) Todes finanziell abgesichert sein. Deshalb schrieb er folgenden Text auf die Rückseite der Wochenkarte und riss das beschriebene Stück anschließend ab: „Regensburg, den 24. Oktober 2007 – TESTAMENT: Ich, Oskar Wild, setze hiermit Botho Henze zum Alleinerben ein". Nun verspürte Oskar noch die Notwendigkeit, dieses Testament auch mit seiner Unterschrift zu versehen. Weil er das Stück so knapp abgerissen hatte, dass unterhalb des Textes kein Platz mehr war, brachte er die Unterschrift oben auf dem Papierstück neben dem Wort „Testament" an.

Im Januar 2008 wurde Oskar krank. Botho Henze war bestürzt über diesen Verlauf der Dinge und pflegte Oskar Wild aufopferungsvoll, bis dieser im Oktober 2009 schließlich verstarb. Noch im Oktober 2009 wurde Botho Henze vom Nachlassgericht ein Erbschein als Alleinerbe nach Oskar Wild erteilt, nachdem er das am 24. 10. 2007 beschriebene Stück Wochenkarte beim Nachlassgericht vorgelegt hatte.

Constanze Wild war entsetzt. Sie sucht den Rechtsanwalt Kraus auf und bittet ihn zu prüfen, ob ein solches „Testament" denn überhaupt wirksam sein könne. Zum einen sei ein solchermaßen bekritzelter Papierfetzen doch überhaupt kein Testament. Außerdem sei es völlig untragbar, dass ein verheirateter Mann seinen Liebhaber zum Alleinerben einsetze, ohne dabei an seine Frau zu denken. Aber man wisse ja nie in der heutigen Zeit, deswegen solle Kraus auch gleich überlegen, was am besten zu unternehmen sei, wenn sich der „Fetzen doch als verbindlich" herausstelle.

**Variante:**

Am 18. 2. 2010 besuchte Constanze Wild aus Sentimentalität erstmals seit über sechs Monaten wieder die Uni-Pizzeria, in der auch sie so oft mit ihrem Mann gegessen hatte. Der Kellner Lorenzo begrüßte sie überschwänglich und brachte ihr sogleich einen Vorspeisenteller mit Bruschette, neben den er geheimnisvoll ein Päckchen legte, das Oskar Wild ihm Anfang Oktober mit der Bitte übergeben hatte, es Constanze bei ihrem ersten Besuch in der Pizzeria nach seinem Tode auszuhändigen. Das Päckchen enthielt ein Buch, das Oskar noch im Mai 2009 fertig gestellt hatte. Constanze entdeckt im Frontispiz folgende handschriftliche Widmung: „Regensburg, im Oktober 2009 – Liebe Constanze! Ich weiß, dass ich mich in den letzten Jahren meines Lebens Dir gegenüber oft unverzeihlich benommen habe. Allein – es waren meine Veranlagung und mein Schicksal, die mich diesen Weg unausweichlich gehen ließen – du bist und bleibst trotzdem meine Frau! Deswegen möchte ich auch, dass Du mich nach meinem Tode beerbst. Dieses Buch eigne ich Dir zu und wünsche mir, dass die Lektüre die Erinnerung an mich und unsere vielen schönen Jahre weckt. Dein Oskar".

Constanze war ergriffen. Oskar hatte also doch an sie gedacht, sie hatte ja gewusst, dass dieser Papierfetzen nicht Oskars letztes Wort war! Nun will Constanze gegen Botho Henze vorgehen, der alles, was er aus dem Vermögen des Oskar bekommen hat, zurückgeben soll. Allerdings hat Botho bereits am 20. 11. 2009 das Baugrundstück an den Rechtsanwalt Georg Steinreich zum Preis von 500.000 € verkauft. Dabei hatte sich Steinreich allerdings nicht den Erbschein vorweisen lassen. Als Kenner der Regensburger Kulturszene war es für ihn nämlich nur konsequent, dass Wild seinen Liebhaber Henze zum Erben eingesetzt hatte. Steinreich war am 7. 2. 2010 in das Grundbuch eingetragen worden, das bislang nach wie vor Oskar Wild als Eigentümer ausgewiesen hatte.

Erneut begibt sich Constanze zum Rechtsanwalt Kraus. Er soll nun die nötigen Schritte einleiten, um an Geld und Grundstück zu kommen. Dem Steinreich hatte Constanze bereits am 19. 2. 2010 den gesamten Sachverhalt mitgeteilt. Steinreich hat aber geantwortet, dass ihn das alles nichts angehe. Constanze hat auch bei Botho Henze angerufen. Dieser hatte sich inzwischen aber an den Reichtum gewöhnt und von den 500.000 €, die er aus dem Grundstücksgeschäft eingenommen hatte, bereits 50.000 € für eine mehrwöchige Kreuzfahrt ausgegeben. Botho äußerte am Telefon die Auffassung, eine Widmung sei eine Widmung und ein Testament ein Testament, das wisse doch jedes Kind. Er, Botho, sei natürlich weiterhin Erbe des seligen Oskar Wild. Außerdem wolle er noch darauf hinweisen, dass er Oskars restliches Barvermögen, das ihm nach Tilgung aller Nachlassverbindlichkeiten noch verblieben sei, an die Not leidende Bibliothek der Juristischen Fakultät zur Anschaffung einiger Festschriften gespendet habe.

**Bearbeitervermerk:**

Erstellen Sie für Ausgangsfall und Variante jeweils das Gutachten des Kraus unter Beantwortung aller oben angesprochenen Rechtsfragen! In der Variante ist dabei nur auf Ansprüche gegen Botho und Steinreich einzugehen. Probleme des Wertverlustes von Geld und Vermögen durch die Preissteigerung sollen außer Betracht bleiben.

## Gliederung

## Lösung

### I. Wirksamkeit des Testaments

### 1. Testierwille

1    Zu prüfen ist zunächst, ob das Testament des Oskar aus dem Jahr 2007 wirksam ist. Damit es sich bei den Ausführungen auf der Rückseite der Wochenkarte aus dem Jahr 2007 überhaupt um ein Testament handelt, müsste Oskar mit Testierwillen gehandelt haben, also in dem Augenblick, als er den Speisezettel beschrieben hat, eine Verfügung von Todes wegen errichten haben wollen.

2    Hier könnte angesichts der ungewöhnlichen Situation der spontanen Testamentserrichtung in einem Lokal und der Verwendung eines Speisezettels am Vorliegen des Testierwillens gezweifelt werden. Aus den Umständen, die im Sachverhalt geschildert werden, ergibt sich jedoch, dass Oskar eine rechtsverbindliche Erklärung über eine Verfügung von Todes wegen abgeben wollte. Ihm ist plötzlich klar geworden, dass er jederzeit sterben könnte und wollte seinen Liebhaber für diesen Fall absichern und somit eine Verfügung von Todes wegen errichten.

### 2. Form

3    Problematisch ist jedoch, ob diese letztwillige Verfügung auch formgerecht errichtet worden ist. § 2247 Abs. 1 BGB verlangt, dass der Erblasser seine letztwillige Verfügung eigenhändig niederschreibt und unterschreibt. Oskar hat den Speisezettel zwar eigenhändig beschrieben, fraglich ist jedoch, ob er ihn unterschrieben hat, denn Oskar hat seinen Namenszug nicht unter dem Text, sondern oben neben dem Wort „Testament" angebracht. Deshalb kann daran gezweifelt werden, ob eine wirksame Unterschrift im Sinne des § 2247 Abs. 1 BGB vorliegt.

4    Die Unterschrift unter dem eigenhändigen Testament hat zwei Funktionen: Die Identifikationsfunktion und die Abschlussfunktion.[1] Die Unterschrift soll also erkennbar machen, wer die letztwillige Verfügung errichtet hat, und sie soll diese Verfügung abschließen, also die Anordnungen des Erblassers räumlich decken und so erkennen lassen, dass sie vom Willen des Erblassers umfasst sind. Eine oben am Text angebrachte Unterschrift deckt die folgende Verfügung nicht räumlich. Damit ist dem Unterschriftserfordernis aus § 2247 Abs. 1 BGB nicht Genüge getan.

5    In Ausnahmefällen kann jedoch auch eine „Oberschrift" den Text räumlich abschließen, wenn sich aus dem Gesamteindruck der Urkunde ergibt, dass ein nicht am Ende der Verfügung angebrachter Namenszug den gesamten Text als Einheit umfasst. Davon kann ausgegangen werden, wenn – wie vorliegend – am Ende des Zettels kein Platz mehr war und Oskar nur mit dieser „Oberschrift" die Verfügung autorisieren konnte.[2] Deshalb ist auch durch die „Oberschrift" ausnahmsweise die Abschlussfunktion gewahrt.

---

[1] *Frank,* § 5 Rn. 12; *Leipold,* Rn. 310.
[2] *OLG Celle* NJW 1996, 2938; *Frank,* § 5 Rn. 14.

Zeit und Ort der Errichtung, § 2247 Abs. 2 BGB, sind angegeben, so dass Oskar ein **6** formwirksames Testament errichtet hat.

### 3. Sittenwidrigkeit

Dieses formwirksam errichtete Testament könnte jedoch wegen Sittenwidrigkeit, **7** § 138 Abs. 1 BGB, nichtig sein, hat doch Oskar seinen gleichgeschlechtlichen Liebhaber zum Alleinerben eingesetzt. Für die Ermittlung der Sittenwidrigkeit eines Rechtsgeschäfts ist grundsätzlich auf den Zeitpunkt der Vornahme dieses Rechtsgeschäfts abzustellen.

### a) Homosexualität

Zu diesem Zeitpunkt unterhielt Oskar eine gleichgeschlechtliche Liebesbeziehung **8** zu einem wesentlich jüngeren, mittellosen Komponisten. Der Umstand, dass es sich um eine gleichgeschlechtliche Beziehung handelt, kann auf die Bewertung des Testaments keinen Einfluss haben. Im Jahr 2007 war bereits das Lebenspartnerschaftsgesetz in Kraft getreten, das gleichgeschlechtlichen Paaren eine an die Eheschließung angenäherte „eingetragene Lebenspartnerschaft" zur Verfügung stellt. Damit macht der Gesetzgeber deutlich, dass er gleichgeschlechtliche Partnerschaften uneingeschränkt akzeptiert.

### b) Geliebtentestament

Allerdings waren Oskar und Botho nicht registriert. Deshalb könnte es sich um **9** ein so genanntes Geliebtentestament handeln. Testamente zugunsten von Geliebten, in denen der Erblasser seine(n) Geliebte(n) gleichsam als Entlohnung für sexuellen Kontakt letztwillig bedenkt, sind von der Rechtsprechung lange als sittenwidrig angesehen worden.[3] Spätestens seit Inkrafttreten des Prostitutionsgesetzes wird jedoch nicht einmal mehr Prostitution als sittenwidrig angesehen, sodass gleiches erst recht für eine dauerhafte, vorrangig sexuell motivierte Partnerschaft gelten muss.[4]

Hinzukommt im vorliegenden Fall: Nachdem sich sowohl in der Bewertung der **10** Sittenwidrigkeit, als auch in der tatsächlichen Entwicklung Veränderungen zwischen dem Zeitpunkt der Errichtung und dem Eintritt des Erbfalls ergeben können, wird bei Testamenten zur Wahrung des Erblasserwillens ausnahmsweise auf den Zeitpunkt des Erbfalls abzustellen sein,[5] wenn der Wille des Erblassers dadurch zur Geltung gebracht werden kann. Vor seinem Tod hatte Botho den Oskar über mehrere Monate hinweg aufopferungsvoll gepflegt, sodass jedenfalls zu diesem Zeitpunkt sicher nicht mehr eine ausschließlich sexuell motivierte, sondern eine von gegenseitiger Solidarität gekennzeichnete Beziehung zwischen Botho und Oskar vorgelegen hat.

### c) Zurücksetzung naher Angehöriger

Das bedeutet jedoch nicht, dass damit ein derartiges Testament zugunsten eines oder **11** einer Geliebten in keinem Fall mehr sittenwidrig sein kann. Es besteht die Möglichkeit, dass die Einsetzung eines familienfremden Dritten, insbesondere eines Geliebten, die eheliche Familie in unangemessener Weise zurücksetzt, so dass deswegen Sitten-

---

[3] Vgl. BGHZ 52, 17.
[4] *Leipold*, Rn. 246; siehe auch *Armbrüster*, NJW 2002, 2763, 2764.
[5] *Ebenroth*, Rn. 292; *Frank*, § 3 Rn. 16 f.; *Leipold*, Rn. 250.

widrigkeit anzunehmen ist. Allein die Zurücksetzung kann die Sittenwidrigkeit jedoch nicht begründen, denn ein Mindestmaß familiärer Solidarität von Todes wegen wird bereits über das zugunsten naher Verwandten und des Ehegatten bestehende Pflichtteilsrecht, §§ 2303 ff. BGB, gesichert.

12    Es müssen deshalb weitere Umstände hinzukommen, etwa dass die eheliche Familie auf Kosten des oder der Geliebten mit Schulden zurückgelassen wird oder sich mit dem, was sie aufgrund ihres Pflichtteilsanspruchs aus dem Nachlass erhält, nicht selbst versorgen kann.[6] Davon ist jedoch bereits angesichts der Tatsache, dass Oscars Frau Constanze über 250.000 € verfügt, nicht auszugehen. Damit ist das Testament des Oskar aus dem Jahr 2007 wirksam und Botho ist Alleinerbe des Oskar.

## II. Ansprüche der Constanze gegen Botho

13    Constanze ist also nicht am Nachlass des Oskar beteiligt. Sie kann jedoch Ansprüche gegen den Erben Botho haben. Welche Ansprüche dies sind, ergibt sich aus § 1371 Abs. 2 BGB. Hiernach kann der enterbte überlebende Ehegatte Zugewinnausgleich wie nach einer Ehescheidung verlangen, § 1378 Abs. 1 BGB, und hat außerdem Anspruch auf einen Pflichtteil in Höhe des halben gesetzlichen Erbteils aus § 1931 BGB („Kleiner Pflichtteil", § 1371 Abs. 2 Halbsatz 2 BGB), § 2303 BGB.

### 1. Zugewinnausgleich

14    Zu beginnen ist mit dem Zugewinnausgleich, ist doch eine mögliche Zugewinnausgleichsforderung eine Nachlassverbindlichkeit, § 1967 BGB, die den Wert des Nachlasses, der bei der Ermittlung des Pflichtteilsanspruchs zugrunde gelegt wird, § 2311 BGB, mindert.

15    Sollte Oskar einen höheren Zugewinn als Constanze erzielt haben, so kann Constanze von Botho als dem Erben Oscars die Hälfte der Differenz herausverlangen, § 1378 Abs. 1 BGB. Zugewinn ist der Betrag, der sich aus dem Abzug des Vermögens bei Eheschließung (Anfangsvermögen) vom Vermögen bei Ehescheidung (Endvermögen) ergibt, § 1373 BGB.

### a) Zugewinn der Constanze

16    Constanze hatte bei Eheschließung ein Vermögen von 250.000 €. Über dieses Vermögen verfügt sie noch bei Auflösung der Ehe durch den Tod des Oskar, sodass ihr Zugewinn null beträgt.

### b) Zugewinn des Oskar

17    Das Endvermögen des Oskar beträgt 1.340.000 €. Zum Zeitpunkt der Eheschließung hatte er 10.000 € Schulden. § 1374 Abs. 3 BGB (n. F.) bestimmt, dass Verbindlichkeiten vom Anfangsvermögen über die Höhe des Vermögens hinaus abgezogen werden können. Das Anfangsvermögen des Oskar beträgt somit also – 10.000 € und sein Zugewinn beliefe sich hiernach auf 1.350.000 €.

### aa) Hinzurechnung der Lebensversicherungssumme

18    Dabei bliebe jedoch die Versicherungssumme in Höhe von 500.000 € außer Betracht, die Oskar nach dem Tod seines Vaters erhalten hat. § 1374 Abs. 2 BGB ordnet

---

[6] *BayObLG* FamRZ 2002, 915.

an, dass bestimmter Vermögenserwerb der Ehegatten während der Ehe dem Anfangsvermögen hinzuzurechnen und auf diese Weise aus dem Zugewinnausgleich herauszunehmen ist. Dabei handelt es sich um Erwerb, der nicht auf dem gemeinsamen Wirtschaften der Ehegatten beruht. Auch die Vermögenssteigerung des Oskar infolge der Auszahlung der Versicherungssumme beruht nicht auf dem gemeinsamen Wirtschaften Oskars mit seiner Ehefrau Constanze. Jedoch werden derartige Versicherungsleistungen in der Aufzählung des § 1374 Abs. 2 BGB nicht erwähnt.

Zum Teil wird angenommen, die Aufzählung in § 1374 Abs. 2 BGB sei trotz des **19** Fehlens eines entsprechenden gesetzgeberischen Hinweises (etwa „insbesondere") nicht abschließend gemeint.[7] Dann kann auch anderer, nicht auf dem gemeinsamen Wirtschaften beruhender, Erwerb wie die Auszahlung einer Lebensversicherungssumme zum Anfangsvermögen hinzugerechnet werden.

Die überwiegende Gegenauffassung[8] sieht die Aufzählung hingegen als abschließend **20** an. Allerdings gelangt auch diese Auffassung bei der Auszahlung einer Lebensversicherungssumme zu einer Addition zum Anfangsvermögen, weil sie diese in weiterherziger Auslegung der in § 1374 Abs. 2 BGB genannten Fälle als Erwerb „von Todes wegen", § 1374 Abs. 2 BGB, ansehen und damit unter einen der in § 1374 Abs. 2 BGB genannten Begriffe fassen kann.[9]

### bb) Verrechnung mit den Schulden

Damit beträgt das Anfangsvermögen des Oskar 490.000 €, denn § 1374 BGB **21** schreibt in Abs. 2 zunächst die Hinzurechnung des privilegierten Erwerbs zu den Aktiva vor, in Oskars Fall also 0 € + 500.000 € = 500.000 €.

Erst in einem weiteren Schritt, den § 1374 Abs. 3 BGB regelt, sind von dieser Sum **22** me dann die Schulden in Höhe von 10.000 € abzuziehen, so dass sich das Anfangsvermögen auf 490.000 € beläuft.

Also hat Oskar ein Anfangsvermögen von 490.000 € und ein Endvermögen von **23** 1.340.000 €, so dass sein Zugewinn 850.000 € beträgt.

### c) Zugewinnausgleich

Constanze kann also von Botho als dem Erben des Oskar 425.000 € verlangen, denn **24** die Differenz zwischen dem Zugewinn der Constanze (0 €) und dem Zugewinn des Oskar (850.000 €) beträgt 850.000 € und Botho als Erbe des Oskar schuldet Constanze die Hälfte dieser Differenz, § 1378 Abs. 1 BGB.

### 2. Pflichtteil

Zu diesen 425.000 € hinzu kommt ein Pflichtteilsanspruch in Höhe des halben ge **25** setzlichen Erbteils der Constanze, § 2303 BGB. Constanze wäre gesetzlich Alleinerbin nach Oskar, § 1931 Abs. 2 BGB, weil keine Verwandten des Oscar diesen überlebt haben. Constanzes Pflichtteilsanspruch bemisst sich also nach dem halben Wert des Nachlasses.

Der Nachlass ist jedoch zuvor um Nachlassverbindlichkeiten zu bereinigen, § 2311 **26** BGB. Vom Nachlass in Höhe von 1.340.000 € ist also zunächst die Zugewinnausgleichsforderung in Höhe von 425.000 € abzuziehen. Es verbleibt damit ein bereinigter

---

[7] *Schwab*, Scheidungsrecht, Rn. VII/140 ff.
[8] BGHZ 68, 45; Staudinger/*Thiele*, § 1374 Rn 26; MünchKomm/*Koch*, § 1374 Rn. 14; Soergel/ *Lange*, § 1374 Rn. 9.
[9] BGHZ 130, 377.

Nachlasswert von 915.000 €. Daraus ergibt sich ein Pflichtteilsanspruch der Constanze gegen Botho in Höhe von 457.500 €.

### 3. Ergebnis

27    Constanze kann also von Botho 425.000 € Zugewinnausgleich plus 457.500 € Pflichtteil und damit insgesamt 882.500 € verlangen.

### Variante

### I. Ansprüche Constanze gegen Steinreich

### 1. § 985 BGB

28    In Betracht kommt zunächst ein Anspruch aus § 985 BGB auf Herausgabe des Grundstücks. Voraussetzung hierfür ist, dass Constanze Eigentümerin des Grundstücks ist, während Steinreich das Grundstück ohne Recht zum Besitz gegenüber Constanze besitzt.

### a) Ursprüngliche Eigentumslage

29    Ursprünglicher Eigentümer des Grundstücks war Oskar.

### b) Eigentumserwerb der Constanze, § 1922 Abs. 1 BGB

30    Mit dem Tode des Oskar ist das Eigentum am Grundstück auf den oder die Erben des Oskar übergegangen, § 1922 BGB. Zu prüfen ist, wer Erbe des Oskar geworden ist. Die Erbfolge könnte sich möglicherweise nach einem im Jahre 2009 errichteten Testament richten, soweit es sich bei der Widmung in dem Buch um ein Testament handelt. Ein solches Testament ginge nämlich dem im Jahr 2007 errichteten Testament, das Botho zum Alleinerben einsetzt, vor, soweit die beiden Testamente in Widerspruch zueinander stehen, § 2258 BGB.

### aa) Wirksame Errichtung des Testaments von 2009

31    Fraglich ist wiederum, ob Oskar mit Testierwillen gehandelt hat. Dagegen spricht, wie Botho vorgebracht hat, dass Oskar lediglich eine Widmung in einem Buch angebracht hat, was nicht unbedingt auf eine Verfügung von Todes wegen hindeutet. Entscheidend ist jedoch, auch wenn dies auf extravagante Art und Weise geschehen sein mag, ob Oskar mit dieser Widmung eine Erklärung abgeben wollte, die die Rechtsnachfolge von Todes wegen betrifft. Hierfür kommt die Auslegungsregel des § 133 BGB zur Anwendung.[10] Dabei sind neben dem Inhalt des Textes und auch außerhalb des Textes liegende Umstände maßgebend. In der Widmung legt Oskar angesichts seines nahen Todes eine ernsthafte Lebensbeichte ab, in deren Rahmen er auch regeln möchte, was nach seinem Tod geschehen soll. Er möchte die kränkende Zurücksetzung seiner langjährigen Frau – die unter anderem auch in der Erbeinsetzung des Botho zum Ausdruck kommt – rückgängig machen. Das erlaubt den Rückschluss, dass Oskar eine Verfügung von Todes wegen treffen wollte, sodass in der Widmung ein Testament zu sehen ist.

---

[10] *Frank*, § 5 Rn. 7 f.

Die Formvoraussetzungen des § 2247 BGB sind erfüllt, sodass das Testament auch **32** wirksam ist.

### bb) Inhalt des Testaments von 2009

Zu ermitteln bleibt, welche letztwilligen Anordnungen Oskar in diesem Testament **33** verfügt hat. Auch hier kommt es allein auf den Willen des Erblassers Oskar an, § 133 BGB. Oskar möchte, dass Constanze ihn nach seinem Tode beerbt und er eignet ihr das Buch zu, in dem sich die Widmung befindet. Fraglich ist deshalb, ob Oskar lediglich, gleichsam ideell, Constanze dieses Buch „vererben" möchte, oder ob in der Widmung eine Einsetzung zur Alleinerbin im technischen Sinne zu sehen ist.

Die Abfassung des Testaments als Widmung in dem betreffenden Buch könnte dar- **34** auf schließen lassen, dass Oskar als juristischer Laie seiner Frau lediglich das Buch zueignen möchte, zumal er ja bereits ein anderes Testament zugunsten seines Liebhabers errichtet hat. Auf der anderen Seite legt Oskar jedoch in der Widmung eine Lebensbeichte ab und entschuldigt sich bei seiner Frau. Er möchte Constanze, die seine Frau bleiben soll, in ihre Rechte als Ehefrau einsetzen. Somit handelt es sich hiermit um eine Alleinerbeneinsetzung.

Mit dem Tode des Oscars ist also Constanze Eigentümerin des Grundstücks gewor- **35** den.

### c) Auflassung von Botho an Steinreich

Constanze könnte ihr Eigentum jedoch dadurch wieder verloren haben, dass Botho **36** das Grundstück an Steinreich aufgelassen hat, §§ 873, 925 BGB.

### aa) §§ 873, 925 BGB

Botho und Steinreich haben sich über den Eigentumsübergang am Grundstück **37** formgerecht geeinigt und Steinreich ist auch als Eigentümer im Grundbuch eingetragen worden. Es fehlt jedoch an einer Verfügungsberechtigung des Botho, der nicht Eigentümer des Grundstücks war.

### bb) Gutgläubiger Erwerb

### (1) § 892 BGB

In Betracht kommt deshalb lediglich ein gutgläubiger Eigentumserwerb durch **38** Steinreich. Der gutgläubige Eigentumserwerb von Grundstücken richtet sich nach § 892 BGB. Der Erwerber wird in seinem Vertrauen darauf geschützt, dass die Rechtslage, die im Grundbuch ausgewiesen ist, der tatsächlichen Rechtslage entspricht. Ist also der Veräußerer als Eigentümer im Grundbuch eingetragen, so darf sich der Erwerber grundsätzlich darauf verlassen, dass der Veräußerer auch tatsächlich Eigentümer ist. Vorliegend war jedoch nicht Botho als Eigentümer des Grundstücks im Grundbuch eingetragen, sondern noch der Erblasser Oskar. Ein gutgläubiger Erwerb nach § 892 BGB scheidet deswegen aus.

### (2) § 2366 BGB

In Betracht kommt jedoch ein gutgläubiger Erwerb nach § 2366 BGB: Botho hat **39** vom Nachlassgericht einen Erbschein erhalten, der ihn als Alleinerben des Oskar ausweist. Dieser Erbschein hat die Vermutung der Richtigkeit für sich, § 2365 BGB. Aus der Eintragung des Oskar im Grundbuch sowie dem Erbschein, der Botho als Alleinerben des Oskar ausweist, ergibt sich, dass Botho nach dem Tode des Oskar nun Ei-

gentümer des Grundstücks sein müsse. Für Steinreich, der von Botho einen Nachlassgegenstand erwirbt, ist damit ein Eigentumserwerb an dem Grundstück möglich,
wenn er nicht die Unrichtigkeit des Erbscheins kennt, § 2366 BGB.

**40**     Steinreich hat jedoch durch den Anruf der Constanze erfahren, dass Botho nicht
Erbe des Oskar ist. Fraglich ist deshalb, ob er bezüglich der Erbenstellung gutgläubig
war. Gutgläubigkeit muss grundsätzlich im Zeitpunkt des Rechtserwerbs, also des
letzten Erwerbsakts vorliegen. Letzter Erwerbsakt war vorliegend die Eintragung des
Steinreich als Eigentümer im Grundbuch. Zu diesem Zeitpunkt hatte Steinreich jedoch
noch keine Kenntnis von der Unrichtigkeit des Erbscheins. Der nach dem Eigentumserwerb erfolgte Verlust des guten Glaubens schadet nicht. Steinreich durfte sich auf die
Erbenstellung des Botho verlassen, so dass er nach § 2366 BGB gutgläubig Eigentum
an dem Grundstück erworben hat.

**41**     Etwas anderes könnte jedoch deshalb gelten, weil Steinreich sich den Erbschein des
Botho niemals vorweisen ließ, sondern sich blind auf die Erbenstellung des Botho verlassen hat. Steinreich hat also niemals den Rechtsscheintatbestand wahrgenommen, an
den sich sein guter Glaube geknüpft hat. Dies ist jedoch beim Erbschein wie bei anderen öffentlichen Dokumenten und Registern (z.B. Grundbuch, Handelsregister) als
Rechtsscheinträger nicht erforderlich.[11] Sie erzeugen einen abstrakten Gutglaubens-
schutz. Deshalb hat Steinreich Eigentum an dem Grundstück erworben.

### d) Ergebnis

**42**     Damit ist Constanze nicht Eigentümerin des Grundstücks und hat infolgedessen
keinen Anspruch aus § 985 BGB gegen Steinreich.

### 2. § 812 Abs. 1 S. 1 Alt. 2 BGB (Nichtleistungskondiktion)

**43**     In Betracht kommt jedoch möglicherweise ein Anspruch der Constanze gegen
Steinreich aus § 812 Abs. 1 S. 1 Alt. 2 BGB.

**44**     Steinreich hat Eigentum und Besitz an dem Grundstück erlangt. Das müsste auf
sonstige Weise geschehen sein. Auf sonstige Weise bedeutet, dass die Bereicherung
nicht durch eine Leistung erfolgt ist, und zwar nicht nur nicht durch eine Leistung des
Anspruchstellers, sondern auch nicht durch eine Leistung eines beliebigen Dritten.[12]
In diesem Tatbestandsmerkmal kommt also der Vorrang der Leistungskondiktion zum
Ausdruck. Steinreich ist jedoch durch Leistung des Botho Eigentümer und Besitzer
des Grundstücks geworden, denn Botho hatte das Grundstück an Steinreich aufgelassen und übergeben, um seine Verpflichtung aus dem Grundstückskaufvertrag mit
Steinreich zu erfüllen. Damit ist Steinreich lediglich Rückabwicklungsansprüchen im
Verhältnis zu Botho ausgesetzt, nicht jedoch Bereicherungsansprüchen Dritter, wie
hier der Constanze.

**45**     Auch ein Bereicherungsanspruch ist deshalb nicht gegeben – gutgläubiger Erwerb
ist kondiktionsfest.

---

[11] MünchKomm/*Mayer*, § 2366 Rn. 5; Staudinger/*Schilken*, § 2365 Rn. 2; Palandt/*Edenhofer*, § 2365
Rn. 2.
[12] *Brox/Walker*, Besonderes Schuldrecht, § 38 Rn. 2; *Emmerich*, § 17 Rn. 18.

## II. Constanze gegen Botho

### 1. § 2018 BGB

#### a) Anspruchsvoraussetzungen

Constanze könnte gegen Botho einen Anspruch aus § 2018 BGB haben. Vorausset- **46** zung dafür ist, dass Constanze Erbin des Oskar und Botho Erbschaftsbesitzer ist. Constanze ist Alleinerbin des Oskar, vgl. oben. Botho hat die Erbschaft in Besitz genommen, weil er davon ausgegangen ist, Erbe des Oskar zu sein. Er ist damit Erbschaftsbesitzer.

#### b) Rechtsfolge

Als Erbschaftsbesitzer schuldet Botho der Constanze Herausgabe des Erlangten, **47** § 2018 BGB. Erlangt hat Botho einen Geldbetrag von 890.000 € und das Grundstück.

#### aa) 890.000 €

Von den 890.000 € hat Botho jedoch bereits 882.500 € an Constanze bezahlt (vgl. **48** Ergebnis zum Ausgangsfall). Diese Bezahlung erfolgte zwar, weil Botho davon ausgehen musste, dass er Constanze Zugewinnausgleich und Pflichtteil schuldet. Er kann jedoch die Tilgungsbestimmung ändern, sodass Constanze die Zahlung nunmehr als Zahlung auf den Anspruch aus § 2018 BGB statt auf die Ansprüche aus §§ 2303, 1378 BGB gelten lassen muss und sich Botho in Höhe von 882.500 € auf Erlöschen der Forderung durch Erfüllung, § 362 Abs. 1 BGB, berufen kann.

Den restlichen Betrag von 7.500 € hat Botho gespendet und ist deshalb zur Heraus- **49** gabe außerstande. Seine Haftung bestimmt sich infolgedessen nach Bereicherungsrecht, § 2021 BGB. Es ist keine Gegenleistung in Bothos Vermögen geflossen und Botho, der ansonsten sicher nicht gespendet hätte, hat sich auch keine eigenen Aufwendungen erspart, sodass er entreichert ist, § 818 Abs. 3 BGB. Der Entreicherungseinwand ist auch nicht wegen Bösgläubigkeit des Botho ausgeschlossen, §§ 819 Abs. 1, 818 Abs. 4 BGB, denn im Augenblick der Spende wusste Botho noch nicht vom Mangel des rechtlichen Grundes, vorliegend also von dem Umstand, dass er nicht Erbe ist. ist

**Hinweis:** In Betracht käme lediglich ein Anspruch gegen den Empfänger der Spende, § 822 BGB, nach dem aber vorliegend nicht gefragt wurde.

#### bb) Grundstück

Das von Botho in Besitz genommene Grundstück ist ebenfalls nicht mehr vorhan- **50** den. Botho hat das Grundstück für 500.000 € an Steinreich veräußert. Diesen Betrag von 500.000 € hat Botho durch ein Rechtsgeschäft mit Mitteln der Erbschaft, dem Grundstück, erworben. Somit fällt das Geld ebenfalls in den Nachlass, § 2019 BGB (dingliche Surrogation), und ist von Botho an Constanze herauszugeben.

Von diesem Geld hat Botho jedoch 50.000 € für eine Kreuzfahrt ausgegeben. Wie- **51** derum im Wege der dinglichen Surrogation, § 2019 BGB, sind deshalb zunächst die Ansprüche des Botho gegen die Kreuzfahrtgesellschaft in den Nachlass gefallen. Diese Ansprüche könnten jedoch durch Erfüllung erloschen sein, § 362 Abs. 1 BGB. Erfüllung bedeutet die Erbringung der geschuldeten Leistung an den Gläubiger. Nicht Botho, sondern Constanze war jedoch aufgrund der dinglichen Surrogation Gläubiger des Anspruchs auf Teilname an der Kreuzfahrt. Jedoch wurde die Kreuzfahrtgesellschaft auch durch Leistung an den vermeintlichen Erben Botho frei, hatte sie doch keine Kenntnis von der Zugehörigkeit des Anspruchs zum Nachlass, §§ 2019 Abs. 2, 407, 362 Abs. 1 BGB.

**52**  In Bothos Vermögen ist nichts von der Kreuzfahrt zurückgeblieben, auch hätte er die Kreuzfahrt niemals unternommen, wenn er sich nicht für den Erben des Oskar gehalten hätte, sodass Botho auch keine eigenen Aufwendungen erspart hat. Er kann dem Herausgabeverlangen der Constanze also wiederum den Entreicherungseinwand aus §§ 2021, 818 Abs. 3 BGB entgegenhalten.

**53**  Insgesamt kann Constanze deshalb von Botho Zahlung von 450.000 € verlangen.

### 2. § 816 Abs. 1 S. 1 BGB

**54**  In Betracht kommt außerdem ein Anspruch der Constanze gegen Botho aus § 816 Abs. 1 S. 1 BGB. Botho hat als Nichtberechtigter über das Grundstück der Constanze verfügt, vgl. Rn. 38 ff. Diese Verfügung, die Eigentumsübertragung an Steinreich, ist auch Constanze als Berechtigter gegenüber wirksam, vgl. Rn. 42.

**55**  Somit ist das Erlangte, nach gängiger Auffassung also die erhaltene Gegenleistung, von Botho, der als Nichtberechtigter verfügt hat, an die Berechtigte Constanze herauszugeben. Botho schuldet Constanze also Zahlung von 500.000 €. In Höhe von 50.000 € kann er sich jedoch wiederum auf Entreicherung berufen, § 818 Abs. 3 BGB, vgl. Rn. 52, so dass auch aus § 816 Abs. 1 S. 1 BGB ein Anspruch der Constanze gegen Botho lediglich in Höhe von 450.000 € besteht.

# Fall 7. Komplizierte Verwandtschaft

Die Eheleute Christoph und Julia Schenk sind am 3. 1. 2006 bei einem Autounfall ums Leben gekommen. Sie hinterlassen

- die Frau ihres bereits verstorbenen Sohnes Stefan, Barbara, sowie deren gemeinsame Kinder Maria und Anna; letztere ist mit Karl Kant verheiratet, der an Spielsucht leidet und deshalb völlig verschuldet ist,
- ihren Sohn Peter, dessen Frau Franziska und deren gemeinsame Tochter Helene,
- Felix, den Peter anlässlich einer Familienfeier mit Barbara, der Frau seines Bruders Stefan, gezeugt hat,
- Jean-Claude, den Christoph zusammen mit dem Au-pair-Mädchen Juliette aus Paris gezeugt hat, und
- die Eltern des Christoph, Gotthold und Agathe Schenk.

Es werden beim Nachlassgericht zwei Schriftstücke vorgelegt. Erstens ein Testament vom 2. 5. 2004, das Peter als Alleinerben ausweist. Dieses Testament erweist sich jedoch nach einem nachlassgerichtlich eingeholten Sachverständigengutachten als Fälschung von Peter.

Zweitens ein Blatt Papier, das in unzählige Schnipsel zerrissen und wieder zusammengeklebt worden war. Dort ist handschriftlich zu lesen: „Testament – Ich setze meine Enkelin Anna zur Alleinerbin ein, wenn sie sich endlich zur Scheidung durchringt. Sie muss innerhalb von sechs Monaten nach meinem Tod einen Scheidungsantrag eingereicht haben, um sich von diesem schrecklichen Mann scheiden zu lassen, der nichts als Geldverschwendung im Sinn hat und nicht auch mein Geld verspielen soll – Christoph Schenk, Konstanz, am 8. August 2001". Dieses Testament war im Tresor des Christoph Schenk gefunden worden, zu dem bis zu seinem Tod nur Christoph Schenk Zugang hatte.

Maria ist der Auffassung, dass dieses Testament wohl kaum gelten könne, zumal Christoph Schenk ihr gegenüber mehrfach angekündigt hatte, das Testament zugunsten von Anna widerrufen zu wollen. Anna hat am 2. 5. 2006 einen Scheidungsantrag beim zuständigen Gericht eingereicht, diesen aber am 10. 8. 2006 wieder zurückgenommen.

**Bearbeitervermerk:**

Wer beerbt den vermögenden Christoph Schenk? Beantworten Sie diese Frage in einem Gutachten, das auf alle aufgeworfenen Rechtsfragen eingeht und erörtern Sie die Lösung des Falls sowohl unter der Annahme, dass Christoph das Testament selbst zerrissen hat, als auch unter der Annahme, dass es ein Dritter zerrissen hat.

**Gliederung**

**Beteiligte**

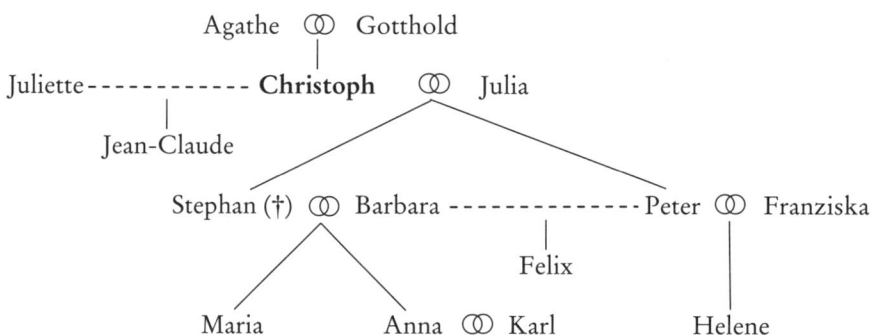

**Lösung**

### I. Gewillkürte Erbfolge

#### 1. Testament 2001

1    Zu klären ist die Rechtslage nach dem Tod des Christoph Schenk. Diese könnte sich nach dem Testament aus dem Jahr 2001 richten. Das Testament aus dem Jahr 2004 ist als Fälschung nämlich nicht maßgeblich. Das Testament aus dem Jahr 2001 ist hingegen als eigenhändiges Testament wirksam errichtet worden, § 2247 BGB.

## 2. Widerruf des Testaments 2001

Möglicherweise ist dieses wirksam errichtete Testament jedoch später widerrufen 2 worden. Ein Testament kann durch Veränderung oder Zerstörung des Schriftstücks widerrufen werden, § 2255 S. 1 BGB. Vorliegend wurde das Schriftstück zerstört, indem es in unzählige Schnipsel zerrissen wurde.

Für einen Widerruf genügt jedoch nicht die Zerstörung des Schriftstücks allein, son- 3 dern das Schriftstück muss, wie sich aus dem Wortlaut der § 2255 BGB ergibt, vom Erblasser selbst in der Absicht des Widerrufs zerstört worden sein. Vorliegend ist jedoch nicht klar, wer das Testament zerrissen hat. Es gibt allerdings verschiedene Hinweise darauf, dass Christoph Schenk das Testament selbst zerrissen hat. Zum einen hat er den Widerruf des Testaments zu Gunsten von Anna wiederholt angekündigt, zum anderen wurde das Testament im Tresor des Christoph Schenk gefunden, zu dem vor seinem Tode Dritte keinen Zugang hatten. Es ist zwar denkbar, dass sich ein Dritter unbefugt Zugang zum Tresor verschafft und das Testament zerrissen hat. Diese Möglichkeit erscheint jedoch eher fern liegend, zumal nicht ersichtlich ist, dass an dem Tresor Manipulationen vorgenommen worden wären. Man darf die Beweisanforderungen für ein Zerreißen durch Christoph Schenk aufgrund der Tatsache, dass sich das Testament bis zuletzt im Gewahrsam des Erblassers befunden hat, nicht zu hoch ansetzen. Also ist davon auszugehen, dass Christoph Schenk das Testament zerrissen hat.

Angesichts der Äußerungen von Christoph Schenk über den beabsichtigten Wider- 4 ruf des Testaments und der Tatsache, dass das Blatt Papier sehr sorgfältig in viele kleine Stücke zerrissen worden ist, kann davon ausgegangen werden, dass Christoph Schenk das Testament auch nicht versehentlich, sondern in Widerrufsabsicht zerrissen hat. Auf die Vermutung des § 2255 S. 2 BGB kommt es deshalb nicht an.

**Hinweis:** Weil der Erblasser nicht mehr befragt werden kann, arbeitet das Erbrecht häufig mit Vermutungen oder Zweifelsregelungen. Auf diese dürfen Sie jedoch nur zurückgreifen, wenn Sie den Sachverhalt oder den Willen des Erblassers auch unter Heranziehung aller Erkenntnismöglichkeiten nicht eindeutig ermitteln können. In aller Regel wird das jedoch möglich sein. Dann sollten Sie jedoch trotzdem ausdrücklich schreiben, dass es auf eine bestimmte Vermutungs- oder Zweifelsregel nicht ankomme, denn damit zeigen Sie, dass Sie auch mit einer unklaren Situation umgehen hätten können.

## 3. Widerruf des Widerrufs

Möglicherweise hatte Christoph Schenk jedoch die Absicht, das Testament wieder 5 in Kraft zu setzen, indem er es wieder zusammengeklebt hat. Fraglich ist jedoch, ob ein Widerruf des Widerrufs durch Zusammenkleben eines zerrissenen Testaments möglich ist. Der Widerruf des Widerrufs ist eine letztwillige Verfügung, die insbesondere den erbrechtlichen Formvorschriften genügen muss. Ein bloßes Zusammenkleben erfüllt diese Voraussetzungen nicht. Außerdem zeigt § 2257 BGB, dass der Widerruf eines Widerrufs überhaupt nur bei einem Widerruf durch Testament erfolgen kann. Der Widerruf des Testaments durch Zerreißen konnte vorliegend also nicht durch das bloße Zusammenkleben widerrufen werden.[1] Damit ist das Testament aus dem Jahr 2001 für die Erbrechtslage nicht maßgebend.

## 4. Zerstörung des Testaments durch Dritten

Nimmt man hingegen an, dass ein Dritter das Testament zerrissen habe, der nicht 6 nur als Werkzeug des Erblassers gehandelt hat,[2] so ist dieses Testament niemals wider-

---

[1] Vgl. MünchKomm/*Hagena,* § 2256 Rn. 18; Soergel/*Mayer,* § 2265 Rn. 16; Staudinger/*Baumann,* § 2265 Rn. 33; *Leipold,* Rn. 342; *Frank,* § 6 Rn. 15.
[2] MünchKomm/*Hagena,* § 2265 Rn. 13.

rufen worden. Somit ist es für die Erbfolge nach Christoph Schenk maßgeblich und es stellt sich die Frage nach dem Inhalt des Testaments.

### a) Scheidungsantrag der Anna

7    Christoph Schenk setzt seine Enkelin Anna zur Alleinerbin ein, wenn sie innerhalb von sechs Monaten nach seinem Tod einen Scheidungsantrag eingereicht hat. Es handelt sich somit um eine aufschiebend bedingte Erbeinsetzung. Die Bedingung ist die Einreichung eines Scheidungsantrags innerhalb einer Sechsmonatsfrist nach dem Tode des Erblassers, denn Anna soll nur Erbin werden, wenn die Bedingung auch erfüllt ist. Eine derartige aufschiebend bedingte Erbeinsetzung ist grundsätzlich zulässig, wie sich aus §§ 2074, 2075 BGB ergibt.

8    Die von Christoph Schenk für die Einreichung des Scheidungsantrags gesetzte Frist hat am 4. 1. 2006 um 0.00 Uhr begonnen, § 187 Abs. 1 BGB, und endete am 3. 7. 2006 um 24.00 Uhr. Innerhalb der vom Erblasser festgesetzten Frist hat Anna einen Scheidungsantrag gestellt, sodass sie Alleinerbin des Christoph geworden ist.

### b) Rücknahme des Scheidungsantrags

9    Dabei bliebe jedoch außer Betracht, dass Anna den Scheidungsantrag im August 2006 wieder zurückgenommen hat. Fraglich ist, wie sich dieser Umstand auf ihre Erbenstellung auswirkt. Hierzu ist die von Christoph Schenk gesetzte Bedingung auszulegen. Für die Auslegung von Testamenten als nicht empfangsbedürftigen Willenserklärungen gilt grundsätzlich § 133 BGB, es kommt also nur auf den Willen des Erblassers an. Etwas anderes gilt jedoch für Bedingungen, auf deren Eintritt der Erbe selbst Einfluss hat (Potestativbedingungen): Will der Erblasser einen Erben zu einem bestimmten Verhalten veranlassen, so muss er den Empfängerhorizont dieses Erben berücksichtigen, § 157 BGB.[3]

**Hinweis:** Auch wenn häufig zu lesen ist, dass im Erbrecht für die Auslegung nur § 133 BGB maßgeblich sei, so gibt es von dieser Regel zahlreiche Ausnahmen, insbesondere Erbverträge, wechselbezügliche Verfügungen in Ehegattentestamenten oder Potestativbedingungen.

10    Christoph Schenk möchte, dass Anna in einer bestimmten Frist einen Scheidungsantrag einreicht. Diese Bedingung hat Anna erfüllt. Er gibt jedoch zusätzlich die Motive für die Anordnung der Bedingung an: Annas Mann Karl, der an Spielsucht leidet, soll keinen Zugriff auf den von Anna ererbten Nachlass erhalten. Dieses Ziel kann nur erreicht werden, wenn Anna mit Karl bricht, es also tatsächlich zu einer Ehescheidung kommt. Außerdem wünscht sich der Erblasser, dass Anna sich endlich zur Scheidung, also zum Bruch mit Karl, „durchringt". Deshalb ist die Bedingung so zu verstehen, dass nur ein Scheidungsantrag, der dann auch tatsächlich zur Scheidung führen kann, Anna zur Alleinerbin macht und sicher nicht ein Scheidungsantrag, dessen Wirkungen Anna selbst durch Rücknahme beseitigt.

11    Damit hat Anna die Bedingung nicht erfüllt und ist nicht Alleinerbin des Christoph Schenk geworden.

### c) Sittenwidrigkeit der Bedingung

12    Etwas anderes könnte jedoch gelten, wenn eine derartige Bedingung im konkreten Fall nicht zulässig und deshalb unwirksam ist. Der Erblasser greift mit der Formulierung dieser Bedingung auf den persönlichsten Bereich der Erbin zu. Deshalb könnte

---

[3] Prütting/Wegen/Weinreich/*Löhnig*, § 2084 Rn. 8.

diese Bedingung sittenwidrig und damit nichtig sein, § 138 Abs. 1 BGB. Infolgedessen wiederum könnte Anna dann unbedingte Alleinerbin des Christoph Schenk geworden sein, wenn die Auslegung des Testaments ergibt, dass Christoph Schenk, hätte er die Unwirksamkeit der Bedingung gekannt, Anna unbedingt zur Alleinerbin eingesetzt hätte.

Eine Bedingung ist dann sittenwidrig, wenn sie unerträglich in das Selbstbestimmungsrecht des Bedachten eingreift, was wiederum nur dann der Fall sein kann, wenn die Zuwendung so erheblich ist, dass sie dazu geeignet erscheint, die Willensentschließung des Bedachten zu beeinflussen, indem sie unzumutbaren Druck ausübt.[4] Eine derartige Konstellation liegt hier vor: Die Bestimmung über die Fortsetzung der Ehe greift erheblich in das Selbstbestimmungsrecht der Anna ein. Aufgrund der Tatsache, dass sie Alleinerbin des vermögenden Christoph Schenk werden kann, wird auch ganz erheblicher Druck auf sie ausgeübt, den Scheidungsantrag einzureichen. **13**

Etwas anders gilt jedoch, wenn die Bedingung geeignet und bestimmt ist, den Bestand des Nachlasses beim Bedachten zu erhalten oder vor dem Zugriff Dritter zu schützen.[5] Das ist vorliegend der Fall: Annas Mann leidet an Spielsucht und ist völlig verschuldet. Christoph Schenk muss deshalb befürchten, dass der Nachlass zur Tilgung der Schulden oder zu weiterem Spielen eingesetzt wird, weil Anna sich derartigen Begehrlichkeiten ihres Mannes nicht entziehen kann. Das kann nur vermieden werden, wenn Anna die Beziehung zu Karl Kant auflöst, indem sie sich von ihrem Mann scheiden lässt. Deshalb ist die Bedingung wirksam und Anna auch dann, wenn das Testament von einem Dritten zerrissen worden sein sollte, nicht gewillkürte Alleinerbin des Christoph Schenk geworden (a. A. vertretbar). **14**

## II. Gesetzliche Erbfolge

Damit fehlt es jedenfalls an einer wirksamen letztwilligen Verfügung des Christoph Schenk, denn entweder hat er das Testament 2001 wirksam widerrufen oder die darin für das Eingreifen der gewillkürten Erbfolge angeordnete Bedingung kann nicht mehr eintreten. Infolgedessen tritt die gesetzliche Erbfolge ein. **15**

## 1. Ehegattenerbrecht

Im Rahmen der gesetzlichen Erbfolge ist zunächst das Erbrecht des Ehegatten, hier also der Ehefrau Julia Schenk, zu prüfen. Christoph und Julia haben mangels anderer Angaben im gesetzlichen Güterstand der Zugewinngemeinschaft gelebt. Außerdem sind mit denen Kindern und Enkelkindern Abkömmlinge, also Erben erster Ordnung, § 1924 Abs. 1 BGB, vorhanden. Julias Erbteil beträgt deshalb 1/4, § 1931 Abs. 1 BGB, und wird um ein weiteres 1/4 des pauschalen Zugewinnausgleichs wegen Auflösung der Zugewinngemeinschaft durch Tod erhöht, §§ 1931 Abs. 3, 1371 Abs. 1 BGB, so dass Julia gesetzliche Erbin zu 1/2 wäre. **16**

Fraglich ist jedoch, ob Julia ihren Mann Christoph überhaupt beerben konnte. Erbe kann nur derjenige werden, der den Erblasser überlebt, § 1923 Abs. 1 BGB. Julia und Christoph sind bei einem Autounfall verstorben. Es ist nicht geklärt, ob ein Ehegatte den anderen überlebt hat. Deshalb gilt die Vermutung gleichzeitigen Versterbens aus § 11 Verschollenheitsgesetz. Sind Christoph und Julia jedoch gleichzeitig verstorben, so kann Julia nicht Erbin des Christoph geworden sein. **17**

---

[4] *BVerfG* ZEV 2004, 241.
[5] Prütting/Wegen/Weinreich/*Löhnig*, §§ 2074, 2075 Rn. 7.

**2. Verwandtenerbrecht**

**a) Erbrecht nach Ordnungen**

18    Gesetzliche Erben des Christoph Schenk sind damit allein die Verwandten. Dabei verdrängen Erben näher Ordnungen die Erben fernerer Ordnungen, § 1930 BGB. Vorliegend sind mit den Kindern und Enkelkindern zahlreiche Erben erster Ordnung, § 1924 Abs. 1 BGB, vorhanden. Deshalb erben die Eltern des Christoph Schenk als Erben zweiter Ordnung nicht, § 1925 Abs. 1 BGB.

**b) Erbrecht nach Stämmen**

19    Unter den Erben erster Ordnung gilt die Regel der Erbfolge nach Stämmen, § 1924 Abs. 3 BGB. Christoph Schenk hatte mit seiner Frau Julia zwei Kinder, Peter und Stefan, so dass zwei Stämme bestehen, auf die je ½ entfällt. Hinzukommt jedoch Jean-Claude, der Sohn von Juliette und Christoph. Hiernach bestehen also drei Stämme, die zu gleichen Teilen, § 1924 Abs. 4 BGB, also zu je ⅓, erben.

20    Zu beachten ist jedoch, dass ein Kind, dessen Mutter mit dem biologischen Vater des Kindes nicht verheiratet ist, seinen Vater nicht ohne weiteres beerben kann. Der biologische Vater des Kindes ist nämlich in diesem Fall nicht zugleich auch Vater im Rechtssinne und nur eine Vaterschaft im Rechtssinne erzeugt das für die gesetzliche Erbfolge notwendige Verwandtschaftsverhältnis. Voraussetzung für die Vaterschaft im Rechtssinne des nicht mit der Kindesmutter verheirateten biologischen Vaters ist, dass der biologische Vater das Kind als sein Kind anerkennt, oder dass in einem Vaterschaftsfeststellungsverfahren die Vaterschaft festgestellt wird, § 1592 Nr. 2 und 3 BGB. Es ist jedoch nicht ersichtlich, dass Christoph Schenk dem Jean-Claude auf diese Weise auch von Rechts wegen als Vater zugeordnet worden wäre.

21    Damit bestehen also doch lediglich zwei Stämme, der des Sohnes Peter und der des Sohnes Stephan, die dann jeweils zu ½ erben.

**c) Repräsentationsprinzip, Eintrittsprinzip**

**aa) Stamm Peter**

22    Innerhalb der Stämme gilt das Repräsentationsprinzip, § 1924 Abs. 2 BGB. Ein Abkömmling schließt hiernach die durch ihn mit dem Erblasser verwandten Abkömmlinge von der Erbfolge nach dem Erblasser aus. Peter schließt also seine Tochter Helene von der Erbfolge aus und wird alleiniger Erbe seines Stammes. Peter ist also gesetzlicher Erbe zu ½.

**bb) Stamm Stephan**

23    Stephan, der andere Sohn des Erblassers Christoph Schenk, ist hingegen bereits verstorben. Stephan repräsentiert seinen Stamm nicht mehr, es gilt nunmehr das Eintrittsprinzip, § 1924 Abs. 3 BGB, das besagt, dass die Abkömmlinge des verstorbenen Repräsentanten an dessen Stelle treten. Damit treten also die Kinder des Stephan, Anna und Maria, zu gleichen Teilen, § 1924 Abs. 4 BGB, an die Position ihres Vaters und beerben ihren Großvater Christoph Schenk zu je ¼.

24    Dabei bliebe jedoch Felix außer Betracht. Biologische Eltern des Felix sind zwar Peter und Barbara. Als Eltern von Rechts wegen gelten jedoch Barbara und Stefan, denn Barbara war zur Zeit der Geburt des Felix mit Stephan verheiratet. Infolgedessen gilt ihr Ehemann Stephan als Vater des Felix von Rechts wegen, § 1592 Nr. 1 BGB. Nach-

dem die Vaterschaft des Stephan niemals wirksam angefochten worden ist, hat Stephan also insgesamt drei Kinder von Rechts wegen, Anna, Maria und Felix. Diese drei Kinder treten gleichberechtigt an die Stelle ihres Vaters, sodass sie Erben zu je ¹/₆ werden.

### 3. Folgen der Testamentsfälschung durch Peter

Zu prüfen bleibt, welche Folgen es hat, dass Peter ein Testament seines Vaters Christoph Schenk gefälscht hat, welches ihn als den Alleinerben nach Christoph Schenk bezeichnet. Peter hat sich dadurch einer Straftat nach § 267 StGB (Urkundenfälschung) schuldig gemacht und ist deshalb erbunwürdig, § 2339 Abs. 1 Nr. 4 BGB. 25

Allein dieser Umstand schließt Peter jedoch nicht von der gesetzlichen Erbfolge nach Christoph Schenk aus. Vielmehr ist die Erbunwürdigkeit durch Anfechtung des Erbschaftserwerbs geltend zu machen, § 2340 Abs. 1 BGB. Berechtigt hierzu ist Helene, denn sie würde – unterstellt ihr Vater wäre beim Erbfall bereits verstorben gewesen – Erbin zu ½ nach Christoph, § 1924 Abs. 3 BGB. Peter entfällt jedoch erst mit Rechtskraft des Anfechtungsurteils als Erbe, § 2342 Abs. 2 BGB. 26

Berechtigt zur Anfechtung sind aber auch Anna, Maria und Felix, denn es ist nicht erforderlich, dass dem Anfechtenden der Wegfall des Erbunwürdigen unmittelbar zustatten kommt; es genügt, wenn eine Erbenstellung des Anfechtenden erst nach Wegfall der infolge der Anfechtung zu Erben berufenen Personen eintreten kann. Entfiele auch Helene, so würde sich der Erbteil von Anna, Maria und Felix jeweils von ¹/₆ auf ¹/₃ erhöhen. Anfechtungsberechtigt sind darüber hinaus auch Agathe und Gotthold Schenk, denn sie könnten beim Wegfall auch von Anna, Maria und Felix als gesetzliche Erben zweiter Ordnung ihren Sohn beerben. 27

# Fall 8. Ehegeschichte

## Teil 1

Christine und Michael Curth sind miteinander verheiratet und bewohnen eine Mietwohnung in der Seestraße. Christine arbeitet als Rechtsanwältin in einer Wirtschaftskanzlei und erzielt dabei ein Jahreseinkommen von 100.000 €. Michael arbeitet nicht und ist als Hausmann tätig, während sich Christine, die für ihre Kanzlei sehr viel arbeiten muss, nicht weiter um die Haushaltsführung kümmert und es genießt, diese Dinge ganz ihrem Ehemann Michael zu überlassen.

Um sich die Hausarbeit zu erleichtern, sucht Michael sich bei Haushaltswaren Hauser eine Spülmaschine zum Preis von 900 € aus, unterschreibt einen entsprechenden Kaufvertrag und verabredet Lieferung für nächsten Samstag. Als Hauser am Samstag die Spülmaschine anliefert, verweigert Christine Curth die Bezahlung. Sie ist der Auffassung, dass ihr Mann weiterhin mit der Hand abspülen solle. Das schone das Geschirr und gehöre außerdem zum Beruf des Hausmanns; sie selbst arbeite schließlich auch nicht gerade wenig und räume für ihre Mandanten allerlei Dreck aus dem Weg. Der vermögenslose Michael ist nicht zur Zahlung in der Lage.

### Bearbeitervermerk:

In einem Gutachten, das auf alle aufgeworfenen Rechtsfragen eingeht, sind in der vorgegebenen Reihenfolge folgende Fragen zu beantworten:
1. Hauser besteht auf Zahlung und Abnahme der Maschine. Steht ihm ein entsprechender Anspruch gegen Christine zu?
2. Christine hat die Maschine schließlich doch bezahlt und abgenommen, um sich weitere peinliche Auseinandersetzungen zu ersparen. Bevor Michael die Maschine jedoch in Betrieb nehmen kann, wird sie von der Sparkasse Konstanz gepfändet, die einen Titel in Höhe von 80.000 € gegen Christine erwirkt hat, die einen Kredit zur Finanzierung von Aktienkäufen nicht mehr zurückzahlen konnte, weil sie sich verspekuliert hat. Was kann Michael unternehmen?

## Teil 2

Im Jahr 2003 beschließen Christine und Michael, aus der gemeinsamen Mietwohnung auszuziehen und sich ein eigenes Haus zu kaufen. Sie finden ein renovierungsbedürftiges Haus am Stadtrand, das sie von den Ersparnissen der Christine (100.000 €) erwerben. Im Grundbuch wird Christine als Eigentümerin eingetragen. Um die Renovierung des Hauses kümmert sich Michael. Er investiert 700 Arbeitsstunden und 10.000 €, die er sich von Freunden geliehen hat. Im Herbst 2003 zieht das Ehepaar Curth schließlich in sein neues Haus.

Im Verlaufe des Jahres 2005 lernt Christine ihren Gitarrenlehrer Jörg immer mehr zu schätzen. Die beiden beginnen ein Verhältnis, was schließlich dazu führt, dass Michael aus dem gemeinsamen Haus auszieht und sich eine neue Wohnung mietet. Weil er dafür jedoch keine Möbel hat, wartet er ab, bis Christine länger außer Hauses ist, fährt mit einem Lieferwagen zum Haus, steigt durch ein gekipptes Fenster ein und trägt alle möglichen Mobiliargegenstände hinaus, die er schon vor der Eheschließung besessen hatte.

Christine, die inzwischen erkannt hat, dass es im Leben auch noch andere Beschäftigungen als die Betreuung prickelnder M & A-Mandate gibt, hat ihre Arbeit in der Großkanzlei aufgegeben und eine eigene Kanzlei eröffnet. Infolgedessen hat sich ihre finanzielle Lage erheblich verschlechtert und sie kann die von Michael mitgenommenen Gegenstände nicht einfach ersetzen.

3. Christine will deshalb wissen, ob sie diese Gegenstände von Michael herausverlangen kann.

## Teil 3

Im Jahr 2006 lassen sich Christine und Michael schließlich scheiden.

In einem Gutachten, das auf alle aufgeworfenen Rechtsfragen eingeht, sind in der vorgegebenen Reihenfolge folgende Fragen zu beantworten. Dabei ist davon auszugehen, dass das Anfangsvermögen des Michael 0 € betrug, das der Christine 100.000 €.

4. Zum Zeitpunkt der Scheidung hat das Haus einen – inflationsbereinigten – Verkehrswert von 110.000 €. Michael hat noch 6.000 € Schulden bei Freunden. Er verlangt von Christine den Ersatz von 700 Arbeitsstunden à 20 €. Zu Recht?

5. Angenommen, Michaels Vater hat 10.000 € zum Hauskauf zugeschossen, weil das Haus 110.000 € gekostet hat, Christine aber nur 100.000 € aufbringen konnte. Bei Scheidung ist das Haus 120.000 € wert. Michaels Vater verlangt nach der Ehescheidung nun von Christine 10.000 €. Zu Recht?

## Gliederung

## Lösung

### Frage 1: Kaufpreisanspruch des Hauser

#### I. Vertragsschluss Hauser – Christine

1    Hauser könnte gegen Christine einen Anspruch aus § 433 Abs. 2 BGB auf Zahlung des Kaufpreises von 900 € und Abnahme der Spülmaschine haben. Dazu müsste ein entsprechender Kaufvertrag zwischen Hauser und Christine bestehen. Hauser und Christine haben jedoch keinen Kaufvertrag geschlossen.

#### II. Vertretung der Christine durch Michael

2    Christine könnte jedoch durch Michael verpflichtet worden sein. Hauser und Michael haben sich über den Kauf einer Spülmaschine zum Preis von 900 € geeinigt.

Möglicherweise hat Michael Christine dabei vertreten, § 164 Abs. 1 BGB, sodass Michaels Willenserklärung und damit der von Michael geschlossene Kaufvertrag für und gegen Christine wirkt. Dazu müsste Michael seine Willenserklärung in Christines Namen und mit entsprechender Vertretungsmacht abgegeben haben. Michael hat jedoch im eigenen Namen gehandelt und damit keinen Vertrag als Vertreter der Christine abgeschlossen.

## III. Mitverpflichtung der Christine im Wege der Schlüsselgewalt, § 1357 BGB

Möglicherweise hat Michael seine Frau Christine aber über § 1357 BGB (Schlüssel- **3** gewalt) mitverpflichtet. Schließt ein Ehegatte im Rahmen seiner Schlüsselgewalt einen Kaufvertrag, so werden dadurch nämlich beide Ehegatten bezüglich der Kaufpreisschuld als Gesamtschuldner verpflichtet.

Die Schlüsselgewalt betrifft nur solche Rechtsgeschäfte, über die sich Ehegatten **4** nach ihrem konkreten Lebenszuschnitt üblicherweise nicht vorher verständigen.[1] Neben der Beachtung des finanziellen Leistungsvermögens der Eheleute bezweckt diese Begrenzung der Schlüsselgewalt die Aufrechterhaltung der familiären Eintracht und verhindert, dass ein Ehegatte in wichtigen gemeinschaftlichen Angelegenheiten den anderen vor vollendete Tatsachen stellen kann. Vorliegend handelt es sich bei dem Kauf der Spülmaschine nicht um ein außergewöhnliches Geschäft, das die Lebensbedingungen der Familie grundlegend verändern würde und über das nach dem äußeren Lebenszuschnitt der konkreten Familie deshalb vorher zwischen den Ehegatten beraten würde. Christine hat die Haushaltsführung vollständig dem Michael überlassen und hat selbst damit nichts zu tun, sodass sich der Lebenszuschnitt der Familie insgesamt nicht verändert. Das mag anders sein, wenn etwa Michael einen neuen Großfernseher gekauft hätte, der das Erscheinungsbild des gemeinsamen Wohnzimmers verändert hätte.

Voraussetzung für eine derartige Mitverpflichtung ist, dass zwischen Michael und **5** Christine eine gültige Ehe besteht und der Erwerb einer Spülmaschine ein Geschäft zur angemessenen Deckung des Lebensbedarfs der Familie darstellt. Eine gültige Ehe besteht. Der Erwerb einer Spülmaschine gehört grundsätzlich zum familiären Lebensbedarf und dient also zu seiner Deckung.[2]

Fraglich ist allerdings, ob es sich bei der Anschaffung der Spülmaschine auch um **6** eine angemessene Bedarfsdeckung gehandelt hat. Dies ist nicht nach abstrakten Maßstäben, sondern nach der Angemessenheit der Bedarfsdeckung für die konkrete Familie zu beurteilen.[3] Es muss sich also um eine Bedarfsdeckung handeln, die nach Art und Umfang den durchschnittlichen Lebensgewohnheiten von Familien in vergleichbarer wirtschaftlicher Lage entspricht.[4] Davon kann bei der Anschaffung einer Spülmaschine für 900 € ausgegangen werden, nachdem Christine über ein Einkommen von 100.000 € pro Jahr verfügt.

Zu den in § 1357 BGB geregelten Ausschlussgründen ist nichts ersichtlich. Infolge- **7** dessen wurde durch den Vertragsschluss des Michael mit Hauser sowohl Michael als auch Christine gesamtschuldnerisch, §§ 421 ff. BGB, zur Kaufpreiszahlung verpflichtet und Hauser kann von Christine Zahlung von 900 € Zug um Zug gegen Übereignung und Übergabe der Spülmaschine verlangen.

---

[1] *Schwab,* Familienrecht, Rn. 154.
[2] *Dethloff,* § 4 Rn. 60 ff.; *Schwab,* Familienrecht, Rn. 157.
[3] *BGH* NJW 1985, 1394, 1395.
[4] MünchKomm/*Wacke,* § 1357 Rn. 20; *Schwab,* Familienrecht, Rn. 163.

**Frage 2: Vollstreckungsrechtsbehelfe des Michael**

### I. Vollstreckungserinnerung

8    Zu prüfen sind die Vollstreckungsrechtsbehelfe des Michael. In Betracht kommt zunächst eine Vollstreckungserinnerung, § 766 ZPO.

#### 1. Zulässigkeit

9    Die Vollstreckungserinnerung ist statthaft zur Rüge der Verletzung vollstreckungsrechtlicher Verfahrensvorschriften. Es ist also nach Verfahrensvorschriften zu suchen, die auch dem Schutz des Michael als Drittem dienen. Nur wenn Michael die Verletzung solcher Vorschriften vorträgt, besteht die Möglichkeit einer Beschwer des Michael.

10    In Betracht kommt zunächst § 811 Abs. 1 Nr. 1 ZPO. Dieser erfasst nicht nur den Vollstreckungsschuldner selbst,[5] sondern auch dessen Familienangehörige, so dass sich Michael auch auf eine Verletzung dieser Verfahrensvorschrift berufen kann.

11    Ferner könnte Michael §§ 808, 809 ZPO anführen, die den Mitgewahrsam Dritter an den gepfändeten Gegenständen schützen.[6] Ein derartiger Mitgewahrsam des Michael an der Spülmaschine kann bestanden haben, handelte es sich doch bei der Spülmaschine um einen gemeinsamen Haushaltsgegenstand von Christine und Michael.

12    Es besteht auch Rechtsschutzbedürfnis für eine Vollstreckungserinnerung, denn die Zwangsvollstreckung hat bereits begonnen. Damit ist die Vollstreckungserinnerung zulässig.

#### 2. Begründetheit

13    Fraglich ist hingegen, ob die Vollstreckungserinnerung auch begründet ist. Das ist dann der Fall, wenn tatsächlich ein Verstoß gegen eine den Michael als Dritten schützenden Verfahrensvorschriften vorliegt.

##### a) Verletzung des § 811 Abs. 1 Nr. 1 ZPO

14    Die Spülmaschine wäre dann nicht der Pfändung unterworfen, wenn sie dem Haushalt des Schuldners dienen würde, so weit er ihrer zu einer bescheidenen Lebens- und Haushaltsführung bedarf, § 811 Abs. 1 Nr. 1 ZPO. Zu einer derartigen Lebensführung ist eine Spülmaschine jedoch nicht erforderlich. Ein Verstoß gegen § 811 Abs. 1 Nr. 1 ZPO liegt deshalb nicht vor.

##### b) Verletzung der §§ 808, 809 ZPO

15    Gerügt werden könnte außerdem ein Verstoß gegen §§ 808, 809 ZPO. Hiernach darf der Gerichtsvollzieher nur Sachen pfänden, die sich im Gewahrsam des Schuldners befinden. Befinden sie sich im Gewahrsam eines Dritten, so dürfen sie nur dann gepfändet werden, wenn der Dritte, wie es in § 809 ZPO heißt, zur Herausgabe bereit ist. Die Spülmaschine befand sich als Haushaltsgegenstand im Mitgewahrsam des Michael und Michael war mit der Pfändung nicht einverstanden, also nicht „zur Herausgabe bereit". Damit hätte der Gerichtsvollzieher einen Verfahrensfehler begangen, der über die Vollstreckungserinnerung gerügt werden könnte.

---

[5] Zöller/*Stöber*, § 766 ZPO Rn. 18.
[6] Zöller/*Stöber*, § 766 ZPO Rn. 18.

Dabei blieben aber §§ 739 ZPO, 1362 BGB außer Betracht. Hiernach gilt nämlich der 16
Schuldner als Inhaber des Alleingewahrsams, soweit die Eigentumsvermutung des
§ 1362 BGB greift. Das ist vorliegend der Fall, denn Michael und Christine leben in
einer gültigen Ehe, bei der Spülmaschine handelt es sich um eine bewegliche Sache und
diese Sache befindet sich im Besitz beider Ehegatten. Nach § 1362 BGB besteht also eine
widerlegliche Vermutung des Alleineigentums der Christine. Soweit diese Vermutung
reicht, gilt Christine als Inhaberin des alleinigen Gewahrsams an der Spülmaschine.

Diese Vermutung des § 739 ZPO ist nach zutreffender Auffassung[7] unwiderleglich, 17
weil eine Prüfung des Eigentums vom Gerichtsvollzieher nicht zu leisten ist (eine
Ausnahme kann allenfalls bei evidentem Dritteigentum gelten) und überdies die funk-
tionelle Zuständigkeit für die Eigentumsprüfung beim Prozessgericht und nicht bei
dem für die Vollstreckungserinnerung zuständigen Vollstreckungsgericht liegt. Auch
eine Verletzung der §§ 808, 809 ZPO liegt somit nicht vor.

Damit durfte die Spülmaschine gepfändet werden. Die Vollstreckungserinnerung 18
wäre somit zwar zulässig, aber unbegründet.

## II. Vollstreckungsabwehrklage

In Betracht käme aber möglicherweise eine Vollstreckungsabwehrklage, 767 ZPO. 19
Dieser Rechtsbehelf steht jedoch allein dem Vollstreckungsschuldner, hier also
Christine, zu, der mithilfe materiellrechtlicher Einwendungen gegen den titulierten
Anspruch die Vollstreckbarkeit des Titels beseitigen kann. Eine Vollstreckungsklage
kann Michael also nicht zulässig erheben.

## III. Drittwiderspruchsklage

### 1. Zulässigkeit

Zu prüfen bleibt schließlich die Drittwiderspruchsklage, § 771 ZPO. Diese Klage 20
ist zulässig, insbesondere besteht ein Rechtsschutzbedürfnis des Michael, weil die
Zwangsvollstreckung bereits begonnen hat und noch nicht beendet ist.

### 2. Begründetheit

### a) Ein die Veräußerung hinderndes Recht

Fraglich ist jedoch, ob die Klage auch begründet wäre. Das ist dann der Fall, wenn 21
dem Michael ein die Veräußerung hinderndes Recht, § 771 ZPO, zustünde. Damit ist
ein dingliches Recht an der Spülmaschine als Vollstreckungsgegenstand gemeint, denn
ein die Veräußerung hinderndes Recht als solches gibt es nicht, weil selbst das Eigentum als stärkstes dingliches Recht im Wege des gutgläubigen Erwerbs überwindbar ist,
also einer Veräußerung nicht entgegensteht.

Vielmehr ist § 771 ZPO so zu verstehen, dass sich ein Dritter gegen die Vollstre- 22
ckungshandlung wehren kann, wenn auf Vermögen zugegriffen wird, das nicht für die
Titelforderung haftet, und auf diese Weise ein Recht des Dritten verletzt wird.[8] Das ist
dann der Fall, wenn die Veräußerung des Gegenstandes durch den Vollstreckungsschuldner selbst oder den Vollstreckungsgläubiger rechtswidrig wäre, weil dadurch in
den Rechtskreis des Dritten eingegriffen würde.

---

[7] Stein/Jonas/*Münzberg*, § 739 ZPO Rn. 10 ff.; MünchKomm/*Heßler*, § 739 ZPO Rn. 10; Zöller/
*Stöber*, § 739 ZPO Rn. 7.

[8] MünchKomm/*K. Schmidt*, § 771 ZPO Rn. 1 und 16.

### b) Eigentumsvermutung des § 1362 BGB

23 Möglicherweise ist Michael Allein- oder Miteigentümer der Spülmaschine. Dann würde eine Veräußerung der Spülmaschine in sein Eigentumsrecht eingreifen. Aufgrund des Mitbesitzes an der Spülmaschine könnte man davon ausgehen, dass Michael Miteigentümer der Spülmaschine sei, vgl. § 1006 BGB.

24 Dieser Vermutung geht jedoch die Vermutung des § 1362 BGB vor, nach der Christine widerleglich[9] als Alleineigentümerin der Spülmaschine vermutet wird, vgl. oben. Diese Vermutung dient dem Schutz der Gläubiger des einzelnen Ehegatten, weil diesen ansonsten ein Vorgehen im Wege der Zwangsvollstreckung übermäßig erschwert würde. Umgekehrt hat aber der jeweilige Ehegatte die Möglichkeit, diese Vermutung zu widerlegen.

### c) Widerlegung der Vermutung

#### aa) Miteigentum kraft Schlüsselgewalt

25 Fraglich ist also, ob Michael die Vermutung, dass Christine Eigentümerin der Spülmaschine sei, widerlegen kann. Dies gelingt ihm, wenn er beweisen kann, dass er Miteigentum an der Spülmaschine erworben hat. Das könnte sich bereits daraus ergeben, dass die Spülmaschine im Rahmen eines Schlüsselgewaltgeschäfts erworben wurde. Das wäre dann der Fall, wenn § 1357 BGB dingliche Wirkungen entfalten würde.[10] Derartige Wirkungen der Norm werden von der überwiegenden Auffassung[11] unter Berufung auf den Wortlaut der Norm („berechtigt und verpflichtet") abgelehnt, zumal im gesetzlichen Güterstand der Zugewinngemeinschaft ein gemeinsames Vermögen der Ehegatten von Gesetzes wegen gerade nicht vorgesehen ist, vgl. § 1363 BGB. Vielmehr richtet sich der Eigentumserwerb an der Spülmaschine nach den allgemeinen Regeln.

#### bb) Miteigentumserwerb nach allgemeinen Regeln

26 Es ist also zu prüfen, wem der Händler Hauser die Spülmaschine übereignet hat, § 929 S. 1 BGB. Nach überwiegender Auffassung sollen hier die Regeln des „Geschäfts für den, den es angeht" zur Anwendung kommen, weil es sich bei Schlüsselgewaltgeschäften in der Regel um alltägliche Bargeschäfte handelt. Beim Erwerb von Haushaltsgegenständen durch Schlüsselgewaltgeschäft wird deshalb die dingliche Einigung zwischen dem handelnden Ehegatten und seinem Geschäftspartner in der Regel so ausgelegt, dass beide Ehegatten Miteigentümer werden sollen.

27 Damit kann Michael beweisen, ein dingliches Recht an der Spülmaschine (Miteigentum), also ein die Veräußerung hinderndes Recht im Sinne des § 771 ZPO, zu haben. Eine Drittwiderspruchsklage des Michael wäre deshalb zulässig und begründet.

### Frage 3: Herausgabeanspruch gegen Michael

#### I. § 1353 Abs. 1 BGB

28 Ein Anspruch der Christine gegen Michael auf Herausgabe der Mobiliargegenstände könnte sich aus § 1353 Abs. 1 BGB ergeben. Ehegatten sind einander zur ehelichen Lebensgemeinschaft verpflichtet. Dazu gehört auch, dass sie sich gegenseitig den Ge-

---

[9] *Dethloff*, § 4 Rn. 82; *Schwab*, Familienrecht, Rn. 180; MünchKomm/*Wacke*, § 1362 Rn. 30.
[10] So *Schwab*, Familienrecht, Rn. 176.
[11] *BGH* FamRZ 1991, 923; MünchKomm/*Wacke*, § 1357 Rn. 37; *Dethloff*, § 4 Rn. 69.

brauch und also den Mitbesitz an den in ihrem Eigentum stehenden Haushaltsgegenständen überlassen. Michael jedoch hat Christine diese Gebrauchsmöglichkeit entzogen, indem er die Mobiliargegenstände aus dem ehelichen Haus in eine eigene Wohnung verbracht hat. Christine könnte deshalb einen Anspruch auf Einräumung des Mitbesitzes haben.

Jedoch leben Michael und Christine getrennt, seit Michael aus dem ehelichen **29** Haus ausgezogen ist. Leben die Ehegatten getrennt, kann jedoch jeder Ehegatte vom anderen Ehegatten die ihm gehörenden Haushaltsgegenstände herausverlangen, wenn der jeweils andere Ehegatte ihrer nicht zur Führung eines angemessenen Haushalts bedarf, § 1361a Abs. 1 S. 1 BGB. Nachdem ein derartiges Bedürfnis der Christine nicht geltend gemacht wird, hatte Michael also ohnehin einen Herausgabeanspruch gegen Christine, die damit ihrerseits keinen Anspruch aus § 1353 BGB gegen Michael hat.

## II. § 985 BGB

Christine könnte einen Anspruch auf Herausgabe der Mobiliargegenstände aus **30** § 985 BGB haben. Dazu müsste sie zunächst Eigentümerin dieser Gegenstände sein.

Ursprünglich war Michael Eigentümer dieser Gegenstände, die ihm schon vor Ehe **31** schließung gehörten. Daran könnte sich durch die Eheschließung mit Christine etwas geändert haben. Die Eheschließung beeinflusst die Eigentumslage an den von den Ehegatten in die Ehe mitgebrachten Gegenständen nicht, § 1363 Abs. 2 S. 1 BGB. Auch ansonsten ist nicht ersichtlich, dass Michael diese Gegenstände an Christine übereignet oder ihr zumindest Miteigentum eingeräumt hätte. Damit scheidet ein Anspruch der Christine gegen Michael aus § 985 BGB aus.

## III. § 1007 Abs. 1 BGB

Ein Herausgabeanspruch der Christine gegen Michael könnte sich jedoch aus § 1007 **32** Abs. 1 BGB ergeben. Voraussetzung dafür wäre, dass Christine Besitzerin der Gegenstände war, nunmehr Michael Besitzer der Gegenstände ist und er bezüglich seines Besitzrechts bösgläubig war.

Die Anspruchstellerin Christine war Alleinbesitzerin der Mobiliargegenstände, die **33** sich in ihrem Haus befanden. Michael hatte seit seinem Auszug mangels Sachherrschaft keinen Mitbesitz an den Gegenständen mehr, denn er hatte keinen Zutritt zum Haus mehr, wäre er ansonsten doch nicht durch ein Fenster eingestiegen. Der Anspruchsgegner Michael ist nunmehr Alleinbesitzer der Mobiliargegenstände. Demnach bestünde ein Anspruch der Christine aus § 1007 Abs. 1 BGB.

Als rechtmäßiger Eigentümer war Michael jedoch (und durfte es auch sein) hinsicht **34** lich seines Rechts zum Besitz nicht bösgläubig. Ein Anspruch aus § 1007 Abs. 1 BGB scheidet deshalb aus.

## IV. § 1007 Abs. 2 BGB

Ein Herausgabeanspruch der Christine gegen Michael könnte sich jedoch aus § 1007 **35** Abs. 2 BGB ergeben. Die Anspruchstellerin Christine war Alleinbesitzerin der Mobiliargegenstände, vgl. oben. Ihr sind die Gegenstände auch abhanden gekommen, hat sie doch den Besitz ohne ihren Willen verloren. Der Anspruchsgegner Michael ist nunmehr Alleinbesitzer der Mobiliargegenstände.

**36**    Auch dem Anspruch aus § 1007 Abs. 2 BGB steht Michaels Eigentümerstellung entgegen („es sei denn, dass dieser Eigentümer ist"). Ein Anspruch aus § 1007 Abs. 2 BGB scheidet deshalb ebenfalls aus.

## V. § 861 BGB

### 1. Voraussetzungen des § 861 BGB

**37**    Möglicherweise steht Christine gegen Michael jedoch ein Anspruch aus § 861 BGB auf Wiedereinräumung des Besitzes an den Mobiliargegenständen zu. Voraussetzung dafür wäre, dass Michael verbotene Eigenmacht, § 858 Abs. 1 BGB, begangen hat. Darunter ist die Entziehung des Besitzes ohne den Willen des Besitzers zu verstehen. Christine war Besitzerin der Haushaltsgegenstände, standen sie doch in dem nunmehr von ihr allein bewohnten Haus. Michael hat Christine den Besitz entzogen, indem er sie vollständig und auch nicht nur vorübergehend von der Ausübung der tatsächlichen Sachherrschaft ausgeschlossen hat. Dies geschah auch ohne den Willen der Christine, deren Abwesenheit Michael ausgenutzt hat. Infolgedessen besitzt Michael der Christine gegenüber diese Haushaltsgegenstände fehlerhaft, sodass sämtliche Voraussetzungen des § 861 BGB vorliegen. Damit bestünde ein Anspruch der Christine aus § 861 BGB.

### 2. Grenzen des § 866 BGB

**38**    Fraglich ist jedoch, ob die Besitzschutzvorschriften überhaupt Anwendung finden können. Solange Christine und Michael zusammengelebt haben, waren sie hinsichtlich des gemeinsamen Hausrats Mitbesitzer. Zwischen Mitbesitzern findet Besitzschutz nur eingeschränkt statt, § 866 BGB. Er findet nur statt, wenn es sich nicht nur um die Grenzen des Gebrauchsrechts des einzelnen Mitbesitzers handelt.

**39**    Zu prüfen ist also, ob Christine und Michael noch Mitbesitzer waren, als Michael die Gegenstände aus dem Haus getragen hat. Michael ist endgültig aus dem ehelichen Haus ausgezogen und hat sich eine neue Wohnung gemietet. Er verfügt offenbar nicht einmal mehr über einen Schlüssel zum Haus, sonst hätte er nicht über ein Fenster einsteigen müssen. Somit standen die Einrichtungsgegenstände im Alleinbesitz der Christine. Eine Anwendung des § 866 BGB scheidet somit bereits mangels Mitbesitz aus.

### 3. Spezialität des § 1361a BGB

**40**    Möglicherweise könnten die allgemeinen Besitzschutznormen deswegen unanwendbar sein, weil spezielle Regelungen des Familienrechts vorgehen. In Betracht kommt hier § 1361a BGB. Diese Norm enthält nämlich für die Verteilung des Hausrats bei Getrenntleben der Ehegatten eine eigene Regelung: Jeder Ehegatte kann die ihm gehörenden Gegenstände herausverlangen.

**41**    Unklar ist jedoch, ob diese Norm eine Spezialregelung[12] zu den allgemeinen Besitzschutzregeln darstellt. Dafür spricht die Erwägung der Prozessökonomie, weil getrennte Verfahren nach § 861 BGB und § 1361a BGB unterschiedliche Ergebnisse bringen können, sodass ein mehrmaliges Hin- und Hergeben der Gegenstände die Folge wäre. Die besseren Argumente sprechen aber gegen eine Spezialität des § 1361a BGB.[13] Bei dem Anspruch aus § 861 BGB handelt es sich um possessorischen Besitzschutz, bei dem petitorische Einwendungen gerade ausgeschlossen sind, vgl. unten. Der Besitzschutz muss auch nicht zu einer dauerhaften Güterzuordnung führen, viel-

---

[12] Dafür Staudinger/*Bund*, § 861 Rn. 26.
[13] *BGH* NJW 1983, 47; MünchKomm/*Joost*, § 861 Rn. 14.

mehr soll § 861 BGB den Bruch des Rechtsfriedens durch Selbstjustiz ausschließen. Also ist § 861 BGB auch zwischen getrennt lebenden Ehegatten anzuwenden.

### 4. Einwendungen des Michael

Möglicherweise besteht ein solcher Anspruch aber deshalb nicht, weil es sich um 42 Haushaltsgegenstände handelt, die Michael schon mit in die Ehe gebracht hat und die damit in seinem Eigentum stehen, vgl. Rn. 31, und Michael deshalb Einwendungen gegen den Anspruch geltend machen kann.

Allerdings beschränkt § 863 BGB die Verteidigungsmöglichkeiten gegen den Besitz- 43 schutzanspruch aus § 861 BGB. Eine Verteidigung gegen diesen Anspruch ist nur mit der Behauptung möglich, dass die Entziehung des Besitzes keine verbotene Eigenmacht gewesen sei. Petitorische Einwendungen hingegen, also Einwendungen, die sich nicht aus den Besitz selbst ergeben, sondern aus einem Recht zum Besitz, etwa aus dem Eigentum, sind hingegen ausgeschlossen. Michael kann sich also nicht auf sein Eigentum an den Gegenständen berufen.

### 5. Petitorische Widerklage

Ein Anspruch der Christine gegen Michael aus § 861 BGB besteht somit. Zu beach- 44 ten ist allerdings, dass sich Michael, wenn Christine ihn verklagen sollte, mit einer so genannten petitorischen Widerklage[14] zur Wehr setzen kann. Nach § 864 Abs. 2 BGB erlischt der Anspruch aus § 861 BGB nämlich dann, wenn nach der Verübung der verbotenen Eigenmacht durch rechtskräftiges Urteil festgestellt wird, dass dem Täter eine Rechtsposition zusteht, die ihm den Besitz an der Sache gestattet. Diese Feststellungsklage müsste Michael als Widerklage erheben. Gelingt ihm der Eigentumsnachweis ohne Weiteres, so werden beide Klagen gleichzeitig entscheidungsreif sein und das Gericht wird zur Vermeidung widersprüchlicher Entscheidungen die Besitzschutzklage abweisen und der Widerklage stattgeben. Ist die Herausgabeklage zuerst entscheidungsreif, so ist über sie durch Teilurteil, § 301 ZPO, zu entscheiden.

### VI. § 823 Abs. 1 BGB

In Betracht kommt schließlich noch ein Anspruch aus § 823 Abs. 1 BGB. Dazu 45 müsste Michael ein in § 823 Abs. 1 BGB geschütztes Rechtsgut verletzt haben. In Betracht kommt hier lediglich der berechtigte Besitz, der wie ein „sonstiges Recht" im Sinne des § 823 Abs. 1 BGB geschützt wird. Christine war Besitzerin der Mobiliargegenstände.

Fraglich ist allerdings, ob sie berechtigte Besitzerin war. Gegenüber dem Eigen- 46 tümer Michael hatte sie seit der Trennung des Ehepaares gerade kein Besitzrecht aus § 1353 BGB mehr, sondern hatte ihm vielmehr die Haushaltsgegenstände herauszugeben, § 1361a Abs. 1 BGB. Damit scheidet ein Anspruch aus § 823 Abs. 1 BGB aus.

### Frage 4: Anspruch auf Ersatz der Arbeitsstunden

### I. §§ 611, 612 BGB

Zu prüfen ist, ob Michael gegen Christine einen Anspruch auf Zahlung von 700 × 47 20 € = 14.000 € hat. Ein solcher Anspruch könnte sich aus §§ 611, 612 BGB ergeben. Dazu müssten Michael und Christine einen Dienstvertrag geschlossen haben. Ein

---

[14] BGHZ 53, 166, 169; MünchKomm/*Joost*, § 863 Rn. 9 ff.; Soergel/*Stadler*, § 863 Rn. 4.

solcher Vertrag liegt jedoch nicht vor. Beide sind vielmehr davon ausgegangen, dass Michael seinen Beitrag zum gemeinsamen Haus im Rahmen der Ehe und nicht aufgrund eines separaten Dienstvertrags erbringt.

## II. §§ 723, 730 ff. BGB

48    Möglicherweise kommt jedoch ein Anspruch aus §§ 723, 730 ff. BGB in Betracht. Dazu müsste zwischen Michael und Christine eine Gesellschaft bürgerlichen Rechts bestehen. Die Ehe als solche ist kein zulässiger Gesellschaftszweck einer Gesellschaft bürgerlichen Rechts. Hier gelten allein die §§ 1353 ff. BGB gleichsam als spezielles Gesellschaftsrecht.

49    Ehegatten können jedoch trotzdem eine Gesellschaft bürgerlichen Rechts gründen, wenn sie einen über die Ehe hinausgehenden gemeinsamen Zweck verfolgen.[15] Erwerb und Renovierung des ehelichen Hauses dienen jedoch gerade der Verwirklichung der ehelichen Lebensgemeinschaft und gehen deshalb nicht über die Ehe hinaus. Etwas anderes wäre etwa beim Erwerb und Umbau von Immobilien als Kapitalanlage der Fall. Ansprüche aus Gesellschaftsrecht scheiden deshalb aus.

## III. § 528 BGB

50    In Betracht kommt jedoch ein Anspruch aus 528 BGB. Dazu müsste eine Schenkung von Michael an Christine vorliegen. Zuwendungen unter Ehegatten sind jedoch nur dann als Schenkungen anzusehen, wenn sie dem anderen Teil aus echter Freigebigkeit zufließen und gerade nicht als Beitrag zur Verwirklichung und Sicherung der ehelichen Lebensgemeinschaft dienen sollen.[16] Dann nämlich handelt es sich nach gängiger Auffassung um so genannte „unbenannte Zuwendungen", die auf einem familienrechtlichen Vertrag eigener Art beruhen und nach Auffassung der Ehegatten gerade nicht gegenleistungsfrei sind. Schenkungsrecht findet damit vorliegend keine Anwendung, haben doch beide Ehegatten jeweils Beiträge zur Errichtung des Familienheimes geleistet und sind übereinstimmend nicht davon ausgegangen, dass hier eine unentgeltliche Zuwendung erfolge.

## IV. §§ 313, 346 BGB

### 1. Wegfall der Geschäftsgrundlage

51    In Betracht kommt jedoch ein Anspruch aus Wegfall der Geschäftsgrundlage des familienrechtlichen Vertrages eigener Art, auf dem die Zuwendung der Arbeitsleistung zum Ausbau des ehelichen Hauses beruht, §§ 313, 346 BGB.

52    Zu prüfen ist also, wie die Geschäftsgrundlage der unbenannten Zuwendung vorliegend beschaffen war. Werden von einem Ehegatten erhebliche Arbeitsleistungen zur Renovierung des im Eigentum des anderen Ehegatten stehenden ehelichen Hauses erbracht, so wird dies in der Regel deshalb geschehen, weil beide Ehegatten übereinstimmend von einem Fortbestand dieser Ehe ausgehen. Mit der Scheidung ist diese Grundlage entfallen.

53    Ein Anspruch des Michael gegen Christine kommt jedoch nur dann in Betracht, wenn infolge des Wegfalls der Geschäftsgrundlage das Festhalten am Vertrag für Michael unzumutbar ist. Davon kann vorliegend ausgegangen werden. Michael hat

---

[15] *BGH* FamRZ 1999, 1580; *Löhnig*, JA 2001, 376, 378; *Dethloff*, § 4 Rn. 224.
[16] *BGH* NJW 1972, 580; *BGH* FamRZ 1997, 933; *Löhnig*, JA 2001, 376, 377.

erhebliche Arbeitleistungen in das Haus investiert und selbst praktisch keinen Nutzen daraus gezogen, weil sich die Ehegatten schon kurze Zeit später getrennt haben.

## 2. Vorrang des Zugewinnausgleichs

Grundsätzlich wird bei Ehegatten, die im gesetzlichen Güterstand leben, der Ver- **54** mögensausgleich nach Ehescheidung jedoch im Wege des Zugewinnausgleichs, §§ 1372 ff. BGB, durchgeführt, der eine abschließende Regelung gegenüber anderen Rückabwicklungsmechanismen bildet. Etwas anderes soll ausnahmsweise gelten, wenn der Zugewinnausgleich zu einem unangemessenen und untragbaren Ergebnis[17] führen würde.

### a) Zugewinnausgleich

Deshalb ist an dieser Stelle die Berechnung des Zugewinnausgleichs vorzunehmen, **55** um das Ergebnis würdigen zu können. Das Anfangsvermögen des Michael beträgt 0 €, sein Endvermögen beträgt minus 6.000 €, § 1375 Abs. 1 BGB. Der Zugewinn des Michael beträgt hiernach minus 6.000 €. Allerdings definiert § 1373 BGB den Zugewinn als den Betrag, um den das Endvermögen das Anfangsvermögen übersteigt. Übersteigt das Endvermögen das Anfangsvermögen, wie vorliegend, nicht, so ist der Zugewinn mit 0 € anzusetzen.

Das Anfangsvermögen der Christine beträgt 100.000 €, ihr Endvermögen 110.000 €. **56** Ihr Zugewinn beträgt somit 10.000 €. Damit steht Michael ein Ausgleichsanspruch gegen Christine in Höhe von 5.000 € zu, § 1378 Abs. 1 BGB.

### b) Würdigung des Ergebnisses

Michael erhält also im Wege des Zugewinnausgleichs nur einen geringen Teil der für **57** das Haus aufgewendeten 10.000 € und der erbrachten 70 Stunden Arbeitsleistung. Die 5.000 € Zugewinnausgleich stellen ihn nicht einmal schuldenfrei, denn er hat im Zeitpunkt der Scheidung noch 6.000 € Schulden bei Freunden. Da diese im Zusammenhang mit dem Hausbau standen, sind sie in der Gesamtwürdigung zu berücksichtigen. Auch hat er nur sehr kurz in dem von ihm renovierten Haus gewohnt. Dieses Ergebnis erscheint deshalb in der Tat unerträglich, sodass ein Anspruch des Michael aus Wegfall der Geschäftsgrundlage in Betracht kommt.

Auf der anderen Seite ist jedoch zu berücksichtigen, dass Michael zwar erhebliche **58** Aufwendungen getätigt hat, sich der Wert des Hauses der Christine aber trotzdem nur um 10.000 € erhöht hat, sodass es unbillig wäre, bei ihr mehr als insgesamt 10.000 € abzuschöpfen. Somit erscheint es billig, Michael gegen Christine neben dem Zugewinnausgleichsanspruch in Höhe von 5.000 € einen Anspruch aus Wegfall der Geschäftsgrundlage des familienrechtlichen Vertrags eigener Art in Höhe von weiteren 5.000 € zu gewähren (a. A. vertretbar).

## V. § 812 Abs. 1 S. 1 Alt. 1 BGB (Leistungskondiktion)

Außerdem kommen bereicherungsrechtliche Ansprüche in Betracht. Möglicherwei- **59** se hat Michael gegen Christine einen Anspruch aus Leistungskondiktion, § 812 Abs. 1 S. 1 Alt. 1 BGB.

Christine hat etwas erlangt, nämlich die vermögenswerten Arbeitsleistungen ihres Mannes. Diese Vermögensmehrung bei Christine ist durch Leistung des Michael er-

---

[17] BGHZ 115, 132; *Dethloff*, § 5 Rn. 234 MünchKomm/*Unberath*, § 313 Rn. 76.

folgt, der auf Grundlage des familienrechtlichen Vertrags eigener Art das Vermögen seiner Frau mehren wollte. Schließlich müsste die Leistung ohne rechtlichen Grund erfolgt sein. Der genannte familienrechtliche Vertrag eigener Art bildet jedoch einen Rechtsgrund für die Erbringung der Arbeitsleistungen, der mit Ehescheidung nicht rückwirkend entfallen ist, sodass Christine mit Rechtsgrund bereichert worden ist. Damit scheidet ein Anspruch aus Leistungskondiktion aus.

### VI. § 812 Abs. 1 S. 2 Alt. 2 BGB (Zweckverfehlungskondiktion)

60     Möglicherweise ist jedoch ein Anspruch aus Zweckverfehlungskondition gegeben. Nach zutreffender Auffassung[18] scheidet ein derartiger Anspruch jedoch bereits deshalb aus, weil insoweit ein Vorrang vertraglicher Rechtsbehelfe, also auch des § 313 BGB, besteht. Überdies erfasst die Zweckverfehlungskondiktion nur Fälle, in denen eine Partei vorleistet, die erwartete Gegenleistung aber nicht mit rechtlichen Mitteln erzwingen kann. Der BGB-Gesetzgeber sah für die Zweckverfehlungskondiktion deshalb lediglich einen ganz engen Anwendungsbereich, etwa die im Voraus erfolgte Ausstellung eines Schuldscheins oder Wechsels, auf welchen Zahlung seitens des in Aussicht genommenen Gläubigers tatsächlich nicht gewährt werde. Folgt man dieser Auffassung, so scheidet ein derartiger Anspruch aus.

61     Die Gegenauffassung hat für sich, dass der Wortlaut des § 812 BGB diese Beschränkungen nicht erkennen lässt, weil das entscheidende Merkmal, das Fehlen schuldvertraglicher Bindung hinsichtlich der Gegenleistung, fehlt. Deshalb käme ein Anspruch auf Grundlage dieser Auffassung grundsätzlich in Betracht: Christine hat etwas durch Leistung des Michael erlangt, vgl. Rn. 59. Zudem müsste eine Zweckabrede zwischen Michael und Christine vorliegen, dass Michael die Leistung im Hinblick auf den Fortbestand der Ehe erbringt.[19] Christine und Michael waren sich jedoch hierüber nicht einig. Vielmehr war Zweck der Leistung allein die Herstellung des ehelichen Hauses. Dieser Zweck wurde jedoch erreicht.

62     Damit scheidet ein solcher Anspruch nach beiden Auffassungen aus und der Streit muss nicht entschieden werden.

### Frage 5: Anspruch auf 10.000 €

### I. § 488 Abs. 1 S. 2 BGB

63     Ein Anspruch des Vaters von Michael gegen Christine könnte sich aus § 488 Abs. 1 S. 2 BGB ergeben. Dazu müssten der Vater als Darlehensgeber und Christine als Darlehensnehmerin einen Darlehensvertrag geschlossen haben. Sie müssten also vereinbart haben, dass der Vater Christine den Betrag von 10.000 € lediglich auf Zeit zur Verfügung stellt. Eine solche Vereinbarung ist jedoch nicht erfolgt.

### II. § 530 BGB

64     Der Vater des Michael könnte gegen Christine einen Anspruch auf Zahlung von 10.000 € aus § 530 BGB haben. Dazu müsse zunächst ein Schenkungsvertrag, § 516 BGB, zwischen dem Vater und Christine vorliegen. Nach gängiger Auffassung[20] beruht jedoch auch eine derartige, um der Ehe willen erfolgte Zuwendung von einem Schwiegerelternteil an ein Schwiegerkind auf einem familienrechtlichen Vertrag eige-

---

[18] *Söllner*, AcP 163 (1963), 20 ff.
[19] Vgl. *BGH* FamRZ 1994, 503.
[20] BGHZ 129, 359; *Wever*, FamRZ 1999, 1421.

ner Art, sodass Schenkungsrecht nicht anwendbar ist. Die Schwiegertochter erhalte das Geld nicht für persönliche Zwecke, sondern zur Verwendung für das Familienheim, weshalb es sich um keine Schenkung handle. Die Schwiegertochter solle nicht individuell bereichert werden, solle das Geld nicht frei ausgeben können.

Auch wenn man der Gegenauffassung[21] folgt, und einen Schenkungsvertrag annimmt, der durch Bewirkung der versprochenen Leistung, Zahlung der 10.000 €, wirksam geworden wäre, § 518 Abs. 2 BGB, scheidet ein Anspruch aus § 530 BGB aus. In der Scheidung des Schwiegerkinds von dem leiblichen Kind des Schenkers liegt nämlich nicht ohne weiteres grober Undank gegenüber dem schenkenden Schwiegervater vor. **65**

## III. §§ 313, 346 ff. BGB

### 1. Wegfall der Geschäftsgrundlage

Auf Grundlage der gängigen Auffassung kommt auch hier ein Anspruch aus Wegfall **66** der Geschäftsgrundlage des familienrechtlichen Vertrags eigener Art in Betracht. Geschäftsgrundlage der Zuwendung des Schwiegervaters zur Ausgestaltung der Ehe ist der Fortbestand der Ehe, der auch dem eigenen Sohn ein Leben in dem ehelichen Haus ermöglicht. Diese Grundlage ist mit der Scheidung entfallen.

### 2. Unzumutbarkeit

Ein Rückabwicklungsanspruch kommt jedoch nur dann in Betracht, wenn das Fest- **67** halten am familienrechtlichen Vertrag eigener Art für den Vater des Michael unzumutbar ist. Das soll sich unter anderem nach dem Ergebnis des Zugewinnausgleichs nach Ehescheidung bemessen, auch wenn man an diesem Maßstab zweifeln kann, weil Vater und Michael nicht personenidentisch sind und auch nicht gemeinsam wirtschaften, sodass nicht ohne weiteres einsichtig erscheint, warum das Ergebnis des Zugewinnausgleichs im Rahmen der Zumutbarkeit eine Rolle spielen soll.[22]

Die „unbenannte Zuwendung" des Schwiegervaters wird im Rahmen des Zuge- **68** winnausgleichs, weil sie keine Schenkung ist, nicht dem Anfangsvermögen des Schwiegerkinds nach § 1374 Abs. 2 BGB hinzugerechnet. Soweit sie im Endvermögen noch vorhanden ist, ist sie also ausgleichspflichtiger Zugewinn. Christine hat damit nunmehr ein Endvermögen von 120.000 € und somit 20.000 € Zugewinn erzielt. Michael kann infolgedessen nicht 5.000 €, sondern 10.000 € Zugewinnausgleich verlangen, § 1378 Abs. 1 BGB. Michael steht damit ein Anspruch auf die Hälfte der väterlichen Zuwendung an Christine gegen seine Ex-Frau zu. In einem solchen Fall wird das Festhalten am familienrechtlichen Vertrag eigener Art für den zuwendenden Schwiegerelternteil nicht als unzumutbar angesehen,[23] weil der Zweck der Zuwendung, letztlich die Begünstigung des Sohnes, zu 50% erreicht wird, sowie die Gefahr einer doppelten Inanspruchnahme des Schwiegerkindes vermieden werde[24] (a. A. vertretbar).

Der Vater des Michael hat hiernach keinen Anspruch aus Wegfall der Geschäfts- **69** grundlage gegen Christine.

---

[21] *Koch*, JR 1996, 326, 327.
[22] *Koch*, Schwab FS, 1005, 516; eingehend *Löhnig*, GS Konuralp, Bd. 1, 2009 645 f.
[23] Vgl. *Langenfeld*, ZEV 1995, 289, 290.
[24] *OLG Celle* NJW-RR 2003, 721.

**IV. § 812 Abs. 1 S. 1 Alt. 1 BGB**

70    Auch Kondiktionsansprüche bestehen nicht. Ein Anspruch aus Leistungskondiktion, § 812 Abs. 1 S. 1 Alt. 1 BGB, besteht nicht, weil der Zuwendung entweder ein Schenkungsvertrag oder ein familienrechtlicher Vertrag eigner Art zugrunde liegt und sie deshalb nicht ohne Rechtsgrund geschah.

**V. § 812 Abs. 1 S. 2 Alt. 2 BGB**

71    Ein Anspruch aus Zweckverfehlungskondiktion scheitert auch hier bereits an der fehlenden Anwendbarkeit des § 812 Abs. 1 S. 2 Alt. 2 BGB, vgl. Rn. 60f.

# Fall 9. Hagels Geld

Der verwitwete Harald Hagel ist am 12. 7. 2008 verstorben. Er hinterlässt seinen Sohn Michael (geboren 1971), der 1997 Felizitas Fischer geheiratet hat. 2008 wurde die Ehe rechtskräftig geschieden, weil Michael eine Affäre mit seiner Kollegin Theresa begonnen hatte. Der zweite Sohn des Hagel, Thomas (geboren 1975), ist bereits 2007 verstorben; Hagel hatte ihn 1989 adoptiert. Er lebte in nichtehelicher Lebensgemeinschaft mit Steffi Steuber zusammen, ihr gemeinsamer Sohn Marcel ist 2001 geboren. Außerdem ist noch Hagels Schwester Christa-Maria am Leben. Der Nachlass besteht im Wesentlichen aus einem Hausgrundstück im Wert von etwa 500.000 € sowie einem Sparguthaben in Höhe von 87.000 € bei der Deutschen Hypothekenbank.

In den Unterlagen des Hagel fand sich ein wirksam errichtetes Testament aus dem Jahre 1967, in dem seine Cousine Carla zur Alleinerbin eingesetzt ist. Carla Curth beantragte einen Erbschein und verkaufte nach dessen Erhalt das Hausgrundstück an Stefan Kraus, der nach dem Tode des Hagel als Kaufinteressent an Curth als Erbin herangetreten war. Gleichzeitig wurde die Auflassung erklärt. Außerdem bestellte Carla Curth eine Vormerkung zugunsten des Kraus, die am 23. 2. 2009 im Grundbuch eingetragen wurde. Drei Tage später zahlte Kraus 500.000 € als Kaufpreis an Curth. Am gleichen Tag wurde der Antrag auf Eintragung des Kraus als Eigentümer in das Grundbuch gestellt. Eine Woche später bezog Kraus das Haus.

Am 17. 9. 2009 besuchte Curth eine Filiale der Deutschen Hypothekenbank und ließ sich unter Vorlage ihres Reisepasses, des Erbscheins und des Sparbuchs das gesamte Sparguthaben von Hagel auszahlen. Carla Curth gab in den folgenden Wochen die gesamten 87.000 € aus.

Im November 2009 wurde ein handschriftliches Schreiben des Hagel gefunden, das folgenden Wortlaut hat: „Regenburg, den 20. Mai 1991. Ich, Harald Hagel, widerrufe mein altes Testament und ordne folgendes an: Wenn ich einmal sterben sollte, soll Michael Dreiviertel von allem bekommen, aber keinesfalls mehr, er kümmert sich auch nicht mit vollem Einsatz um mich. Den Rest kriegt allerdings seine Frau, falls er mal eine Frau haben sollte. Harald Hagel". Michael wandte sich darauf an Carla Curth und verlangte Geld und Grundstück heraus. Diese erklärte leicht verwirrt, aber mit sichtlichem Vergnügen, sie habe „das Grundstück verscherbelt und alles Geld restlos verprasst". Eine daraufhin durchgeführte Untersuchung der Carla Curth ergab, dass sie bereits ab Sommer 2009 nicht mehr geschäftsfähig war.

Am 3. 12. 2009 teilte Michael schriftlich Stefan Kraus mit, er sei der wirkliche Erbe des Hagel. Kraus solle das Grundstück zurückgeben. Kraus erklärte in einem Antwortschreiben, ihn gingen diese Probleme nichts an. Zwei Wochen später wurde Kraus als Eigentümer im Grundbuch eingetragen.

## Bearbeitervermerk:

In einem Gutachten, das auf alle aufgeworfenen Rechtsfragen eingeht, sind folgende Fragen zu erörtern:

1. Wie ist die Erbfolge nach Harald Hagel?
2. Welche Ansprüche hat der Erbe/haben die Erben des Hagel gegen Stefan Kraus und die Deutsche Hypothekenbank.

## Gliederung

**Zeittabelle**

| | |
|---|---|
| 1967 | Testament I Hagel |
| 1971 | Geburt Michael |
| 1975 | Geburt Thomas |
| 1989 | Adoption Thomas |
| 20. 5. 1991 | Testament II Hagel |
| 1997 | Heirat Michael/Felizitas |
| 2001 | Geburt des Sohnes Marcel von Thomas und Steffi |
| 2007 | Scheidung Michael/Felizitas |
| 23. 2. 2009 | Veräußerung des Grundstücks Curth/Kraus; Vormerkung |
| Sommer 2009 | Geschäftsunfähigkeit Carla Curth |
| 17. 9. 2009 | Auszahlung des Sparguthabens |
| Nov. 2009 | Auffinden des Testaments II |
| 3. 12. 2009 | Mitteilung Michael/Kraus |

### Beteiligte

Eltern (†)

Ehefrau (†) ⚭ **Harald**        Christa-Maria

Felizitas ⚭ Michael       Thomas (†) -------- Steffi

Marcel

## Lösung

### Frage 1. Erbfolge nach Harald Hagel

Maßgeblich für die Erbfolge nach Hagel ist das 1991 formwirksam errichtete Testa- **1** ment, mit dem das Testament von 1967 ausdrücklich widerrufen wurde, § 2254 BGB.

## I. Gewillkürte Erbfolge

### 1. Michael

Michael ist als Erbe zu ³/₄ eingesetzt. **2**

### 2. Felizitas

Hagel hat Michaels Ehefrau als Erbin zu ¹/₄ eingesetzt „falls er mal eine Frau haben **3** sollte". Diese Bedingung ist durch die Eheschließung des Michael mit Felizitas eingetreten, sodass Felizitas Erbin zu ¹/₄ wird.

### a) Analoge Anwendung des § 2077 BGB

Dabei bliebe jedoch außer Betracht, dass die Ehe zwischen Michael und Felizitas **4** zum Zeitpunkt des Erbfalls bereits rechtskräftig geschieden war. Deshalb könnte die Erbeinsetzung nach § 2077 BGB nichtig sein. § 2077 BGB ordnet zwar lediglich die Nichtigkeit der Erbeinsetzung des Ehegatten nach rechtskräftiger Ehescheidung an, möglicherweise kann die Norm jedoch analog auf die Erbeinsetzung eines vom leiblichen Kind geschiedenen Schwiegerkinds angewendet werden. Allerdings ist unklar, ob beide Sachverhalte – Erbeinsetzung des Ehegatten und des Schwiegerkindes – miteinander vergleichbar sind, was neben der planwidrigen Regelungslücke Voraussetzung für eine Analogie wäre.

5    Der Bundesgerichtshof[1] hat entschieden, dass die Erbeinsetzung eines Schwiegerkinds durch die Schwiegereltern nicht in analoger Anwendung des § 2077 BGB mit Auflösung der Ehe zwischen Kind und Schwiegerkind unwirksam werde. Es bestehe keine allgemeine Lebenserfahrung, dass Schwiegerkinder nur wegen ihrer ehelichen Verbundenheit mit dem leiblichen Kind zu Erben eingesetzt werden.

6    Die ganz überwiegende Literaturauffassung[2] sieht hingegen einen Analogieschluss als möglich an, weil jedenfalls im Regelfall mit der Auflösung der Ehe zwischen leiblichem Kind und Schwiegerkind die Grundlage für eine Beteiligung des Ex-Schwiegerkindes am Nachlass der Ex-Schwiegereltern entfallen sei.

### b) Ergänzende Auslegung

7    Dieser Streit muss jedoch nicht entschieden werden, wenn auch die Auffassung, die einen Analogieschluss ablehnt, zu einer Nichtigkeit der Erbeinsetzung der Felizitas gelangt. Das Testament des Hagel enthält keine Regelung für den Fall, dass Michael geheiratet hat, die Ehe aber inzwischen wieder geschieden ist. Damit liegt eine planwidrige Regelungslücke im Regelungsplan des Hagel vor. Es ist deshalb im Wege ergänzender Auslegung[3] zu ermitteln, § 133 BGB, wie Hagel entschieden hätte, wenn er diesen Fall bedacht hätte. Dabei ist der vom Erblasser geäußerte Wille „zu Ende zu denken".

8    Hagel hat einfach die künftige Ehefrau seines Sohnes Michael zur Erbin eingesetzt, ohne dass im Jahre 1988 bereits absehbar gewesen wäre, ob und wen Michael heiraten würde. Er hat damit nicht eine bestimmte Person, der er vielleicht auch unabhängig von ihrer Stellung als Ehefrau seines Sohnes verbunden sein könnte, sondern gleichsam eine bestimmte „Funktionsträgerin" zur Erbin eingesetzt. Zum Zeitpunkt des Erbfalls hat Felizitas diese Funktion jedoch nicht mehr bekleidet. Deswegen ist davon auszugehen, dass Hagel für diesen Fall nicht gewollt hätte, dass Felizitas ihn beerbt, und er die Erbeinsetzung nicht nur aufschiebend auf eine Heirat, sondern auch auflösend auf die Ehescheidung bedingt hätte.

9    Damit ist, unabhängig davon, wie man sich in der Frage einer analogen Anwendung des § 2077 BGB entscheidet, die Erbeinsetzung der Felizitas hinfällig.

### 3. Nochmals: Michael

10   Fraglich ist, welche Folgen es für die Beteiligung des Michael am Nachlass seines Vaters hat, dass Felizitas als Erbin weggefallen ist. In Betracht kommt eine Anwendung des § 2094 Abs. 1 S. 1 BGB: Sind mehrere Erben in der Weise eingesetzt, dass sie – wie vorliegend – die gesetzliche Erbfolge ausschließen, und fällt einer der Erben vor oder nach dem Eintritt des Erbfalls weg, so wächst dessen Erbteil den übrigen Erben nach dem Verhältnis ihrer Erbteile an. Diese Anwachsung hätte also zur Folge, dass Michael Alleinerbe seines Vaters wird.

---

[1] BGHZ 154, 336.

[2] Palandt/*Edenhofer*, § 2077 Rn. 2; Soergel/*Loritz*, § 2077 Rn. 22; MünchKomm/*Leipold*, § 2077 Rn. 5; Erman/*Schmidt*, § 2077 Rn. 7; eingehend zum Problemkreis *Löhnig*, GS Konuralp, Bd. 1, 2009, 645 f.

[3] Dazu Prütting/Weinreich/Wegen/*Löhnig*, § 2084 Rn. 13 ff.: Staudinger/*Otte*, § 2077 Rn 27.

Etwas anderes gilt jedoch, wenn der Erblasser die Anwachsung ausgeschlossen hat, **11**
§ 2094 Abs. 3 BGB. Ein solcher Ausschluss ist anzunehmen, wenn feststeht, dass der
oder die anderen gewillkürten Erben keinesfalls mehr als angeordnet erhalten sollen.[4]
Dies hat Hagel vorliegend ausdrücklich angeordnet.

## II. Gesetzliche Erbfolge

Damit greifen mangels letztwilliger Verfügung für das letzte $\frac{1}{4}$ die Regeln über die **12**
gesetzliche Erbfolge, vgl. § 2088 Abs. 1 BGB. Nicht maßgeblich ist hingegen das
Testament von 1967, das Hagel ausdrücklich widerrufen hat, so dass es auch dann
nicht greift, wenn das spätere Testament – wie vorliegend – sich nur auf ¾ des Nachlasses bezieht.

### 1. Erben erster Ordnung

#### a) Thomas, Marcel

Hagel hat den minderjährigen Thomas adoptiert. Dieser hat damit die Rechtsstel- **13**
lung eines Abkömmlings des Hagel erlangt, § 1754 Abs. 2 BGB, und wäre damit Erbe
erster Ordnung, § 1924 Abs. 1 BGB.

Thomas ist jedoch vorverstorben. An seine Stelle treten wiederum seine eigenen **14**
Abkömmlinge, § 1924 Abs. 3 BGB, also sein Sohn Marcel. Dieser ist Thomas, der mit
der Mutter des Marcel nicht verheiratet war, nicht als Kind von Rechts wegen zugeordnet worden, § 1592 Nr. 2 und 3 BGB, so dass er nicht als Abkömmling des Thomas
anzusehen ist und folglich nicht Erbe des Hagel werden kann.

#### b) Michael

Einziger Erbe erster Ordnung ist damit Michael. Er erbt das letzte $\frac{1}{4}$ deshalb als ge- **15**
setzlicher Erbe, sodass er letztlich doch Alleinerbe seines Vaters wird.

Dabei bliebe jedoch außer Betracht, dass Hagel angeordnet hat, Michael solle kei- **16**
nesfalls mehr als $\frac{3}{4}$ erhalten. Diese Anordnung ist im Kontext der gesetzlichen Erbfolge als teilweise Enterbung des Michael anzusehen, § 133 BGB. Michael wird somit
nicht gesetzlicher Erbe seines Vaters.

### 2. Erben zweiter Ordnung

Damit wird seine Schwester Christa-Maria als einzige Erbin zweiter Ordnung, **17**
§ 1925 Abs. 1 BGB, gesetzliche Erbin des Hagel zu $\frac{1}{4}$.

## III. Ergebnis

Michael ist (gewillkürter) Erbe des Hagel zu $\frac{3}{4}$, Christa-Maria ist (gesetzliche) Er- **18**
bin des Hagel zu $\frac{1}{4}$. Sie bilden eine Erbengemeinschaft.

---

[4] Prütting/Weinreich/Wegen/*Löhnig*, § 2094 Rn. 4.

**Frage 2: Ansprüche gegen Kraus und die Deutsche Hypothekenbank**

**I. Erbengemeinschaft gegen Kraus**

**1. § 2018 BGB**

19      Michael und Christa-Maria als Erbengemeinschaft könnten gegen Kraus einen Anspruch aus § 2018 BGB haben. Voraussetzung dafür wäre, dass Michael und Christa-Maria Erben sind und Kraus Erbschaftsbesitzer ist. Die Erbenstellung ergibt sich aus dem aufgefundenen Testament von 1991. Fraglich ist jedoch, ob Kraus Erbschaftsbesitzer ist. Erbschaftsbesitzer ist derjenige, der einen Erbschaftsgegenstand besitzt, weil er sich vermeintlich für den Erben hält. Kraus besitzt das Grundstück jedoch nicht, weil er sich für den Erben des Hagel hält, sondern weil er es von Curth erworben hat. Ein Anspruch aus § 2018 BGB besteht somit nicht.

**2. §§ 2030, 2018 BGB**

20      Ein Anspruch aus §§ 2030, 2018 BGB scheidet aus, weil Kraus von Curth nicht die Erbschaft, sondern lediglich einen einzelnen Nachlassgegenstand erworben hat.

**3. § 985 BGB**

21      In Betracht kommt jedoch ein Anspruch aus § 985 BGB. Dazu müssten Michael und Christa-Maria als Erbengemeinschaft Eigentümer des Grundstücks sein und Kraus Besitzer des Grundstücks ohne ein Recht zum Besitz gegenüber der Erbengemeinschaft.

**a) Erbengemeinschaft = Eigentümer**

**aa) Ursprüngliche Eigentumslage; Erbfall**

22      Ursprünglich war Hagel Eigentümer des Grundstücks. Die Erben haben Eigentum am Grundstück mit dem Tode des Hagel erworben, § 1922 Abs. 1 BGB. Die Erteilung eines Erbscheins an Curth hat keine Auswirkungen auf die Erbrechtslage und also auch keine Auswirkungen auf die Eigentumslage.

**bb) Auflassung von Curth an Kraus, §§ 873, 925 BGB**

**(1) Einigung, Übergabe, Berechtigung**

23      Möglicherweise hat Curth jedoch das Grundstück an Kraus übereignet. Curth und Kraus haben sich über den Eigentumsübergang formgerecht geeinigt, §§ 873, 925 BGB. Kraus ist auch als Eigentümer im Grundbuch eingetragen worden, § 873 BGB. Die Einigung wurde auch nicht in dem Augenblick hinfällig, in dem Curth geschäftsunfähig wurde, § 130 Abs. 2 BGB. Curth war als Nichteigentümerin jedoch nicht zur Verfügung über das Grundstück berechtigt.

**(2) Gutgläubiger Erwerb, § 892 BGB**

24      In Betracht kommt deshalb allein ein gutgläubiger Erwerb des Kraus. Der gutgläubige Erwerb von Grundstücken ist in § 892 BGB geregelt. Hiernach wird der Erwerber in seinem Vertrauen darauf geschützt, dass die Rechtslage, die im Grundbuch ausgewiesen ist, der tatsächlichen Rechtslage am Grundstück entspricht. Ist also der Veräußerer als Eigentümer im Grundbuch eingetragen, so darf sich der Erwerber grundsätzlich darauf

verlassen, dass der Veräußerer auch Eigentümer ist. Vorliegend war jedoch nicht Curth als Eigentümer des Grundstücks im Grundbuch eingetragen, sondern noch der Erblasser Hagel. Ein gutgläubiger Erwerb nach § 892 BGB scheidet deswegen aus.

### (3) Gutgläubiger Erwerb, § 2366 BGB

### (a) Guter Glaube bei Vollendung des Rechtserwerbs

In Betracht kommt jedoch ein gutgläubiger Erwerb nach § 2366 BGB: Curth hat 25 vom Nachlassgericht einen Erbschein erhalten, der sie als Alleinerbin nach Hagel ausweist. Aus der Eintragung des Hagel im Grundbuch sowie dem Erbschein der Curth ergibt sich, das Curth nach dem Tode des Hagel nun Eigentümer des Grundstücks sein müsse. § 2366 BGB schützt Dritte, die gutgläubig, also in berechtigtem Vertrauen auf die Richtigkeit des Erbscheins, vom Erbscheinserben einen Nachlassgegenstand erwerben.

Fraglich ist jedoch, ob Kraus gutgläubig bezüglich der Erbenstellung der Curth war. 26 Davon ist auszugehen, wenn Kraus nicht die Unrichtigkeit des Erbscheins kannte. Am 3. 12. 2006 hat Kraus erfahren, dass der Erbschein unrichtig war, und ist damit bösgläubig geworden. Fraglich ist, ob eine zu diesem Zeitpunkt eintretende Bösgläubigkeit einen Eigentumserwerb des Kraus noch verhindern kann. Der gute Glaube des Erwerbers muss grundsätzlich noch im Zeitpunkt der Vollendung des Rechtserwerbs vorliegen.[5] Letzter Erwerbsakt war vorliegend die Eintragung des Kraus als Eigentümer im Grundbuch. Zu diesem Zeitpunkt war Kraus jedoch bereits bekannt, dass Curth nicht Erbin des Hagel war. Damit scheidet ein gutgläubiger Erwerb aus.

### (b) § 892 Abs. 2 BGB analog

Etwas anderes würde jedoch gelten, wenn der für das Vorliegen des guten Glaubens 27 maßgebliche Zeitpunkt nach vorne verschoben werden könnte. In § 892 Abs. 2 BGB findet sich die Regelung, dass es für den guten Glauben beim Grundstückserwerb auf den Zeitpunkt der Stellung des Eintragungsantrags beim Grundbuchamt und nicht jenen der Eintragung im Grundbuch ankommt, weil zufällige Verzögerungen durch die Arbeit beim Grundbuchamt keine Rolle spielen sollen.

Diese Wertung kann nach gängiger Auffassung mangels planwidriger Regelungslücke jedoch nicht analog im Rahmen des § 2366 BGB angewendet werden.[6] Auf der anderen Seite erscheint es fragwürdig, beim gutgläubigen Grundstückserwerb nach § 2366 BGB den gutgläubigen Erwerb von Arbeitstempo und Arbeitsanfall beim jeweiligen Grundbuchamt abhängig zu machen. Es macht insoweit keinen Unterschied, ob sich der gutgläubige Erwerb eines Grundstücks nach § 892 BGB oder § 2366 BGB vollzieht.[7]

Der Streit muss jedoch nicht entschieden werden, wenn der maßgebliche Zeitpunkt 29 auch auf andere Weise vorverlegt werden kann.

### (c) Gutglaubenswirkung der Vormerkung

Sollte Kraus nämlich eine Vormerkung erworben haben, die seinen Anspruch auf 30 Übereignung des Grundstücks dinglich sichert, dann käme es für den guten Glauben den Eigentumserwerb betreffend auf den Zeitpunkt des Erwerbs der Vormerkung an.[8]

---

[5] Soergel/*Stürner*, § 892 Rn. 36; MünchKomm/*Kohler*, § 892 Rn. 53.
[6] MünchKomm/*Mayer*, § 2366 Rn. 17; Lange/*Kuchinke*, § 39 VII 3 e.
[7] *Frank*, § 16 Rn. 12.
[8] BGHZ 57, 341; *Leipold*, Rn. 559; *Frank*, § 16 Rn. 15.

Diese Wirkung der Vormerkung ergibt sich zwar nicht unmittelbar aus dem Wortlaut des § 883 BGB, der den Vormerkungsberechtigten lediglich gegen vormerkungswidrige Verfügungen schützt, ist aber nach gängiger Auffassung erforderlich, um die Sicherungswirkung der Vormerkung darüber hinaus für den Anspruchsinhaber umfassend zu gewährleisten. Andernfalls wäre die Möglichkeit eines gutgläubigen Vormerkungserwerbs vom Nichtberechtigten weitgehend sinnlos.[9]

31 Hätte Kraus also mit Eintragung im Grundbuch am 20. 2. gutgläubig eine Vormerkung erworben, würde ihm nach diesem Zeitpunkt eintretende Bösgläubigkeit nicht mehr schaden. Ein zu sichernder Anspruch besteht mit dem Anspruch auf Auflassung des Grundstücks, § 433 Abs. 1 BGB, des Kraus gegen Curth. Die Vormerkung wurde von Curth bewilligt, § 885 BGB, und im Grundbuch eingetragen. Allerdings war Curth nicht dazu berechtigt, dem Kraus eine Vormerkung zu bestellen, die einen Anspruch auf Übertragung von Grundstückseigentum sichert, das Curth nicht hält.

32 In Betracht käme jedoch ein gutgläubiger Erwerb der Vormerkung. Eine Vormerkung ist kein beschränkt dingliches Recht an einem Grundstück, sondern ein dingliches Sicherungsmittel eigener Art. Aufgrund der Tatsache, dass sie im Grundbuch eingetragen wird, nimmt die Vormerkung jedoch am öffentlichen Glauben des Grundbuchs teil und es können §§ 892, 893 BGB auf die Vormerkung analog angewendet werden.[10] Allerdings weist das Grundbuch Hagel als Eigentümer aus, sodass es nicht Grundlage eines gutgläubigen Vormerkungserwerbs durch Kraus von Curth sein kann.

33 Das Nachlassgericht hatte Curth jedoch einen Erbschein erteilt, der sie als Alleinerbin des Hagel auswies. Deshalb kommt ein gutgläubiger Erwerb der Vormerkung nach § 2367 BGB in Betracht.[11] Voraussetzung hierfür wäre, dass Kraus beim letzten Erwerbsakt, also bei der Eintragung der Vormerkung gutgläubig hinsichtlich der Erbenstellung der Curth war.[12] Das ist der Fall, ist doch der Anruf des Michael erst nach diesem Zeitpunkt erfolgt.

34 Damit hat Kraus gutgläubig eine Vormerkung erworben, die seinen Anspruch aus § 433 Abs. 1 BGB gegen Curth dinglich sichert. Infolgedessen kommt es auch für den gutgläubigen Eigentumserwerb bei der Prüfung des guten Glaubens auf den 20. 2. 2006 (Eintragung der Vormerkung im Grundbuch) an, an dem Kraus gutgläubig war. Er konnte damit also von Curth gutgläubig Eigentum an dem Grundstück erwerben. Der Streit, ob § 892 Abs. 2 BGB (Antrag beim Grundbuchamt) auch im Rahmen des § 2366 BGB gilt und den für das Vorliegen des guten Glaubens relevanten Zeitpunkt vorverlegen kann, vgl. oben, muss deshalb nicht entschieden werden.

### cc) Ergebnis

35 Damit ist Kraus Eigentümer des Grundstücks und ein Anspruch der Erbengemeinschaft gegen Kraus aus § 985 BGB nicht gegeben.

### 4. § 894 BGB

36 Ein Anspruch aus § 894 BGB scheidet aus. Das Grundbuch ist nicht unrichtig. Es weist Kraus als Eigentümer des Grundstücks aus und Kraus ist auch Eigentümer des Grundstücks, vgl. Rn. 35.

---

[9] Staudinger/*Gursky,* § 883 Rn. 204; Soergel/*Stürner,* § 883 Rn. 7; *Baur/Stürner,* § 20 Rn. 29.
[10] Staudinger/*Gursky,* § 883 Rn. 316 ff.
[11] BGHZ 57, 341.
[12] Auch hier würde sich erforderlichenfalls wieder die Frage nach einer weiteren Vorverlegung durch Anwendung des § 892 Abs. 2 stellen.

## 5. § 1007 Abs. 1 und 2 BGB

Ansprüche aus § 1007 Abs. 1 und Abs. 2 BGB bestehen nicht, weil § 1007 BGB nur **37** bewegliche Sachen betrifft.

## 6. § 861 BGB

Ein Anspruch aus § 861 BGB scheidet aus. Zwar mag Curth eine verbotene Eigen- **38** macht, § 858 Abs. 1 BGB, begangen haben, indem sie den Erbenbesitz, § 857 BGB, des Michael und der Christa-Maria an dem Grundstück beendet hat. Jedoch kannte Kraus die Fehlerhaftigkeit des Besitzes der Curth bei Besitzerwerb nicht und besitzt Michael gegenüber deshalb nicht fehlerhaft, § 858 Abs. 2 BGB.

## 7. § 812 Abs. 1 S. 1 Alt. 1 BGB

Ein Anspruch gegen Kraus aus Leistungskondiktion, § 812 Abs. 1 S. 1 Alt. 1 BGB, **39** scheidet aus, weil Kraus Eigentum und Besitz an dem Grundstück nicht durch Leistung der Erbengemeinschaft erlangt hat.

## 8. § 812 Abs. 1 S. 1 Alt. 2 BGB

Ein Anspruch aus Nichtleistungskondiktion, § 812 Abs. 1 S. 1 Alt. 2 BGB, scheidet **40** aus, weil Kraus Eigentum und Besitz durch Leistung der Curth, die ihre Pflichten aus dem Kaufvertrag erfüllen wollte, erlangt hat, und damit nicht auf sonstige Weise (Vorrang der Leistungskondiktion).

## II. Erbengemeinschaft gegen Deutsche Hypothekenbank, §§ 700 Abs. 1 S. 1, 488 Abs. 1 S. 1, 1922 Abs. 1 BGB

### 1. Anspruch entstanden

Der Erbengemeinschaft könnte gegen die Deutsche Hypothekenbank einen An- **41** spruch aus §§ 700 Abs. 1 S. 1, 488 Abs. 1 S. 2, 1922 Abs. 1 BGB auf Auszahlung des Sparguthabens haben. Soweit in der Person des Erblassers Hagel ein solcher Anspruch bestanden haben sollte, wäre er auf die Erben übergegangen, § 1922 Abs. 1 BGB.

Zu prüfen ist somit, ob ein Anspruch des Hagel gegen die Deutsche Hypotheken- **42** bank auf Auszahlung bestanden hat. Bei der Anlage eines Sparkontos handelt es sich um eine so genannte unregelmäßige Verwahrung, auf die, soweit es um Geld geht, die Regeln über das Darlehen angewendet werden können, § 700 Abs. 1 S. 1 BGB. Hagel und die Deutsche Hypothekenbank haben einen derartigen Vertrag abgeschlossen. Hagel hat das Geld auf das Sparkonto eingezahlt und, nachdem nichts anders ersichtlich ist, ist der Rückzahlungsanspruch auch jederzeit fällig. Somit ist ein solcher Anspruch des Hagel gegen die Deutsche Hypothekenbank entstanden, dessen Inhaber mit dem Erbfall die Erbengemeinschaft geworden ist.

### 2. Anspruch erloschen

#### a) Erfüllung, § 362 BGB

Dieser Anspruch könnte jedoch inzwischen durch Auszahlung des Sparguthabens **43** an Curth erloschen sein, § 362 Abs. 1 BGB. Erfüllung bedeutet Erbringung der geschuldeten Leistung an den Gläubiger.[13] Curth war jedoch nicht Gläubiger der Forde-

---

[13] MünchKomm/*Wenzel*, § 362 Rn. 3

rung, sodass der Anspruch nicht durch Erfüllung erloschen ist. Auch ein Erlöschen durch Leistung an einen Dritten zum Zweck der Erfüllung scheidet aus, denn die Erbengemeinschaft hat einer Leistung an Curth zum Zweck der Erfüllung nicht zugestimmt, §§ 362 Abs. 2, 185 BGB.

### b) § 808 Abs. 1 BGB

44    Möglicherweise könnte die Deutsche Hypothekenbank jedoch von ihrer Auszahlungspflicht frei geworden sein, weil Curth das Sparbuch vorlegen konnte. Bei einem Sparbuch handelt es sich um ein so genanntes qualifiziertes Legitimationspapier.[14] Demnach wird der Schuldner, die Deutsche Hypothekenbank, durch Leistung an jeden Inhaber des Sparbuchs frei, § 808 Abs. 1 BGB. Etwas anderes würde in einschränkender Auslegung des § 808 BGB nur gelten, wenn evident war, dass Curth nicht zur Entgegennahme der Leistung berechtigt ist.[15] Curth hat sich jedoch zusätzlich durch Erbschein und Pass legitimiert, so dass ihre Nichtberechtigung nicht evident war. Damit ist die Deutsche Hypothekenbank durch Leistung an Curth von ihrer Zahlungspflicht frei geworden, § 808 Abs. 1 BGB.

45    Dabei bliebe jedoch außer Acht, dass Curth im Zeitpunkt der Auszahlung geschäftsunfähig war. Einer Geschäftsunfähigen konnte die Deutsche Hypothekenbank nicht einmal die Geldscheine übereignen, § 929 S. 1 BGB, weil ein Geschäftsunfähiger überhaupt keine wirksame Willenserklärung abgeben kann, § 105 BGB, sodass die Deutsche Hypothekenbank den Auszahlungsanspruch nicht erfüllen konnte. § 808 Abs. 1 BGB regelt zu Gunsten des Schuldners lediglich eine Befreiungswirkung dahingehend, dass der Inhaber des Papiers als Inhaber der Forderung gilt; die Norm macht aus der geschäftsunfähigen nichtberechtigten Curth also gleichsam lediglich eine geschäftsunfähige empfangsberechtigte, nicht aber eine auch geschäftsfähige empfangsberechtigte Curth. Der gute Glaube des Rechtsverkehrs an die Geschäftsfähigkeit wird weder durch § 808 Abs. 1 BGB, noch durch irgendeine andere Norm geschützt. Damit ist die Deutsche Hypothekenbank durch die Übergabe (nicht: Übereignung!) des Geldes an Curth nicht frei geworden.

### c) § 2367 BGB

46    Möglicherweise könnte die Deutsche Hypothekenbank aber mit Befreiungswirkung an Curth geleistet haben, weil diese einen Erbschein vorlegen konnte, der sie als Alleinerbin des Hagel ausweist. § 2367 Alt. 1 BGB ordnet an, dass ein Schuldner mit Befreiungswirkung an den Erbscheinserben leisten kann. Der Erbschein hilft also über die fehlende Gläubigerstellung des Scheinerben hinweg.

47    Jedoch hilft auch der Erbschein nicht über die fehlende Geschäftsfähigkeit der Curth hinweg und macht aus der geschäftsunfähigen Scheinerbin lediglich eine geschäftsunfähige Erbin, nicht aber eine geschäftsfähige Erbin. Also ist auch aufgrund des Erbscheins keine Befreiungswirkung eingetreten.

### 3. Ergebnis

48    Damit ist der Auszahlungsanspruch der Erbengemeinschaft nicht erloschen und Michael und Christa-Maria können Auszahlung des Sparguthabens von der Deutschen Hypothekenbank verlangen.

---

[14] Staudinger/*Marburger,* § 808 Rn. 4.
[15] *BGH* NJW 2000, 2103, 2105; MünchKomm/*Hüffer,* § 808 Rn. 15.

# Fall 10. Vier Geschwister

## Teil 1

Der seit 1998 geschiedene Bernhard Erb hat 1999 ein wirksames Testament errichtet, das folgenden Wortlaut hat: „Ich, Bernhard Erb, setzte meine Kinder Charlotte, David und Fabian als Erben zu gleichen Teilen ein. Meinen Sohn Erich enterbe ich und entziehe ihm den Pflichtteil wegen ehrlosen und unsittlichen Lebenswandels, weil er sich in Berlin als Drogendealer herumtreibt und deswegen nicht würdig ist, auch nur irgend etwas aus meinem Nachlass zu erhalten. Bernhard Erb".

Bernhard verstarb am 27. 5. 2010. Der Nachlass besteht aus etwa 500.000 € Wertpapiervermögen und mehreren Immobilien im Gesamtwert von etwa 2 Millionen €. Charlotte und David sind der Auffassung, dass eines der Häuser angesichts des nahenden Winters dringend eine neue Heizungsanlage benötige. Fabian hingegen möchte vor Auseinandersetzung der Erbengemeinschaft keine derartigen Investitionen vornehmen. Trotzdem beauftragen Charlotte und David den Heizungsbauer Walser mit dem Einbau eines neuen Brenners zum Preis von 15.000 €. Fabian ist der Auffassung, dass die Rechnung nicht aus dem Nachlass beglichen werden dürfe.

Nachdem Fabian seiner Schwester Charlotte gegenüber schließlich doch in die Bezahlung des Walser einwilligt und Walser das Geld namens der Erbengemeinschaft überwiesen hatte, entnahm Fabian seinerseits 9.000 € aus dem Nachlass und kaufte sich darum beim Händler Wessenberg einen schönen alten Biedermeierschrank. David, der den Schrank ebenfalls sehr schön findet, möchte, dass Fabian diesen Schrank herausgibt, weil er ihn mit Geld, das allen Erben gemeinsam gehöre, bezahlt habe. Er spekuliert darauf, auf irgendeine Art und Weise an den Schrank zu kommen. Fabian hingegen ist darüber verärgert und will nun erreichen, dass Walser die 15.000 € zurückzahlt.

Wie ist die Rechtslage?

## Teil 2

Erich, dem sein Vater kommentarlos eine Kopie des Testaments zugeschickt hatte, reichte am 3. 1. 2010 Feststellungsklage beim zuständigen Gericht ein mit dem Antrag, es möge festgestellt werden, dass der Vater nicht zur Pflichtteilsentziehung berechtigt sei.

Hat die Klage des Erich Erfolg, wenn Erich zwar ab und zu einen Joint raucht, jedoch nie mit Drogen gehandelt hat?

## Teil 3

Eines der im Nachlass befindlichen Häuser war ein Ferienhaus. Noch zu Lebzeiten ihres Vaters hatte Charlotte in ihrer Eigenschaft als Betreuerin ihres Vaters einen Makler mit dem Verkauf des Anwesens betraut. Nach mehr als 40 erfolglosen Veräußerungsversuchen bot im Mai 2010 ein Interessent einen Kaufpreis von 250.000 €, der dem Schätzwert des Anwesens entsprach.

Charlotte drängte wegen des fortschreitenden Verfalls des Ferienhauses, der zu hohen wirtschaftlichen Verwaltungsmaßnahmen führte, auf eine Veräußerung des Anwesens. Ihrer Aufforderung, dem zuzustimmen, kamen die beiden Geschwister nicht nach, weil sie damals noch eine eigene Nutzung des Ferienhauses erwogen. Der Kaufinteressent nahm aufgrund der Verwicklungen schließlich Abstand vom Erwerb des Ferienhauses.

Es wurde von den Erben im Sommer 2010 zu einem Preis von 200.000 € verkauft. Charlotte verlangt von David und Fabian, dass diese der Erbengemeinschaft den Schaden ersetzen, der durch den nicht erfolgten Verkauf im Mai 2010 entstanden ist.

Zu Recht?

## Gliederung

## Lösung

### Teil 1: Walser und Wessenberg

### I. Rückzahlungsanspruch der Erbengemeinschaft gegen Walser aus § 812 Abs. 1 S. 1 Alt. 1 BGB

Ein Anspruch der Erbengemeinschaft gegen Walser auf Rückzahlung der 15.000 € 1
könnte sich aus Leistungskondiktion, § 812 Abs. 1 S. 1 Alt. 1 BGB, ergeben. Sollte ein
derartiger Anspruch bestehen, könnte Fabian ihn allein für die Erbengemeinschaft
außergerichtlich und gerichtlich geltendmachen, § 2039 BGB.[1]

#### 1. Etwas erlangt

Voraussetzung für das Bestehen eines solchen Anspruchs ist zunächst, das Walser 2
etwas erlangt hat. Infolge der Überweisung von 15.000 € auf sein Girokonto hat Walser einen Auszahlungsanspruch in diese Höhe gegen sein kontoführendes Bankinstitut
erlangt.

#### 2. Durch Leistung

Dies ist durch Leistung der Erbengemeinschaft geschehen, denn Fabian wollte 3
durch die Überweisung für die Erbengemeinschaft deren Schulden aus dem Werkvertrag mit Walser tilgen.

#### 3. Ohne Rechtsgrund

Schließlich dürfte kein Rechtsgrund für diese Leistung vorliegen. Ein solcher könnte 4
sich aber daraus ergeben, dass die drei Erben als Erbengemeinschaft mit Walser einen
wirksamen Werkvertrag, § 631 BGB, über den Einbau einer neuen Heizungsanlage
geschlossen haben. Charlotte und David waren sich mit Walser über den Abschluss
eines entsprechenden Vertrages einig. Fraglich ist, ob diese Einigung Wirkung für und
gegen die Erbengemeinschaft hat.

Das könnte sich daraus ergeben, dass die beiden Erben die Erbengemeinschaft ver- 5
treten haben, § 164 Abs. 1 BGB. Charlotte und David haben eine Willenserklärung im
Namen der Erbengemeinschaft abgegeben. Fraglich ist jedoch, ob sie mit Vertretungsmacht gehandelt haben. Fabian hat seine Geschwister nicht bevollmächtigt. Eine
Befugnis zum Handeln für die Erbengemeinschaft könnte sich jedoch aus § 2038 BGB
ergeben. Für Maßnahmen, die zur ordnungsgemäßen Verwaltung des Nachlasses erforderlich sind, gilt in der Erbengemeinschaft das Mehrheitsprinzip, §§ 2038 Abs. 2,
745 Abs. 1 BGB. Diese Mehrheit wird von Charlotte und David gebildet. Fraglich ist
jedoch, ob der Einbau der Heizungsanlage eine Maßnahme ordnungsgemäßer Verwaltung ist. Darunter versteht man Maßnahmen, die der Beschaffenheit des Gegenstands
und dem Interesse der Erben nach billigem Ermessen entsprechen. Dazu gehören auch
Instandsetzungs- und Reparaturarbeiten.[2]

§ 2038 BGB unterscheidet nicht zwischen Geschäftsführungsbefugnis („innen") und 6
Vertretungsmacht („außen"); die Sonderregelung des § 2040 BGB gilt nur für Verfügungen. Deshalb versetzen Mehrheitsbeschlüsse die Mehrheit auch in die Lage,
die Erbengemeinschaft bei der Durchsetzung der beschlossenen Maßnahmen zu ver-

---

[1] MünchKomm/*Heldrich*, § 2039 Rn. 19.
[2] AnwK/*Ann*, § 2038 Rn. 19.

treten.[3] Damit haben Charlotte und David mit Vertretungsmacht gehandelt und konnten mit Walser einen wirksamen Werkvertrag für die Erbengemeinschaft schließen.

7 Die Leistung an Walser ist damit mit Rechtsgrund erfolgt; ein Anspruch der Erbengemeinschaft gegen Walser aus § 812 Abs. 1 S. 1 Alt. 1 BGB besteht somit nicht.

## II. Herausgabe des Schrankes, § 985 BGB

8 Die Erbengemeinschaft könnte gegen Fabian einen Anspruch auf Herausgabe des Schrankes aus § 985 BGB haben. Einen solchen Anspruch könnte David alleine für die Erbengemeinschaft geltend machen, § 2039 BGB. Voraussetzung ist, dass die Erbengemeinschaft Eigentümerin des Schrankes ist und Fabian den Schrank ohne Recht zum Besitz gegenüber der Erbengemeinschaft besitzt.

### 1. Eigentum

### a) Übereignung, § 929 S. 1 BGB

9 Ursprünglich ist der Händler Wessenberg Eigentümer des Schrankes gewesen. Er könnte Fabian den Schrank übereignet haben, § 929 S. 1 BGB. Wessenberg und Fabian waren über den Eigentumsübergang einig, Wessenberg hat den Schrank an Fabian übergeben und Wessenberg war als Eigentümer auch zur Übereignung des Schrankes berechtigt. Damit hat Fabian Eigentum an dem Schrank erworben.

### b) Dingliche Surrogation, § 2041 BGB

10 Dabei bliebe aber die Vorschrift des § 2041 BGB außer Betracht. Hiernach fällt alles, was durch ein Rechtsgeschäft erworben wird, das sich auf den Nachlass bezieht, in den Nachlass (dingliche Surrogation). Ein Erwerb durch Rechtsgeschäft liegt vor, vgl. oben. Fraglich ist, ob das Rechtsgeschäft Nachlassbezug hat. Dafür genügt nach gängiger Auffassung ein objektiver Bezug zum Nachlass, der hier in der Verwendung der Nachlassmittel liegt,[4] weil der Nachlasswert erhalten bleiben soll. Die Gegenauffassung,[5] die einen subjektiven Bezug zum Nachlass verlangt, also vorliegend den Willen des Fabian, den Schrank für den Nachlass zu erwerben, ist abzulehnen, weil ansonsten der handelnde Miterbe allein durch seine Willensrichtung den Nachlass wertmäßig schmälern könnte.

11 Offen bleiben kann die Frage, ob die Surrogation nur dann eintritt, wenn der Gegenstand, der den objektiven Nachlassbezug herstellt (Geldscheine), aus dem Nachlass ausscheiden müssen, um die Surrogation auszulösen.[6] Zwar durfte Fabian über die Geldscheine als Nachlassgegenstände nicht verfügen, § 2040 Abs. 1 BGB, aber Wessenberg konnte diese gutgläubig erwerben, §§ 929 S. 1, 932, 935 Abs. 1 und 2 BGB, so dass sie aus dem Nachlass ausgeschieden sind.

12 Infolge der Anwendung des § 2041 BGB ist ein direkter Eigentumsübergang von Wessenberg auf die Erbengemeinschaft ohne Zwischenerwerb durch Fabian erfolgt.

---

[3] BGHZ 56, 47; MünchKomm/*Dütz*, § 2038 Rn. 51; *Frank*, § 19 Rn. 16; *Leipold*, Rn. 734.
[4] AnwK/*Ann*, § 2041 Rn. 12; *Leipold*, Rn. 741; MünchKomm/*Dütz*, § 2041 Rn. 13; Soergel/*Wolf*, § 2041 Rn. 8.
[5] *Lange/Kuchinke*, § 41 IV.
[6] Dazu eingehend *Löhnig*, JA 2003, 990 ff.

## 2. Besitz, Recht zum Besitz

Fabian ist Besitzer der Kommode. Es ist kein Recht, § 986 BGB, des Fabian zum 13 Alleinbesitz der Kommode gegenüber den Miterben ersichtlich.

## 3. Ergebnis

Damit kann die Erbengemeinschaft Herausgabe des Schrankes von Fabian verlan- 14 gen, § 985 BGB.

Damit ist aber noch nicht gesagt, dass David an den Schrank gelangen kann. Schlie- 15 ßen die Geschwister keine einverständliche Auseinandersetzungsvereinbarung, in der sie sich darüber einigen, welcher Nachlassgegenstand welchem Erben zu Eigentum übertragen werden soll, so werden die Nachlassgegenstände wie Pfandsachen im Rahmen einer Versteigerung verkauft, §§ 1233 ff. BGB, und der Nachlass geteilt, §§ 2042 Abs. 2, 753 BGB. Bei der Versteigerung können auch die Geschwister mitbieten, so dass David den Schrank erwerben kann, wenn er das höchste Gebot abgibt.

## Teil 2: Feststellungsklage

## I. Zulässigkeit

Über die allgemeinen Sachurteilsvoraussetzungen hinaus erfordert die Zulässigkeit 16 der Feststellungsklage, § 256 ZPO, dass der Kläger das Bestehen oder Nichtbestehen eines Rechtsverhältnisses feststellen lassen möchte und ein Interesse an alsbaldiger Feststellung hat.

## 1. Rechtsverhältnis

Erich müsste zunächst einen Sachverhalt vortragen, aus dem sich ein Rechtsverhält- 17 nis, also eine rechtliche Beziehung von Personen untereinander oder einer Person zu einem Gegenstand,[7] ergibt. Erich hat vorgetragen, dass sein Vater ihm zu Unrecht den Pflichtteil entzogen habe. Zwischen dem Erblasser und dem potentiellen Pflichtteils-berechtigten besteht bereits zu Lebzeiten des Erblassers ein Rechtsverhältnis. Gerade aus diesem Rechtsverhältnis ergibt sich auch die Berechtigung des Erblassers zur Ent-ziehung des Pflichtteils als ein bereits zu Lebzeiten des Erblassers bestehendes und nicht etwa vom Tode des Erblassers abhängiges zukünftiges Recht.[8]

Mit Hilfe der Feststellungsklage kann nicht nur das Bestehen oder Nichtbestehen 18 des Rechtsverhältnisses insgesamt, sondern auch das Bestehen oder Nichtbestehen einzelner Rechte aus diesem Rechtsverhältnis begehrt werden. Ein solches Recht ist das Recht zur Pflichtteilsentziehung.

## 2. Feststellungsinteresse

Fraglich ist jedoch, ob Erich ein Interesse an alsbaldiger Feststellung hat. Die 19 Pflichtteilsentziehung wirkt nämlich erst mit dem Tod des Erblassers, dessen Zeit-punkt völlig ungewiss ist. Dabei bliebe aber außer Betracht, dass der Pflichtteilsbe-rechtigte bereits vor dem Erbfall Verträge über sein Pflichtteil abschließen kann, § 311 b Abs. 5 BGB. Außerdem kann er einen Erb- und Pflichtteilsverzichtsvertrag mit dem Erblasser abschließen, § 2346 BGB. Deshalb hat der Pflichtteilsberechtigte bereits

---

[7] BGHZ 22, 46.
[8] *BGH* JA 2004, 701 m. Anm. *Löhnig.*

zu Lebzeiten des Erblassers ein Interesse an der alsbaldigen Feststellung, dass der Erblasser nicht zur Pflichtteilsentziehung berechtigt sei.[9] Die Feststellungsklage ist damit zulässig.

## II. Begründetheit

20   Die Klage ist begründet, wenn der Beklagte, Bernhard Erb, nicht dazu berechtigt ist, seinem Sohn Erich den Pflichtteil, § 2303 BGB, zu entziehen. Die Pflichtteilsentziehungsgründe sind abschließend in § 2333 BGB aufgezählt. Als Pflichtteilsentziehungsgrund in Betracht kommt hier der ehrlose und unsittliche Lebenswandel des Erich gegen den Willen seines Vaters, den § 2333 Nr. 5 BGB in der bis 31. 12. 2009 geltenden Fassung kannte. Schutzgut ist bei diesem Pflichtteilsentziehungsgrund die Familienehre.[10] Jedoch kommt es für die Entziehung des Pflichtteils nicht auf die Rechtslage bei Errichtung des Testaments, sondern auf diejenige zum Zeitpunkt des Erbfalls an. Durch die zum 1. 1. 2010 in Kraft getretene Erbrechtsreform wurde der Entziehungsgrund des § 2333 Nr. 5 BGB gestrichen.[11] Folglich war § 2333 Nr. 5 BGB am 27. 5. 2010 (Erbfall) nicht mehr in Geltung.

21   Die Klage des Erich ist damit nicht nur zulässig, sondern auch begründet.

## Teil 3: Schadensersatzanspruch aus §§ 2038 Abs. 1 S. 2, 280 Abs. 1 BGB

22   Ein Schadenersatzanspruch der Erbengemeinschaft gegen David und Fabian könnte sich aus §§ 2038 Abs. 1 S. 2, 280 Abs. 1 BGB ergeben; diesen Anspruch kann Charlotte für die Erbengemeinschaft außergerichtlich und gerichtlich geltend machen, § 2039 BGB.

### I. Pflichtverletzung

23   Voraussetzung dafür wäre, dass David und Fabian durch die Nichterteilung ihrer Zustimmung zum Verkauf des Ferienhauses schuldhaft ihre Pflicht aus § 2038 Abs. 1 S. 2 BGB verletzt haben, an Maßnahmen mitzuwirken, die zur ordnungsgemäßen Verwaltung erforderlich sind, die sich aus dem gesetzlichen Schuldverhältnis ergeben könnten, das die Miterben miteinander verbindet.

#### 1. Verwaltungsmaßnahme

24   Zu prüfen ist deshalb zunächst, ob es sich beim Verkauf des Hauses überhaupt um eine Verwaltungsmaßnahme im Sinne des § 2038 BGB handelt. Verwaltungsmaßnahmen sind alle Maßnahmen, die zur Sicherung, Erhaltung, Vermehrung, Nutzungsziehung und Bestreitung laufender Verbindlichkeiten dienen.[12] Dazu kann auch die Veräußerung eines Nachlassgegenstands gehören.

#### 2. Wesentliche Veränderung

25   Die Mitwirkungspflicht besteht jedoch nicht, wenn die Maßnahme in einer wesentlichen Veränderung des Gegenstands besteht,[13] §§ 2038 Abs. 2 S. 1, 745 Abs. 3 S. 1

---

[9] MünchKomm/*Leipold,* § 1922 Rn. 80; MünchKomm/*Lange,* § 2333 Rn. 4; a. A. Soergel/*Dieckmann,* vor § 2333 Rn. 4.

[10] BGHZ 76, 109; MünchKomm/*Lange,* § 2333 Rn. 14.

[11] *Klinger/Mörtl,* NJW-Spezial 2009, 503.

[12] *BGH* FamRZ 1965, 267.

[13] *BGH* NJW 1989, 2542.

BGB. Die Entscheidung dieser Frage hängt davon ab, ob „Gegenstand" der betreffende Nachlassgegenstand[14] oder der Nachlass insgesamt[15] ist. Die Veräußerung eines Nachlassgegenstands ist nämlich sicherlich eine wesentliche Veränderung dieses Gegenstands, nicht zwingend aber auch des gesamten Nachlasses. Aus dem Kontext der Verweisung des § 2038 Abs. 2 S. 1 BGB auf die Regeln der Gemeinschaft ergibt sich, dass an die Stelle des Gegenstands der Gemeinschaft in §§ 743, 745, 746, 748 BGB der Nachlass insgesamt tritt. Außerdem wäre ansonsten die Verfügung über jeden auch ganz untergeordneten Nachlassbestandteil wie etwa einige verderbliche Gegenstände niemals eine Maßnahme ordnungsgemäßer Verwaltung.

Zu prüfen ist also, ob die Veräußerung des Ferienhauses den Nachlass insgesamt **26** wesentlich verändert. Das ist der Fall, wenn der Nachlass in seiner Gestalt oder Zweckbestimmung einschneidend verändert würde. Davon kann bei der Veräußerung eines von mehreren Nachlassgrundstücken mit im Vergleich zum Gesamtnachlass geringem Wert nicht ausgegangen werden.

### 3. Zur ordnungsgemäßen Verwaltung erforderlich

Für das Bestehen einer Zustimmungspflicht ist schließlich noch zu prüfen, ob die **27** Maßnahme zur ordnungsgemäßen Verwaltung des Nachlasses erforderlich war. Die Ordnungsmäßigkeit einer Maßnahme beurteilt sich nach objektiven Kriterien der Vernunft. Das Haus verfiel zunehmend, erlitt also fortschreitend einen Wertverlust, und musste überdies mit hohen Kosten erhalten werden. Der Verkauf hätte diesen Wertverlust gestoppt und die Verwaltungskosten erspart, zumal der Interessent einen marktgerechten Preis für das Haus geboten hätte. Damit war die Maßnahme zur ordnungsgemäßen Verwaltung erforderlich (a. A. vertretbar).

### 4. Ergebnis

Die Veräußerung des Ferienhauses war eine Maßnahme, die zur ordnungsgemäßen **28** Verwaltung des Nachlasses erforderlich und deshalb nach § 2038 Abs. 1 S. 2 BGB zustimmungspflichtig war. Diese Zustimmungspflicht haben David und Fabian verletzt.

## II. Vertretenmüssen

Diese Pflichtverletzung müssen David und Fabian auch vertreten, denn sie tragen **29** nichts zur Widerlegung der Vermutung des § 280 Abs. 1 S. 2 BGB vor.

## III. Rechtsfolge

David und Fabian schulden der Erbengemeinschaft damit Schadenersatz, §§ 249 ff. **30** BGB. Sie müssen die Erbengemeinschaft so stellen, wie sie ohne Begehung der Pflichtverletzung stünde, § 249 Abs. 1 BGB. In diesem Fall wäre des Vermögen der Erbengemeinschaft um 50.000 € höher, weil sie 250.000 € statt nur 200.000 € aus dem Verkauf des Ferienhauses erlöst hätte. Diesen Differenzbetrag müssen David und Fabian der Erbengemeinschaft ersetzen.

---

[14] Soergel/*Wolf*, § 2038 Rn. 9; *Schlüter*, Erbrecht, Rn. 672.
[15] *BGH* JA 2006, 328 m. Anm. *Löhnig; Brox/Walker*, Erbrecht, Rn. 492; Staudinger/*Langhein*, § 745 Rn. 10, 42.

# Fall 11. Wer bekommt das Unternehmen?

## Teil 1

Peter Paltz, Jürgen Fischer und Theresa Wabert sind gleichberechtigte Teilhaber der „Paltz, Fischer und Wabert OHG". Im Gesellschaftsvertrag aus dem Jahre 1994 findet sich unter anderem folgende Regelung:

> „5.1. Beim Tod eines Gesellschafters wird die Gesellschaft von den überlebenden Gesellschaftern gemeinsam mit den an Stelle des verstorbenen Gesellschafters hinzukommenden Personen fortgeführt.
>
> 5.2. Verstirbt der Gesellschafter Paltz, so treten seine Erben in die Gesellschafterstellung ein.
>
> 5.3. Verstirbt der Gesellschafter Fischer, so fällt sein Gesellschaftsanteil unter Ausschluss jeglicher Abfindungsansprüche der Erben Herrn Sebastian Fischer, dem Bruder des Gesellschafters, zu."

**Bearbeitervermerk:**

1. Angenommen, Peter Paltz verstirbt und hat seine beiden Söhne Maximilian und Franz-Xaver testamentarisch zu Erben zu je ½ eingesetzt. Welche Auswirkungen hat dieser Umstand auf die OHG?
2. Angenommen, Jürgen Fischer verstirbt und hat mit letztwilliger Verfügung aus dem Jahre 1999 seine Frau Corinna zur Alleinerbin eingesetzt. Welche Auswirkungen hat dieser Umstand auf die OHG?

## Teil 2

Der Unternehmer Fritz Bergbauer hat mit seiner Frau Anja Regenschirm 1993 folgendes gemeinschaftliche Testament wirksam errichtet: „Wir setzen uns gegenseitig zu Alleinerben ein. Nach dem Tode des Letztversterbenden soll mein Unternehmen dasjenige Kind aus der ersten Ehe meiner Frau Anja Regenschirm fortführen, das nach Auffassung meines Prokuristen Stenzel am besten hierzu geeignet ist. Diese Regelungen sollen miteinander stehen und fallen und unabhängig von unserer Ehe Bestand haben".

Im Januar 2000 lassen sich Fritz Bergbauer und Anja Regenschirm scheiden. In der Folgezeit entfremdet Fritz Bergbauer sich zunehmend von den Kindern seiner geschiedenen Frau, die sich nur selten bei ihrem ehemaligen Stiefvater melden. Im Sommer 2004 verstirbt Anja Regenschirm. Im Herbst 2005 errichtet Bergbauer ein Testament, in dem er seinen im Thurgau/CH lebenden Bruder Heinrich zum Alleinerben einsetzt.

Fritz Bergbauer verstirbt am 3. 1. 2006. Als einzigen Angehörigen hinterlässt er seinen Bruder Heinrich. Der Nachlass besteht weitestgehend aus dem Unternehmen Bergbauer-Technics Konstanz, einem großen Hersteller von Airbags. Der Prokurist Stenzel wählt von den beiden Kindern der Anja Regenschirm, Theresa und Johannes, am 10. 1. 2006 die in Kalifornien lebende Tochter Theresa aus. Diese hat ein Jurastudium abgeschlossen und zugesagt, ihren Wohnsitz nach Deutschland zu verlegen, um das Unternehmen fortzuführen.

Diese Entscheidung teilt er noch am gleichen Tag Theresa, Johannes und Heinrich mit. Mit der Entscheidung ist weder Heinrich noch Johannes einverstanden. Heinrich möchte als Alleinerbe selbst das Unternehmen fortführen, hat die Geschäfte übernommen und den mit ihm nicht kooperierenden Prokuristen Stenzel entlassen. Heinrich hält das Testament von 1993 nämlich für unwirksam. Anja Regenschirms Sohn Johannes betreibt seit Jahren erfolgreich einen Videoverleih und reklamiert für sich jahrelange unternehmerische Erfahrung, über die seine „verstrebte Schwester" nicht verfüge.

1. Wie ist die Rechtslage?

Um einen Überblick über den Zustand von Bergbauer-Technics zu gewinnen, beauftragte Heinrich Bergbauer im April 2006 die Wirtschaftsprüfungsgesellschaft Zuckerschütter & Partner mit einer umfassenden Analyse des Unternehmens. Am 17. 5. 2006 übermittelt ihm Zuckerschütter & Partner seinen Bericht. Daraus ergab sich, dass Bergbauer-Technics aufgrund des immensen Preisdrucks im Bereich der Automobilzulieferung marode und völlig überschuldet ist. Damit hatte Heinrich Bergbauer, dem Bergbauer-Technics im Lichte der Schilderungen des Stenzel als solides Unternehmen erschien, nicht gerechnet.

Er lenkt deshalb im Streit mit Theresa über die Fortführung des Unternehmens ein und bietet Theresa die sofortige Übernahme der Unternehmensführung an. Als ihm Theresa, die von dem Bericht Kenntnis erhalten hat, jedoch am 26. 6. 2006 mitteilt, sie wolle mit einem derartig verschuldeten Unternehmen nichts zu tun haben, sondern sich vielmehr nach Kalifornien zurückbegeben, um dort Kraft zu tanken, will auch Heinrich Bergbauer mit der ganzen Erbschaft nichts mehr zu tun haben.

2. Was kann er tun?

## Gliederung

## Lösung

**Teil 1: Paltz, Fischer und Wabert OHG**

**Frage 1: Tod des Paltz**

### I. Ausgangslage

1    Grundsätzlich führt der Tod eines Gesellschafters zu dessen Ausscheiden, § 131 Abs. 3 S. 1 Nr. 1 HGB, und dem Anwachsen des Anteils bei den anderen Gesellschaftern, §§ 105 Abs. 3 HGB, 738 Abs. 1 BGB. Aus Ziff. 5.1. und 5.2. des Gesellschaftsvertrags könnte sich jedoch ergeben, dass Maximilian und Franz Xaver in die Gesellschafterstellung des Paltz eingerückt sind.

### II. Vererblichkeit der Gesellschafterstellung

2    Die Erben des Paltz rücken in die Gesellschafterstellung ein, wenn die Gesellschafterstellung in Abweichung von §§ 105 Abs. 3 HGB, 738 Abs. 1 BGB im Gesellschaftsvertrag vererblich gestellt wurde. Dazu ist eine sog. „erbrechtliche Nachfolgeklausel" erforderlich. Für eine Nachfolgeklausel im Gegensatz zu einer bloßen „Eintrittklausel", die lediglich ein Recht auf Eintritt in die Gesellschaft gewährt, vgl. unten Rn. 5, spricht der Wortlaut der Ziff. 5.2. („treten ... ein"). Außerdem hätte eine Eintrittsklausel ohne Abfindungsregelung zur Folge, dass die Gesellschaft mit erheblichen Abfindungsansprüchen belastet wird, wenn die Begünstigten ihr Eintrittsrecht nicht wahrnehmen. Mit dem Tod des Paltz treten Maximilian und Franz-Xaver in die Gesellschafterstellung ihres Vaters ein.

### III. Sondererbfolge

3    Allerdings tritt nicht die Erbengemeinschaft aus Maximilian und Franz Xaver als Gesellschafter in die OHG ein, sondern Maximilian und Franz-Xaver werden in Abweichung von § 1922 Abs. 1 BGB im Wege der Sonderrechtsnachfolge[1] jeweils Gesell-

---

[1] MünchKomm/*Leipold*, § 1922 Rn. 60; *Leipold*, Rn. 590 ff.

schafter zu je ¹/₆. Die Haftungsstruktur einer Erbengemeinschaft, deren Mitglieder vor Auseinandersetzung nur beschränkt haften, § 2059 S. 1 BGB, und auch ansonsten ihre Haftung beschränken können, §§ 1975 ff. BGB, verträgt sich nämlich nicht mit der unbeschränkbaren Gesellschafterhaftung nach § 128 HGB.

### Frage 2: Tod des Jürgen Fischer

### I. Nachfolge des Sebastian Fischer in den OHG-Anteil

Im Gesellschaftsvertrag ist bestimmt, dass Sebastian mit dem Tode des Jürgen Gesellschafter werden soll (gesellschaftsvertragliche Nachfolgeklausel). An dieser Vereinbarung war Sebastian jedoch nicht beteiligt, sie wurde nur zwischen den Gesellschaftern geschlossen. Fraglich ist deshalb, ob diese Klausel wirksam ist. Möglicherweise kann es sich bei dieser Klausel um eine Vereinbarung zu Gunsten Dritter handeln, § 328 BGB. Der Eintritt in eine Gesellschafterstellung bringt nicht nur Vorteile, sondern auch rechtliche Nachteile in Form von Gesellschafterpflichten mit sich. Deshalb ist sie als Vereinbarung zu Lasten Dritter unwirksam. Sebastian wird also mit dem Tode des Jürgen nicht Gesellschafter. **4**

### II. Umdeutung, § 140 BGB

Zu prüfen ist, ob das Gestaltungsziel des Jürgen Fischer und der anderen Gesellschafter, Sebastian zum Mitgesellschafter zu machen, auf andere Weise wirksam erreicht werden kann. In Betracht kommt eine Umdeutung dieser unwirksamen rechtsgeschäftlichen Nachfolgeklausel in eine wirksame Eintrittsklausel, § 140 BGB. Bei einer Eintrittsklausel handelt es sich um eine Vereinbarung ausschließlich zugunsten des Dritten, weil dieser das Recht erhält, durch Abgabe einer Willenserklärung gegenüber den anderen Gesellschaftern im Wege des Abschlusses eines Aufnahmevertrags Gesellschafter zu werden. Diese wirksame Klausel ist gleichsam als Minus in der unwirksamen Nachfolgeklausel enthalten und es ist anzunehmen, dass die Gesellschafter bei Kenntnis der Nichtigkeit der Nachfolgeklausel eine derartige Eintrittsklausel in den Gesellschaftsvertrag aufgenommen hätten. **5**

Sebastian hat also das Recht, in die Gesellschaft einzutreten. Der Gesellschaftsanteil des Jürgen wächst nach dessen Ausscheiden, § 131 Abs. 3 S. 1 Nr. 1 HGB, zunächst den beiden Mitgesellschaftern zu, §§ 105 Abs. 3 HGB, 738 Abs. 1 BGB, und Sebastian hat einen Anspruch auf Abschluss eines Aufnahmevertrages gegen Paltz und Wabert. Tritt Sebastian nicht ein, so bleibt es bei den Wirkungen der §§ 105 Abs. 3 HGB, 738 Abs. 1 BGB. **6**

### III. Rechtsposition der Corinna

### 1. Gesellschafterposition

Ein OHG-Anteil ist grundsätzlich nicht vererblich, vgl. oben, sondern muss im Gesellschaftsvertrag vererblich gestellt werden. Das ist vorliegend nicht erfolgt, so dass Corinna als Erbin des Jürgen jedenfalls nicht Gesellschafterin wird. **7**

### 2. Abfindungsanspruch

Möglicherweise hat sie jedoch schuldrechtliche Ansprüche gegen die offene Handelsgesellschaft. Scheidet ein Gesellschafter aus der Gesellschaft aus, so hat er einen Abfindungsanspruch. Geschieht das Ausscheiden durch Tod, so steht der Abfindungs- **8** anspruch den Erben zu, hier also Corinna, § 1922 BGB, §§ 105 Abs. 3 HGB, 738 Abs. 1 BGB.

9   Ein solcher Abfindungsanspruch besteht jedoch nur dann, wenn er nicht wirksam im Gesellschaftsvertrag ausgeschlossen worden ist. Ein solcher Ausschluss ist zum Schutz der Gesellschaft vor hohen finanziellen Belastungen grundsätzlich möglich.[2] Zur Sittenwidrigkeit des Ausschlusses ist nichts ersichtlich. Deshalb hat Corinna auch keine Zahlungsansprüche gegen die offene Handelsgesellschaft.

> **Hinweis:** Auch ansonsten bestehen keine Ansprüche der Corinna. Zwar beruht die Einräumung eines Eintrittsrechts in die Gesellschaft auf einer Schenkung, § 516 BGB, des Jürgen Fischer an Sebastian als causa. Die versprochene Leistung wurde jedoch bereits mit Einräumung des Eintrittsrechts, nicht erst mit Ausübung dieses Rechts durch Sebastian bewirkt, so dass sich nicht etwa Rechte der Corinna als Erbin des Jürgen im Hinblick auf einen formnichtigen Gesellschaftsvertrag ergeben, §§ 518 Abs. 2 BGB.

## Teil 2: Bergbauer-Technics

### Frage 1: Fortführung des Unternehmens

#### I. Testament 2005

##### 1. Errichtung, Inhalt

10   Die Rechtslage nach dem Tod des Fritz Bergbauer könnte sich nach dem von Fritz im Jahr 2005 wirksam errichteten Testament richten. Hiernach ist der Bruder des Erblassers, Heinrich, Alleinerbe und kann als solcher das Unternehmen ohne weiteres fortführen.

##### 2. Bindungswirkung des Testaments 1993

###### a) Wechselbezügliche Verfügungen

11   Einer Geltung der Erbeinsetzung des Heinrich könnte jedoch die Bindungswirkung von wechselbezüglichen Verfügungen aus dem Ehegattentestament von 1993 entgegenstehen, § 2271 BGB. In dem gemeinschaftlichen Testament setzen sich Fritz und Anja gegenseitig zu Alleinerben ein und wenden nach dem Tode des Letztversterbenden einem der Kinder der Anja das Unternehmen zu. Diese letztwilligen Verfügungen sollen nach dem Willen von Anja und Fritz „miteinander stehen und fallen", so dass es sich um wechselbezüglicher Verfügungen, § 2270 Abs. 1 BGB, handelt. Derartige wechselbezügliche Verfügungen können nicht durch eine neue Verfügung von Todes wegen einseitig aufgehoben werden, § 2271 Abs. 1 S. 2 BGB. Das Recht des Fritz zum Widerruf ist vielmehr mit dem Tod der Anja erloschen, § 2271 Abs. 2 S. 1 BGB.

###### b) Einfluss der Ehescheidung

12   Etwas anderes könnte jedoch möglicherweise aufgrund der Scheidung der Ehe von Anja und Fritz im Januar 2000 gelten. Infolge einer Ehescheidung wird ein gemeinschaftliches Testament grundsätzlich insgesamt unwirksam, §§ 2268 Abs. 1, 2077 Abs. 1 BGB. Allerdings haben Anja und Fritz in ihrem Testament ausdrücklich angeordnet, dass ihr gemeinschaftliches Testament auch für den Fall der Ehescheidung Bestand haben solle. Deshalb tritt die Unwirksamkeit nicht ein, § 2268 Abs. 2 BGB.

---

[2] Vgl. nur MünchKomm/*Leipold*, § 1922 Rn. 70.

Fraglich ist jedoch, ob die Verfügungen auch ihre Wechselbezüglichkeit über die  **13**
Scheidung hinaus behalten oder ob sie nunmehr wieder durch einseitige Verfügung
von Todes wegen aufgehoben werden können. Vielfach[3] wird angenommen, die Wechselbezüglichkeit ende mit der Ehescheidung, weil die Ehegatten ab diesem Zeitpunkt
auch keine wechselbezüglichen Verfügungen mehr errichten können. Gegen diese
Auffassung spricht jedoch, dass eine derartige Beschränkung der Fortgeltung dem
Wortlaut des § 2268 Abs. 2 BGB nicht zu entnehmen ist; auch § 2268 Abs. 1 BGB unterscheidet bei seiner Unwirksamkeitsanordnung nicht zwischen einseitigen und
wechselbezüglichen Verfügungen.[4]

Damit hat die Ehescheidung keinen Einfluss auf die Wechselbezüglichkeit und Fritz  **14**
kann seine Verfügungen aus dem Jahre 1993 nicht durch Testament widerrufen.

## II. Testament 1993

Die Erbfolge richtet sich somit nach dem wirksam errichteten Testament von 1993.  **15**
Fritz Bergbauer hat in diesem Testament angeordnet, dass nach seinem Tode das hier-
für am besten geeignete Kind der Anja Regenschirm das Unternehmen fortführen soll.
Fraglich ist, wie diese letztwillige Verfügung zu verstehen ist.

### 1. Erbeinsetzung oder Vermächtnis

Zunächst ist zu überlegen, ob es sich um eine Erbeinsetzung oder ein Vermächtnis  **16**
handelt. § 2087 Abs. 2 BGB geht davon aus, dass die Zuwendung eines einzelnen Gegenstandes, hier des Unternehmens, im Zweifel als Vermächtnis anzusehen ist.

Diese Zweifelsregelung kann jedoch nur Anwendung finden, wenn im Wege der  **17**
Auslegung des Testaments, § 133 BGB, kein eindeutiges Ergebnis erzielt werden
kann. Vorliegend macht das Unternehmen praktisch das gesamte Vermögen des Fritz
Bergbauer aus. Soll eine Person jedoch praktisch das gesamte Vermögen erhalten[5] und
über dies Unternehmensnachfolger werden, so kann dieses Ziel nur dadurch erreicht
werden, dass diese Person dinglich am Nachlass beteiligt wird und gleichsam in die
Fußstapfen des Erblassers tritt. Es ist als so erforderlich, dass diese Person Erbe wird.
Das geeignete Kind der Anja erbt „das Unternehmen", ist also Alleinerbe des Bergbauer.

### 2. Höchstpersönlichkeit

Fraglich ist jedoch, ob eine derartige Anordnung, die dem Prokuristen Stenzel die  **18**
Auswahl des am besten geeigneten Kindes überlässt, wirksam sein kann. In Betracht
kommt hier ein Verstoß gegen den Grundsatz materieller Höchstpersönlichkeit,
§ 2065 BGB. Dieser Grundsatz besagt, dass der Erblasser selbst festlegen muss, wer
etwas aus seinem Nachlass erhält, vorliegend also, wer ihn beerbt. Andernfalls ist die
letztwillige Verfügung nichtig.

Eine Verfügung, mit der ein Erblasser die Auswahl des Erben oder des Erbteils  **19**
einem von ihm selbst bestimmten Dritten überlässt, ist dann mit § 2065 Abs. 2 BGB
vereinbar, wenn der Erblasser die Auswahlkriterien so genau bestimmt hat, dass
dem Dritten kein Entscheidungs- oder Ermessensspielraum mehr offen steht.[6] Hier
steht dem Stenzel zwar Ermessen zu, dieses Ermessen ist jedoch an bestimmte Krite-

---

[3] Erman/*Schmidt*, § 2268 Rn, 5; Staudinger/*Kanzleiter*, § 2268 Rn. 121; *Leipold*, Rn. 458.
[4] *BGH* JA 2005, 3 m. Anm. *Löhnig.*
[5] Prütting/Wegen/Weinreich/*Löhnig*, § 2087 Rn. 5.
[6] *BGH* NJW 1955, 100: nur Bezeichnung, keine Bestimmung; *BayObLG* NJW 1999, 1119.

rien („am besten hierzu geeignet ist") gebunden. Die Rechtsprechung[7] hält dies trotzdem für einen Verstoß gegen § 2065 Abs. 2 BGB, während in der Literatur geltend gemacht wird, dass derlei Klauseln für Unternehmertestamente möglich sein müssen. Dieser Auffassung ist aber aufgrund der Existenz anderer Gestaltungsmöglichkeiten, mit deren Hilfe ein Unternehmer sein Ziel erreichen kann, vgl. Rn. 22 f., nicht zu folgen.

20    Die Erbeinsetzung des am besten geeigneten Kindes ist somit unwirksam, § 2065 Abs. 2 BGB, und die von Stenzel ausgewählte Theresa Regenschirm nicht Alleinerbin des Fritz Bergbauer.

### III. Gesetzliche Erbfolge

21    Mangels letztwilliger Verfügung greifen somit die Regeln zur gesetzlichen Erbfolge. Bergbauer hat keine Abkömmlinge hinterlassen, so dass es an Erben erster Ordnung, § 1924 Abs. 1 BGB, fehlt. Damit kommen die Erben zweiter Ordnung, § 1925 Abs. 1 BGB, zum Zuge. Einziger Erbe zweiter Ordnung ist der Bruder des Erblassers, Heinrich Bergbauer, der damit gesetzlicher Alleinerbe wird.

### IV. Umdeutung

22    Zu prüfen ist jedoch, ob dem Gestaltungsziel des Erblassers, das am besten geeignete Kind der Anja Regenschirm als Unternehmensnachfolger zu installieren, nicht auf andere Weise Rechnung getragen werden kann. In Betracht kommt eine Umdeutung der unwirksamen Erbeinsetzung, § 140 BGB, in ein Auswahlvermächtnis, § 2151 BGB. Für dieses Auswahlvermächtnis gelten nicht die engen Regeln materieller Höchstpersönlichkeit aus § 2065 BGB. Hier kann der Prokurist tatsächlich nach eigenem Ermessen den am besten geeigneten Kandidaten auswählen.

23    Hätte der Bergbauer bei Errichtung seines Testaments gewusst, dass die von ihm ausgesprochene Erbeinsetzung nicht wirksam ist, so hätte er ein derartiges Auswahlvermächtnis ausgesetzt, so dass eine Umdeutung möglich ist. Die vom Prokuristen ausgewählte Theresa Regenschirm hat damit einen schuldrechtlichen Anspruch, § 2174 BGB, gegen den Alleinerben Heinrich Bergbauer auf Übertragung aller Rechte und Herausgabe aller mit dem Unternehmen zusammenhängenden Gegenstände.

### V. Überprüfung der Entscheidung des Prokuristen

24    Möglicherweise könnte sich jedoch etwas anderes daraus ergeben, dass der Prokurist Stenzel sein Recht zur Auswahl des am besten geeigneten Kindes fehlerhaft ausgeübt hat, weil Johannes der geeignetere Kandidat war. Zu prüfen ist deshalb, ob die Auswahl des Prokuristen einer Kontrolle unterliegt.

25    Nach gängiger Auffassung kann auf die Regel des § 319 BGB zurückgegriffen werden. Die Benennung durch den Dritten unterliegt in analoger Anwendung des § 319 Abs. 1 S. 2 der gerichtlichen Überprüfung nur, wenn sie grob unbillig ist.[8] Vorliegend erscheint es jedoch nicht offenbar unbillig, die Juristin dem Inhaber des Videoverleihs vorzuziehen, so dass die Bestimmung des Vermächtnisnehmers durch den Prokuristen wirksam ist.

---

[7] *BGH* NJW 1965, 2201.
[8] Prütting/Wegen/Weinreich/*Löhnig*, § 2065 Rn. 12.

**Frage 2: Handlungsmöglichkeiten des Heinrich Bergbauer**

## I. Ausschlagung

Heinrich möchte mit der Erbschaft nichts mehr zu tun haben, also nicht mehr Erbe **26** seines Bruders sein. Deshalb ist zu prüfen, ob er die kraft Gesetzes anfallende Erbschaft noch ausschlagen kann. Die Ausschlagung einer Erbschaft ist grundsätzlich binnen sechs Wochen ab Kenntnis von Anfall und Grund der Berufung zum Erben möglich und muss durch eine Erklärung gegenüber dem Nachlassgericht erfolgen, §§ 1944 Abs. 1, 1945 BGB. Für Heinrich Bergbauer, der sich bei Fristbeginn im Ausland aufgehalten hat, gilt die Sonderregelung des § 1944 Abs. 3 BGB: Für ihn beträgt die Ausschlagungsfrist sechs Monate.

Wann Heinrich Kenntnis von Anfall und Grund der Berufung zum Erben erlangt **27** hat, ist nicht bekannt. Nimmt man den frühest möglichen Termin, den Todestag des Fritz an, so beginnt die Sechsmonatsfrist am 4. 1. 2006 um 0.00 Uhr, § 187 Abs. 1 BGB, und endet am 3. 7. 2006 um 24.00 Uhr, § 188 Abs. 2 BGB. Heinrich konnte daher nach Erhalt der Unternehmensanalyse und der Ablehnung der Übernahme des Unternehmens durch Theresa die Erbschaft noch ausschlagen.

Allerdings ist die Ausschlagung nicht nur dann ausgeschlossen, wenn die Frist des **28** § 1944 BGB verstrichen ist, sondern auch dann, wenn der Erbe die Erbschaft bereits vor Fristablauf angenommen hat, § 1943 BGB. Die Annahme ist eine rechtsgestaltende, nicht empfangsbedürftige Willenserklärung,[9] die den Anfall der Erbschaft kraft Gesetzes bestätigt und den bislang vorläufigen Erbschaftserwerb in einen endgültigen Erwerb umwandelt. Heinrich hat den Nachlass in Besitz genommen und führt unter Berufung auf seine Erbenstellung das Unternehmen fort. Außerdem hat er mit der Entlassung des Stenzel eine wichtige Personalentscheidung getroffen; auf diese Weise hat er deutlich gemacht, dass er endgültig Erbe sein möchte und somit konkludent die Annahme der Erbschaft erklärt. Damit scheidet eine Ausschlagung der Erbschaft aus.

## II. Anfechtung der Annahme

Nachdem es sich bei der Annahme um eine Willenserklärung handelt, kommt **29** eine Anfechtung der Annahme in Betracht. Die Folge der Anfechtung ergibt sich bei dieser Willenserklärung jedoch nicht aus § 142 Abs. 1 BGB, sondern aus den Sonderregelungen der §§ 1953, 1957 BGB: Die Anfechtung der Annahme wird als Ausschlagung angesehen, und infolge dieser Ausschlagung ist so zu verfahren, als sei der Anfall der Erbschaft an den Ausschlagenden niemals erfolgt. Heinrich Bergbauer kann also im Wege der Anfechtung der Annahme tatsächlich den Zustand herstellen, dass er so zu behandeln ist, als sei er niemals Erbe des Fritz Bergbauer gewesen.

### 1. Anfechtungsgrund

Dazu bedürfte es zunächst eines Anfechtungsgrundes. Nachdem im Erbrecht für die **30** Anfechtung der Annahme insoweit keine Sonderregelungen bestehen, kann auf die Regelungen des Allgemeinen Teils zurückgegriffen werden. In Betracht kommt hier ein Irrtum über eine wesentliche Eigenschaft des Nachlasses, § 119 Abs. 2 BGB, der insoweit als „Sache" im Sinne des § 119 BGB anzusehen ist.[10]

---

[9] MünchKomm/*Leipold*, § 1943 Rn. 3.
[10] *BayObLG* NJW 2003, 216, 221.

**31**   Eigenschaft ist jeder Wert bildende Faktor, so auch die Überschuldung des den Nachlass bildenden Unternehmens. Außerdem muss der Irrtum kausal für die Abgabe der Willenserklärung gewesen sein, § 119 Abs. 2 und 1 BGB. Hätte Heinrich Bergbauer die Überschuldung des Nachlasses gekannt, so hätte er die Erbschaft nicht angenommen. Kausalität liegt damit vor.

### 2. Anfechtungsfrist; Anfechtungserklärung

**32**   Für die Anfechtungsfrist findet sich eine Sonderregelung in § 1954 Abs. 1 BGB: Die Anfechtung der Annahme kann nur binnen sechs Wochen erfolgen, wobei die Frist in dem Zeitpunkt beginnt, in dem der Anfechtungsberechtigte vom Anfechtungsgrund Kenntnis hat. Hier ist jedoch zu beachten, dass Heinrich Bergbauer sich bei Beginn der Frist im Ausland aufgehalten hat, so dass die Frist wiederum sechs Monate beträgt, § 1954 Abs. 3 BGB. Der Lauf der Anfechtungsfrist begann mit Erhalt der Unternehmensanalyse, also am 18. 5. 2006 um 0.00 Uhr, § 187 Abs. 1 BGB, und endete am 17. 11. 2006 um 24.00 Uhr. Innerhalb dieser Frist kann Heinrich Bergbauer die Annahme der Erbschaft durch Erklärung gegenüber dem Nachlassgericht anfechten, §§ 1955, 1945 BGB. Soweit er die Frist einhält, kann er also tatsächlich die Erbschaft „loswerden".

### III. Erbrecht des Fiskus

**33**   Nachdem Heinrich Bergbauer der einzige Verwandte des Erblassers war, wird nach einer erfolgreichen Anfechtung der Annahme der Erbschaft durch Heinrich Bergbauer das Land Baden-Württemberg Erbe, § 1936 BGB.

# Fall 12. Unterhaltung über Unterhalt

Sachverhalt

Der vermögende Fernsehmoderator Bertram Blecheisen kommt in die Anwalts-kanzlei der Rechtsanwältin Felber und klagt dieser sein Leid:

„Ich bin ein prinzipieller Gegner der Monogamie, die ich für eine zivilisatorische Degenerationserscheinung halte. Allerdings ist die gesamte staatliche Ordnung darauf ausgerichtet, Menschen wie mich von einem ursprünglichen Leben abzuhalten und zur Ordnung zu rufen.

Vor gut fünfundzwanzig Jahren, damals in der alten Bundesrepublik, habe ich mit Gisela einen Sohn namens Oliver gezeugt. In Unkenntnis der Konsequenzen und wohl auch aus Eitelkeit habe ich die Vaterschaft für Oliver anerkannt. Der Junge hat sich zu einem totalen Spießer entwickelt und nach Abitur und Wehrdienst eine Bank-lehre gemacht. Und jetzt kommt das Beste: Er will jetzt auch noch Jura studieren und verlangt monatlichen „Ausbildungsunterhalt" von mir. Das kann ja wohl nicht sein, der soll in seiner Bank bleiben und mich in Frieden lassen.

Aber damit nicht genug. Vor vier oder fünf Jahren habe ich bei einer Berlin-Reise eine Süße namens Christine kennen gelernt. Neun Monate später hat Christine ihre Tochter Laura zur Welt gebracht. Sie werden ja wissen, was jetzt kommt: Anwaltsbrie-fe, dass ich als Vater zahlen muss. Unterhalt für das Kind zahle ich jetzt schon seit über vier Jahren, Unterhalt für die Mutter habe ich drei Jahre lang zahlen müssen. Und jetzt stellt sich raus, dass dieses Kind von einem gewissen Tim Träger stammt. Hat je-denfalls ein Gericht in Berlin geurteilt. Wie komm ich jetzt wieder an mein Geld?

Es geht noch weiter: Momentan bin ich öfters mit Julia zusammen. Die ist verheira-tet, aber der Mann ist so ein Unternehmensberater und deshalb nie da. Und jetzt lässt der mir von einem Anwalt einen Brief schicken, dass ich sein Haus nicht mehr zu be-treten habe. Das kann ja wohl nicht sein. Erstens komme ich nur in die Villa, wenn er nicht da ist, und störe ihn deshalb auch nicht. Und zweitens gehört die Villa nicht ihm, sondern Julia, die sie von ihren Eltern geerbt hat.

Na ja, und eine Sache liegt mir noch ganz besonders am Herzen: Mit Ute habe ich zusammen einen Sohn, Lothar, ein absolutes Fußballtalent, das sieht man, obwohl er erst sieben ist. Ich muss mich da um die Ausbildung kümmern, Frauen kennen sich, Sie entschuldigen, in diesen Dingen eben nicht so aus. Und jetzt erfahre ich, dass ich kein Sorgerecht für Lothar kriegen kann, wenn Ute das nicht will. Das kann doch wohl nicht sein, das verstößt ja gegen sämtliche Menschenrechte!"

Rechtsanwältin Felber atmet einmal tief durch. Anschließend lässt sie sich eine üp-pige Honorarvereinbarung unterschreiben und gibt ihrem Mandanten die gewünsch-ten Auskünfte.

Welche?

## 1    Gliederung

## Lösung

### I. Unterhaltsanspruch des Oliver gegen Bertram

2    Eine Verpflichtung des Bertram zur Zahlung von Ausbildungsunterhalt an Oliver könnte sich aus § 1601 BGB (Verwandtenunterhalt) ergeben. Zwischen Bertram und Oliver besteht infolge der Vaterschaftsanerkennung, § 1592 Nr. 2 BGB, ein Verwandtschaftsverhältnis in gerader Linie, § 1589 BGB, das eine Unterhaltspflicht nach § 1601 BGB begründet. Es ist davon auszugehen, dass Oliver als Student außerstande ist, sich selbst zu unterhalten, deshalb bedürftig ist, § 1602 BGB, und dass der vermögende Bertram leistungsfähig ist, § 1603 BGB.

3    Bertram schuldet Oliver deshalb angemessenen Unterhalt, § 1610 Abs. 1 BGB, zu dem auch die „Kosten einer angemessenen Vorbildung zu einem Beruf", § 1610 Abs. 2 BGB, gehören. Der Unterhaltsbedarf eines Studenten wird in der Regel pauschal nach entsprechenden Unterhaltstabellen ermittelt.[1]

---

[1] Die aktuelle Düsseldorfer Tabelle beziffert den Unterhaltsanspruch eines Studenten bei einem Unterhaltsschuldner, der mehr als 4.800 € netto im Monat verdient mit mindestens 692 € pro Monat.

Allerdings hat Oliver bereits eine Banklehre abgeschlossen und verfügt damit bereits **4** über eine „Vorbildung zu einem Beruf". Fraglich ist deshalb, ob Bertram trotzdem verpflichtet ist, ihm Ausbildungsunterhalt für ein Jurastudium zu gewähren. Die Rechtsprechung geht davon aus, dass unter bestimmten Voraussetzungen trotzdem Unterhalt geschuldet wird. Ein Studium im Anschluss an eine praktische Ausbildung kann nämlich als einheitliche Ausbildung angesehen werden, wenn ein sachlicher und zeitlicher Zusammenhang zur vorangegangenen Lehre besteht („Abitur-Lehre-Studium").[2] Das gilt auch, wenn der Entschluss zum Studium erst nach dem Ende der praktischen Ausbildung gefasst wird, weil es in der Eigenart des Bildungsweges „Abitur-Lehre-Studium" liegt, dass die praktische Ausbildung begonnen wird, ohne dass sich der Auszubildende über seine endgültigen Pläne im Klaren ist.[3] Die Finanzierung eines Studiums ist für Eltern in der Regel auch deshalb nicht unzumutbar, weil sie bei Erlangung der Hochschulreife mit einer Hochschulausbildung des Kindes zu rechnen haben, selbst wenn eine Lehre dazwischengeschaltet wird.[4]

Die Banklehre des Oliver scheint noch nicht allzu lang zurück zu liegen. Ein sach- **5** licher Zusammenhang zwischen einer Banklehre und einem Jurastudium wird regelmäßig bejaht.[5] Die Möglichkeit der Gewährung von Naturalunterhalt, vgl. § 1612 Abs. 2 S. 1 BGB, besteht nur bei unverheirateten Kindern. Damit wird Bertram dem Oliver Ausbildungsunterhalt gewähren müssen.

## II. Ansprüche des Bertram gegen Christine, Laura und Tim

### 1. Ausgangslage

Nach den Ausführungen des Mandanten ist ein Vaterschaftsfeststellungsurteil er- **6** gangen, vgl. §§ 1592 Nr. 3, 1600d BGB, durch das ein anderer Mann als Vater von Laura festgestellt wurde. Dieses Urteil hat zur Folge, dass Tim Träger rückwirkend ab dem Zeitpunkt der Geburt Laura als Vater von Rechts wegen zugeordnet wird.[6] Aus diesem Grund war er ab dem Zeitpunkt der Geburt seiner Tochter Laura unterhaltspflichtig, § 1601 BGB, und schuldete auch Christine Unterhalt nach Maßgabe des § 1615l BGB.

Zu prüfen sind deshalb Ansprüche gegen Laura und Christine, denen Bertram Un- **7** terhalt gezahlt hat, ohne dass er hierzu verpflichtet gewesen wäre, und gegen Tim, der eigentlich zur Unterhaltszahlung verpflichtet war.

### 2. Bertram gegen Laura, § 812 Abs. 1 S. 1 Alt. 1 BGB (Leistungskondiktion)

Bertram kann von Laura möglicherweise Rückzahlung des gezahlten Unterhalts aus **8** § 812 Abs. 1 S. 1 Alt. 1 BGB (Leistungskondiktion) verlangen.[7]

Laura hat mit den Unterhaltszahlungen einen vermögenswerten Vorteil erlangt. **9** Dies geschah durch Leistung, also bewusste und zweckgerichtete Mehrung des Vermögens der Laura, denn Bertram wollte mit diesen Unterhaltszahlungen seine vermeintliche Unterhaltspflicht aus § 1601 BGB erfüllen. Es bestand jedoch kein rechtlicher Grund für die Unterhaltszahlungen, weil eine Unterhaltspflicht des Bertram nicht bestand. Damit kann Bertram seine Unterhaltszahlungen an Laura kondizieren.

---

[2] BGHZ 107, 376.
[3] *Biletzki*, FamRZ 1996, 777, 779.
[4] *Strohal*, in: *Göppinger/Wax* Rn. 329.
[5] *BGH* FamRZ 1992, 170.
[6] *Schwab*, Familienrecht, Rn. 485.
[7] Vgl. *Schwab*, Familienrecht, Rn. 743.

10    Laura wird sich jedoch vermutlich auf Entreicherung, § 818 Abs. 3 BGB, berufen können, weil das Geld für sie verbraucht worden ist.[8] Deshalb wird dieser Anspruch nicht dazu führen, dass Bertram sein Geld zurück bekommt.

### 3. Bertram gegen Christine, § 812 Abs. 1 S. 1 Alt. 1 BGB (Leistungskondiktion)

11    Bertram kann von Christine möglicherweise Rückzahlung des gezahlten Unterhalts aus § 812 Abs. 1 S. 1 Alt. 1 BGB (Leistungskondiktion) verlangen.

12    Christine hat mit den Unterhaltszahlungen einen vermögenswerten Vorteil erlangt. Dies geschah durch Leistung, also bewusste und zweckgerichtete Mehrung des Vermögens der Christine, denn Bertram wollte mit diesen Unterhaltszahlungen seine vermeintliche Unterhaltspflicht aus § 1615l BGB erfüllen. Es bestand jedoch kein rechtlicher Grund für die Unterhaltszahlungen, weil eine Unterhaltspflicht des Bertram nicht bestand.[9] Damit kann Bertram seine Unterhaltszahlungen an Christine kondizieren.

13    Christine wird sich jedoch vermutlich auf Entreicherung, § 818 Abs. 3 BGB, berufen können, weil sie das Geld verbraucht hat.[10] Deshalb wird dieser Anspruch nicht dazu führen, dass Bertram sein Geld zurück bekommt.

### 4. Bertram gegen Tim

#### a) §§ 677, 683, 670 BGB (GoA)

14    Jedoch kann Bertram möglicherweise gegen Tim vorgehen. In Betracht kommt zunächst ein Anspruch aus berechtigter Geschäftsführung ohne Auftrag. Bertram müsste ein objektiv fremdes Geschäft geführt haben. Fremd ist ein Geschäft dann, wenn es in den Rechts- und Interessenkreis eines Dritten fällt. Die Tilgung einer Schuld fällt in den Rechts- und Interessenkreis des Schuldners, so dass Bertram ein Geschäft des Tim geführt hat.

15    Außerdem müsste Bertram mit Fremdgeschäftsführungswillen gehandelt haben, also in dem Bewusstsein, für einen anderen tätig zu werden. Das war vorliegend nicht der Fall, denn Bertram glaubte sich selbst zum Unterhalt für Laura und Christine verpflichtet. Bertram kann auch nicht mehr nachträglich einen solchen Fremdgeschäftsführungswillen fassen.

#### b) § 812 Abs. 1 S. 1 Alt. 2 BGB (Nichtleistungskondiktion)

16    In Betracht kommt jedoch ein Anspruch aus Nichtleistungskondiktion in Form der Rückgriffskondiktion.

17    Dazu müsste Tim einen vermögenswerten Vorteil erlangt haben. Es sind zwar keine Geldzahlungen an Tim geflossen, Tim könnte sich jedoch seinerseits die Unterhaltszahlungen erspart haben, zu denen er verpflichtet gewesen ist. Das ist nur dann der Fall, wenn Tim durch die Zahlungen des Bertram von seinen Verpflichtungen frei geworden ist. Bertram hat die Unterhaltszahlungen auf eine vermeintlich eigene Schuld erbracht. Der wahre Schuldner Tim wird mangels entsprechender Tilgungsbestimmung des Bertram deshalb nicht befreit. Allerdings kann Bertram nach einer Auffassung[11] nachträglich seine Tilgungsbestimmung ändern und seine Zahlungen zu Zah-

---

[8] Vgl. *BGH* FamRZ 1981, 30; *Dethloff,* § 10 Rn. 66 und § 11 Rn. 68.
[9] BGHZ 46, 319, 325.
[10] Vgl. *BGH* FamRZ 1990, 989, 990.
[11] *BGH* NJW 1986, 2700; Jauernig/*Stadler,* § 812 Rn. 75.

lungen auf die Unterhaltsschuld des Tim erklären. Infolgedessen würde der wahre Schuldner Tim durch die Leistung des Bertram befreit, §§ 267 Abs. 1, 362 Abs. 1 BGB, und hätte damit die Befreiung von seinen Verbindlichkeiten erlangt. Es entfielen jedoch die Kondiktionsansprüche gegen Laura und Christine. Bertram hat hiernach also ein Wahlrecht, gegen wen er vorgehen möchte.

Diese Auffassung führt allerdings zu einem für die andern Beteiligten nicht hinnehmbaren Schwebezustand.[12] Die Interessen des Tim, der möglicherweise Einwendungen gegen die Unterhaltsansprüche von Laura und Christine hat, bleiben unberücksichtigt.[13] Schließlich würde auch das gesetzliche Ablehnungsrecht des Leistungsempfängers, § 267 Abs. 2 BGB, ausgehebelt, wenn eine Änderung der Tilgungsbestimmung zulässig wäre.[14] **18**

Ein Anspruch aus Nichtleistungskondiktion besteht deshalb nicht (a. A. vertretbar). **19**

#### c) Scheinvaterregress, §§ 1607 Abs. 3 S. 2, 1601 BGB

Hinsichtlich der an Laura geleisteten Unterhaltszahlungen kommt jedoch ein Anspruch aus übergegangenem Recht in Betracht. **20**

Bertram hat der Laura als Vater Unterhalt gewährt, ohne ihr Vater zu sein. Inzwischen ist Tim der Laura als Vater von Rechts wegen zugeordnet. Somit gehen die rückwirkend ab Geburt bestehenden Unterhaltsansprüche der Laura gegen Tim, §§ 1601, 1613 Abs. 2 Nr. 2 Buchst. a BGB, kraft Gesetzes auf Bertram über, § 1607 Abs. 3 BGB. Bertram kann deshalb Tim auf Zahlung von Unterhalt vom Zeitpunkt der Geburt bis zum Zeitpunkt der Einstellung der Zahlungen in Anspruch nehmen.[15] **21**

#### d) Scheinvaterregress, §§ 1607 Abs. 3 S. 2 analog, 1615l BGB

Fraglich ist, ob auch hinsichtlich der an Christine geleisteten Unterhaltszahlungen ein Anspruch aus übergegangenem Recht in Betracht kommt. **22**

Bertram hat Christine als nicht mit ihm verheirateter Mutter seiner vermeintlichen Tochter Laura drei Jahre lang Unterhalt nach Maßgabe des § 1615l BGB gewährt, ohne tatsächlich Vater des Kindes von Christine zu sein. Inzwischen ist Tim der Laura als Vater von Rechts wegen zugeordnet. Fraglich ist, ob damit – wie beim Kindesunterhalt – die rückwirkend ab sechs Wochen vor der Geburt bestehenden Unterhaltsansprüche, vgl. §§ 1615l Abs. 1 und 2, 1613 Abs. 2 Nr. 2 Buchst. a BGB, der Christine gegen Tim auf Bertram übergehen. **23**

Zwar verweist § 1615l Abs. 3 BGB auf die Vorschriften für den Verwandtenunterhalt, § 1607 Abs. 3 BGB erfasst aber nur die Unterhaltsleistungen des Scheinvaters an sein vermeintliches Kind, nicht aber auch die Unterhaltsleistungen an die Mutter des Kindes. Deshalb kommt lediglich eine analoge Anwendung des § 1607 Abs. 3 BGB in Betracht. Eine gesetzliche Regelungslücke besteht. Es entspricht auch nicht gesetzgeberischer Absicht, für diesen Fall keinen Anspruchsübergang zu normieren. Vielmehr scheint diese Frage bei der Ausweitung des Unterhaltsanspruchs der nicht mit dem Vater verheirateten Mutter im Jahre 1998 schlicht vergessen worden zu sein. Die Interessenlage ist vergleichbar, so dass ein Anspruchsübergang der Ansprüche von Christine gegen Tim aus § 1615l BGB auf Bertram stattgefunden hat. Bertram kann deshalb **24**

---

[12] MünchKomm/*Lieb*, § 812 Rn. 76 f.

[13] Staudinger/*Lorenz*, § 812 Rn. 60.

[14] Zum ganzen *Löhnig*, FamRZ 2003, 1354, 1356.

[15] Vgl. nur *Schwab*, Familienrecht, Rn. 746.

Tim auf Zahlung von Unterhalt vom Zeitpunkt der Geburt bis zum Zeitpunkt der Einstellung der Zahlungen in Anspruch nehmen.[16]

### III. Julias Villa

#### 1. Anspruch aus § 862 Abs. 1 BGB

25    Julias Mann könnte einen Unterlassungsanspruch aus § 862 Abs. 1 BGB gegen Bertram haben.

#### a) Besitz

26    Dazu müsste er Besitzer der Villa sein. Als Ehegatte, der die Villa mitbewohnt, hat er Mitbesitz an der Villa, den Julia ihm kraft Ehe einzuräumen verpflichtet ist, § 1353 Abs. 1 BGB. Der Mitbesitz wird auch nicht dadurch beendet, dass der Ehemann häufig unterwegs ist, denn durch eine ihrer Natur nach vorübergehende Verhinderung in der Ausübung der Sachherrschaft wird der Besitz nicht beeinträchtigt, § 856 Abs. 2 BGB.

#### b) Einschränkungen aus § 866 BGB

27    Auch einem Mitbesitzer steht der Unterlassungsanspruch aus § 862 BGB zu: Gegenüber Dritten kann jeder Mitbesitzer vollen Besitzschutz geltend machen, die Beschränkungen des § 866 BGB gelten nicht.[17]

#### c) Besitzstörung durch verbotene Eigenmacht

28    Bertram hat den Mitbesitz des Ehemanns an der Villa gestört, indem er diese betrat. Dies müsste durch verbotene Eigenmacht, also ohne oder gegen den Willen des Besitzers geschehen sein, § 858 Abs. 1 BGB.

29    Daran lässt sich zweifeln, weil die andere Mitbesitzerin, Julia, dem Bertram den Zutritt gestattet hat. Die Gestattung eines Mitbesitzers allein schließt jedoch die verbotene Eigenmacht nicht aus.[18] Aus § 1353 BGB kann zwar möglicherweise die Befugnis des einzelnen Ehegatten hergeleitet werden, eine Gestattung auch für den anderen Ehegatten zu erklären. Das gilt aber jedenfalls dann nicht, wenn die Erlaubnis gerade dazu dient, „ehestörende Kontakte" aufzunehmen.[19]

#### d) Wiederholungsgefahr

30    Es besteht Wiederholungsgefahr, weil Bertram Julia weiterhin besuchen möchte. Damit ist ein Unterlassungsanspruch des Ehemanns aus § 862 BGB gegen Bertram gegeben.

---

[16] *Löhnig*, FamRZ 2003, 1354, 1356.
[17] Palandt/*Bassenge*, § 866 Rn. 9; Soergel/*Mühl*, § 866 Rn. 6; a. A. *Dethloff*, § 4 Rn. 17: auch hier gelte § 866 BGB.
[18] Staudinger/*Bund*, § 866 Rn. 24.
[19] Soergel/*Lange*, § 1353 Rn. 13.

## 2. Anspruch aus §§ 1004, 823 Abs. 1 BGB analog

### a) Geschütztes Rechtsgut

#### aa) Berechtigter Besitz als sonstiges Recht

In Betracht kommt außerdem ein Unterlassungsanspruch aus §§ 1004, 823 Abs. 1 **31**
BGB analog, der der Verletzung eines sonstigen Rechts im Sinne des § 823 Abs. 1 BGB
vorbeugen soll. Sonstige Rechte sind alle absoluten Rechte, auch der berechtigte Besitz.[20] Beim bloßen Besitzschutz wird § 823 Abs. 1 BGB allerdings von den speziellen
Besitzschutzregeln, vorliegend § 862 BGB, verdrängt.

#### bb) „Räumlich-gegenständlicher Bereich der Ehe"

Nach gängiger Auffassung[21] ist der räumlich-gegenständliche Bereich der Ehe als **32**
„sonstiges Recht" durch § 823 Abs. 1 BGB geschützt. Diese Konstruktion erscheint
freilich als Relikt aus einer Zeit, in der man der Ehefrau nicht gleichrangigen Mitbesitz
an der Ehewohnung zubilligte, sondern sie für eine Besitzdienerin ihres Ehemannes
hielt mit der Folge, dass sie keinen Anspruch aus § 862 BGB geltend machen konnte.[22]
Rechtfertigen lässt sich diese Figur heute allenfalls als Facette des Allgemeinen Persönlichkeitsrechts.[23]

### b) Beeinträchtigung

Bertram hat als Störer den räumlich-gegenständlichen Bereich der Ehe beeinträch- **33**
tigt, indem er die Wohnung betrat; ohne dass Julias Ehemann als Inhaber dieses
Rechtsguts dies zu dulden hätte.

### c) Wiederholungsgefahr

Wiederholungsgefahr besteht, vgl. oben, so dass auch ein Unterlassungsanspruch **34**
aus §§ 1004, 823 Abs. 1 BGB analog gegeben ist.

## 3. Kollision mit § 120 Abs. 3 FamFG

Möglicherweise könnte jedoch ein vollstreckbarer Unterlassungsanspruch gegen den **35**
„Ehestörer" aus § 862 BGB oder §§ 1004, 823 Abs. 1 BGB entgegen § 120 Abs. 3
FamFG mittelbar Druck auf den untreuen Ehepartner zur Wiederherstellung der ehelichen Gemeinschaft ausüben; § 120 Abs. 3 FamFG verbietet nämlich die Vollstreckung
eines Beschlusses auf Herstellung des ehelichen Lebens. Dann bestünden die erörterten
Unterlassungsansprüche möglicherweise nicht oder wären zumindest nicht vollstreckbar.

Einen derartigen mittelbaren Druck wird man vorliegend jedoch nicht annehmen **36**
können, weil es Julia durch das Unterlassungsgebot an Bertram nicht mittelbar unmöglich gemacht wird, Bertram überhaupt zu treffen, sondern lediglich ein Treffen in
der ehelichen Villa verhindert werden soll. Mit Hilfe dieses Unterlassungsanspruchs
wird also gerade nicht mittelbar versucht, die Ehe in ihrem Bestand aufrecht zu erhalten.[24] Bertram kann sich zwar weiterhin mit Julia treffen, aber nicht in Julias Villa.

---

[20] *Medicus/Petersen*, Bürgerliches Recht, Rn. 607 ff.
[21] *Dethloff*, § 4 Rn. 15; *Schwab*, Familienrecht, Rn. 121; MünchKomm/*Wacke*, § 1353 Rn. 42.
[22] Eingehend *Löhnig*, JA 2004, 611, 614.
[23] *Schwab*, Familienrecht, Rn. 133.
[24] BGHZ 3, 360 ff.; Staudinger/*Hübner*, § 1353 Rn. 128.

**IV. Lothar**

37    Die mit dem Vater des Kindes nicht verheiratete Mutter hat grundsätzlich die alleinige Sorge für ihr Kind, § 1626 a Abs. 2 BGB.

38    Ein alleiniges Sorgerecht des Vaters kann nur begründet werden, wenn der Vater dies mit Zustimmung der Mutter beantragt, § 1672 Abs. 1 BGB.

39    Auch die gemeinsame Sorge beider Eltern kann nur begründet werden, wenn beide Eltern Sorgeerklärungen abgeben oder einander heiraten, § 1626 a Abs. 1 BGB. Diese Regelung verstößt nach Auffassung des Bundesgerichtshofs[25] nicht gegen „die Menschenrechte", also nicht gegen Art. 3 Abs. 2 und 6 Abs. 2 GG. Die im Vergleich zu miteinander verheirateten Eltern unterschiedliche Regelung rechtfertige sich durch die rein tatsächlichen Unterschiede im Vergleich zu einer ehelichen Geburt des Kindes. Das Elternrecht des Vaters werde dadurch gewahrt, dass das Familiengericht bei einer willkürlichen Beschränkung des väterlichen Elternrechts durch die Mutter von Amts wegen einzuschreiten hat, § 1666 BGB. Die hohe Eingriffsschwelle des § 1666 BGB rechtfertige sich daraus, dass andernfalls das Kindeswohl und das Mutter-Kind-Verhältnis erheblich beeinträchtigt würde, wenn die Mutter jederzeit mit einer Übertragung des Sorgerechts auf den Vater rechnen muss. Jedoch hat nun der Europäische Gerichtshof für Menschenrechte[26] entschieden, dass diese Regelung gegen Art. 8 EMRK verstößt. Sie gilt jedoch bis zu einer Novelle einstweilen weiter, so dass Rechtsanwältin Felber ihren Mandanten um Geduld bitten muss.

40    Bertram kann also einstweilen nur unter den strengen Voraussetzungen des § 1666 BGB, zu denen er jedoch nichts ausgeführt hat, das Sorgerecht für Lothar erhalten. Allerdings hat er ein Umgangsrecht, § 1684 Abs. 1 BGB, das er notfalls gerichtlich gegen die sorgeberechtigte Ute durchsetzen müsste.

**V. Ergebnis**

41    Rechtsanwältin Felber wird Bertram also mitteilen, dass er seinem Sohn Oliver Ausbildungsunterhalt zahlen muss, dass er von Laura, Christine und Tim den an Laura und Christine gezahlten Unterhalt zurück verlangen kann, dass ihm das Betreten von Julias Villa untersagt werden kann, und dass er im Regelfall keine Möglichkeit hat, gegen den Willen der Ute das Sorgerecht für Lothar zu erhalten.

---

[25] *BGH* JA-R 2001, 166 m. Anm. *Löhnig.*
[26] *EGMR* FamRZ 2010, 103.

# Fall 13. Zahnärztin mit Stadtvilla

## Sachverhalt

Die wohlhabende Zahnärztin Dr. Dagmar Kunz will nach langjähriger erfolgreicher Tätigkeit in eigener Praxis ihre erbrechtlichen Angelegenheiten regeln. Sie schildert dem Rechtsanwalt Siegfried Siegert ihre Überlegungen und bittet um seinen Rat:

„In meiner Ehe ist das Vermögen recht ungleich verteilt, denn mein Mann Harald hatte als freischaffender Reisejournalist mit Vermögensangelegenheiten nie viel am Hut. Alle wesentlichen Wertgegenstände gehören mir. Unsere Stadtvilla, in der sich auch meine Praxisräume befinden, stammt aus altem Familienbesitz. Unsere Antiquitäten und unsere Kunstsammlung hat Harald zwar mit kundigem Auge ausgewählt, nicht jedoch bezahlt. Außerdem habe ich mich mit einem Anteil von 15.000 € an der „denta lab GmbH Regensburg" beteiligt. Um meine Einkünfte steuerlich gut unterzubringen, habe ich vor einigen Jahren mehrere Studentenappartements erworben, die sich wegen ihrer Uninähe gut vermieten lassen.

Leider will weder meine Tochter Julia noch mein Sohn Alex meine Praxis fortführen. Am ehesten gerät noch Alex nach mir. Er ist sehr fleißig und ich traue ihm zu, dass er die Geschäfte der „denta lab GmbH" auch dann noch erfolgreich steuern kann, wenn ich einmal nicht mehr mit Rat und Tat aushelfen kann. Deshalb soll Alex meine Beteiligung an der Gesellschaft erhalten. Ich will ihn mit dieser Beteiligung für seinen Eifer belohnen.

Abgesehen von dieser Gesellschaftsbeteiligung will ich meine Kinder beim Erbe aber weitgehend gleich behandeln. Wichtig ist mir, dass meine Kinder sofort nach meinem Tod ihr Erbe bekommen und nicht erst dann, wenn auch Harald tot ist. Ich will verhindern, dass mein Ehemann nach meinem Tod mit einer anderen Frau mein Vermögen durchbringt. Mein Mann soll deshalb unsere Stadtvilla zwar Zeit seines Lebens alleine nutzen können und er darf auch die Praxisräume vermieten, um ein dauerndes Einkommen zu haben. Verkaufen darf er die Villa aber nicht. Natürlich soll meinem Mann unser gemeinsamer Hausrat verbleiben und auch die Antiquitäten und Kunstgegenstände darf er für sich behalten. Mein Mann ist mit allem einverstanden. Die Möglichkeit, unsere Stadtvilla auf Lebenszeit zu nutzen, ist ihm völlig ausreichend. Er ist auch bereit, auf alle weitergehenden Rechte zu verzichten. Seine Habe will mein Mann mir vererben – es sind ohnehin alles Gegenstände, die einen eher ideellen Wert haben. Falls ich vor ihm sterbe, will er sie den Kindern zu gleichen Teilen geben.

Etwas wichtiges hätte ich beinahe vergessen: Ganz am Beginn unserer Ehe haben wir am 1. 5. 1977 schon einmal ein Testament gemacht. Ich habe es handschriftlich verfasst und unterschrieben, mein Ehemann hat nach dem Text auf dem gleichen Blatt erklärt, dass es auch sein letzter Wille sei, und ebenfalls unterzeichnet. Inhaltlich haben wir damals festgelegt, dass beim ersten Todesfall der überlebende Ehegatte alles erben soll und erst nach dessen Tod alles an die Kinder fällt.

Am liebsten wäre mir, Sie könnten einen Entwurf für eine letztwillige Verfügung vorbereiten. Ich will das Testament dann durch einen Notar beurkunden lassen, damit alles hieb- und stichfest ist. Und gehen Sie davon aus, dass ich zwar daran denke, meine

Praxis zu schließen, aber sehr gesund bin und hoffentlich noch recht lange lebe. Es soll also Spielraum für mögliche Veränderungen geben".

**Bearbeitervermerk:**

Der Erbvertragsentwurf des Siegfried Siegert ist zu fertigen. Rechtsreferendarin Kristina Augenstern, die Siegert zur Ausbildung zugewiesen ist, berichtet Siegert nach Durchsicht des GmbH-Gesellschaftsvertrags, dass darin keine vom Gesetz abweichenden Bestimmungen zur Vererblichkeit der Geschäftsanteile enthalten sind. Steuerliche Gesichtspunkte sollen außer Betracht bleiben. Im Anschluss an den Entwurf ist zu erörtern, welche Erklärungen Siegert seiner Mandantin Dr. Kunz zu den einzelnen Bestimmungen des Entwurfs geben wird.

## Gliederung

## Lösung

### Teil 1: Entwurf eines Erbvertrags

#### A. Frühere letztwillige Verfügungen

Am 1. Mai 1977 haben wir ein privatschriftliches gemeinschaftliches Testament er- 1 richtet. Im übrigen ist keiner von uns durch eine bindende letztwillige Verfügung aus einem früheren Erbvertrag oder gemeinschaftlichen Testament an der Errichtung der nachstehenden letztwilligen Verfügungen gehindert.

Vorgenanntes gemeinschaftliches Testament vom 1. Mai 1977 heben wir hiermit im 2 vollen Umfang auf und widerrufen die darin enthaltenen letztwilligen Verfügungen vollständig. Auch im übrigen widerruft hiermit jeder von uns sämtliche bisher etwa errichteten Verfügungen von Todes wegen, so dass im jeweiligen Erbfall ausschließlich die nachstehenden Bestimmungen gelten.

#### B. Letztwillige Verfügungen der Ehefrau

#### I. Erbeinsetzung

Ich, Dr. Dagmar Kunz, setze hiermit in nicht erbvertraglich bindender, einseitig je- 3 derzeit widerruf- und abänderbarer Weise zu meinen Erben ein meine beiden Kinder Alex Kunz und Julia Kunz zu jeweils ein Halb.

Für den Fall dass einer der vorstehend eingesetzten Erben – gleich aus welchem 4 Grund – nicht Erbe nach mir wird, setze ich hiermit in ebenfalls nicht erbvertraglich bindender Weise als Ersatzerben ein die jeweiligen Abkömmlinge (einschließlich von nichtehelichen und adoptierten) des weggefallenen Erben, mehrere unter sich zu gleichen Teilen nach den Regeln der gesetzlichen Erbfolge. Weiter ersatzweise tritt Anwachsung ein.

#### II. Vermächtnisse

#### 1. Vermächtnisse zugunsten des Ehemanns

Meine(n) Erben belaste ich hiermit in erbvertraglich bindender, also in einseitig we- 5 der widerruf- noch abänderbarer Weise mit folgenden Vermächtnissen zugunsten meines Ehemanns Harald Kunz:

Mein Ehemann erhält jeweils zum Alleineigentum meinen sämtlichen im Zeitpunkt 6 meines Todes in unserer ehelichen Villa befindlichen Hausrat einschließlich etwaiger Pkw sowie sämtliche im Zeitpunkt meines Todes vorhandenen Antiquitäten und sonstigen Kunstgegenstände, soweit diese zu meinem Nachlass gehören.

Weiter erhält mein Ehemann auf seine Lebensdauer das unentgeltliche Nießbrauchs- 7 recht an unserer Villa [Grundbuchdaten], soweit sich diese im Zeitpunkt meines Todes in meinem Nachlass befindet. Für den Nießbrauch gelten die gesetzlichen Bestimmungen. Er ist durch Eintragung an nächstoffener Rangstelle in das Grundbuch dinglich zu sichern.

Ich, Harald Kunz, nehme vorstehende Vermächtnisse hiermit – unbeschadet des 8 nachfolgend vorbehaltenen Rücktrittsrechts – als erbvertraglich bindend an.

### 2. Vermächtnis zugunsten meines Sohnes

9      Außerdem beschwere ich hiermit in erbvertraglich nicht bindender Weise meine(n) Erben mit folgendem Vermächtnis zugunsten meines Sohnes Alex Kunz:
   Mein Sohn Alex Kunz erhält meinen Geschäftsanteil im Nennbetrag zu 15.000 € an der „denta lab GmbH Regensburg" zur Alleininhaberschaft, soweit sich dieser im Zeitpunkt meines Todes in meinem Nachlass befindet.

### 3. Allgemeine Bestimmungen

10     Die vorstehenden Vermächtnisse fallen jeweils mit meinem Tod an und sind innerhalb von sechs Monaten nach diesem Zeitpunkt zu erfüllen, mit wirtschaftlicher Wirkung jedoch auf den Zeitpunkt meines Todes. Die Vermächtnisse sind jeweils höchstpersönlich. Das jeweilige Vermächtnis entfällt daher, wenn der jeweilige Vermächtnisnehmer – gleich aus welchem Rechtsgrund – wegfällt. Die Vermächtnisse sind von einander unabhängig, so dass die Unwirksamkeit eines oder mehrerer Vermächtnisse die Wirksamkeit der übrigen Vermächtnisse unberührt lässt. Soweit ein Vermächtnisnehmer zugleich Erbe ist, ist das jeweilige Vermächtnis Vorausvermächtnis. Die Kosten der Erfüllung des jeweiligen Vermächtnisses trägt der betreffende Vermächtnisnehmer, ebenso eine für den jeweiligen Erwerb etwa anfallende Erbschaftsteuer.

### C. Letztwillige Verfügungen des Ehemannes

11     Ich, Harald Kunz, setze hiermit in erbvertraglich nicht bindender Weise zu meiner alleinigen und ausschließlichen Erbin ein meine Ehefrau Dr. Dagmar Kunz.

12     Für den Fall, dass meine Ehefrau Dr. Dagmar Kunz – gleich aus welchem Grund – nicht Erbin nach mir wird, setze ich hiermit in erbvertraglich nicht bindender Weise meine Abkömmlinge (einschließlich von nichtehelichen und adoptierten) zu Erben ein, mehrere unter sich zu gleichen Teilen nach den Regeln der gesetzlichen Erbfolge. Weiter ersatzweise tritt Anwachsung ein. Nach derzeitigen Verhältnissen sind Ersatzerben also meine Kinder Alex Kunz und Julia Kunz zu jeweils ein Halb.

### D. Verzichtserklärungen des Ehegatten

13     Ich, Harald Kunz, verzichte hiermit gegenüber meiner Ehefrau sowohl auf mein gesetzliches Pflichtteilsrecht an deren Nachlass (einschließlich von etwaigen Pflichtteilsergänzungsansprüchen) als auch auf einen etwaigen Anspruch auf Zugewinnausgleich im Todesfall gemäß § 1371 Abs. 2 und 3 BGB. Diese Verzichtserklärungen sind jedoch dahingehend auflösend bedingt, als sie jeweils entfallen, wenn meine Ehefrau von dem in dieser Urkunde enthaltenen Erbvertrag zurücktritt oder das vorstehend in Teil B Abschnitt II Ziffer 1 angeordnete Nießbrauchsvermächtnis im Zeitpunkt des Todes meiner Ehefrau aus sonstigem Grund nicht wirksam ist.

14     Ich, Dr. Dagmar Kunz, nehme vorstehenden Verzicht hiermit an.

### E. Ergänzende Bestimmungen

### I. Bindungswirkung, Rücktrittsrecht

15     Die in dieser Urkunde getroffenen letztwilligen Verfügungen sind erbvertraglich bindend bzw. einseitig wie vorstehend jeweils angegeben.

Ich, Dr. Dagmar Kunz, behalte mir hiermit das freie und uneingeschränkte Rück- **16** trittsrecht von den erbvertraglich bindenden Verfügungen in diesem Erbvertrag vor. Der Rücktritt hat die Unwirksamkeit lediglich der in diesem Erbvertrag zugunsten eines Ehegatten getroffenen letztwilligen Verfügungen zur Folge. Alle übrigen Bestimmungen, d.h. sämtliche letztwilligen Verfügungen zugunsten dritter Personen, bleiben dagegen unverändert fortbestehen.

## II. Ausschluss Anfechtungsrecht, Unwirksamkeit bei Ehescheidung

Sämtliche vorstehenden Verfügungen sollen ausdrücklich auch dann Bestand behal- **17** ten, wenn beim Tod eines von uns nicht bedachte Pflichtteilsberechtigte vorhanden sein sollten. Insoweit verzichten wir auf unser jeweiliges gesetzliches Anfechtungsrecht.

Mit Scheidung unserer Ehe wird der gesamte Erbvertrag unwirksam. **18**

Entsprechendes gilt, wenn beim Erbfall ein Scheidungsverfahren rechtshängig ist, **19** unabhängig davon, ob die rechtlichen Voraussetzungen für eine Scheidung vorliegen.

## Teil 2: Erläuterungen zum Entwurf

### I. Motivlage

#### 1. Atypische Vermögensverteilung

Eine wichtige Besonderheit des Falles liegt in der ungleichen Verteilung des eheli- **20** chen Vermögens, denn damit ist die Nachlassverteilung, wie sie dem 1977 von den Ehegatten Kunz errichteten „Berliner Testament" zugrunde lag, nicht mehr passend: Der Grundgedanke des „Berliner Testaments", die Stellung des länger lebenden Ehegatten durch eine Alleinerbeinsetzung sehr stark auszugestalten, um ihn auf die weitere Dauer seines Lebens durch eine möglichst unbeschränkte Verfügungsmacht hinsichtlich des gemeinschaftlich in der Ehe erwirtschafteten Vermögens wirtschaftlich zu sichern, greift hier nur in abgeschwächter Form: Dagmar Kunz ist auf die Vermögenswerte ihres Ehemanns nicht angewiesen.

Harald Kunz muss wiederum für seine wirtschaftliche Sicherung das Vermögen sei- **21** ner Ehefrau nicht vollständig erhalten. Die nur anteilige Beteiligung von Harald Kunz rechtfertigt sich überdies daraus, dass mit der Stadtvilla ein wichtiger Bestandteil des Vermögens der Ehegatten Kunz nicht gemeinsam in der Ehe erwirtschaftet worden ist, sondern von der Ehefrau bereits in die Ehe mitgebracht wurde.

#### 2. Unmittelbarer Vermögensfluss von Dagmar Kunz an ihre Kinder

Die so genannte „Einheitslösung", § 2269 BGB, führt beim ersten Todesfall außer- **22** dem zu einer Enterbung der erst für den zweiten Todesfall bedachten Kinder. Dagmar Kunz möchte jedoch verhindern, dass für den Fall ihres Vorversterbens ihr Vermögen an eine neue Ehefrau oder Lebensgefährtin ihres Ehemannes fließt. Deshalb sieht der Entwurf eine unmittelbare Erbeinsetzung ihrer beiden Kinder vor. Der Ehemann wird dagegen lediglich in Form von Vermächtnissen bedacht, so dass er zwar einen schuldrechtlichen Anspruch gegen die Erben hat, jedoch nicht unmittelbar dinglich am Nachlass beteiligt ist, § 2174 BGB.

Auch der im Rahmen der Vermächtniserfüllung einzuräumende Nießbrauch berech- **23** tigt Harald Kunz nicht, über das betreffende Grundstück zu verfügen: § 1030 Abs. 1 BGB gibt dem Nießbraucher lediglich das Recht, die Nutzungen der belasteten Sache zu ziehen. Eine Veräußerung der Villa durch Harald Kunz scheidet damit aus. Umgekehrt ist aber auch Harald Kunz nach Vermächtniserfüllung nicht schutzlos: Die Erben können das mit dem Nießbrauchsrecht belastete Grundstück nur verkaufen, wenn entweder Harald Kunz die Löschung seines Rechts bewilligt, § 875 Abs. 1 BGB, oder aber der Käufer den Nießbrauch unter Eintritt in alle daraus sich ergebenden Rechte und Pflichten übernimmt, vgl. auch §§ 433 Abs. 1 S. 2, 435 BGB.

24    Für die letztwilligen Verfügungen des Ehemanns bietet sich demgegenüber an, an der vorrangigen Einsetzung des Ehegatten festzuhalten: Da das Vermögen von Harald Kunz eher ideellen Wert hat, spielt insbesondere die Gefahr, dass die enterbten Kinder nach dem Tod der Harald Kunz ihren Pflichtteil verlangen könnten, jedenfalls wirtschaftlich nur eine untergeordnete Rolle.[1]

## II. Vorfragen

25    Zu den wichtigsten Vorfragen bei der Testamentsgestaltung zählt die Klärung, inwieweit der Erblasser sein Vermögen durch Verfügung von Todes wegen überhaupt steuern kann. Hier bestehen zwei Probleme: Zum einen zählt zum Vermögen der Ehefrau ein GmbH-Geschäftsanteil, so dass gegebenenfalls der Vorrang gesellschaftsrechtlicher Regelungen zu beachten ist, und zum anderen existiert bereits eine frühere letztwillige Verfügung, aufgrund derer die Testierfreiheit der Erblasser eingeschränkt sein könnte.

### 1. Gesellschaftsbeteiligung

26    Bei Beteiligung an Gesellschaften gilt grundsätzlich, dass erbrechtliche Gestaltungen nur möglich sind, soweit das Gesellschaftsrecht und der Gesellschaftsvertrag sie gestatten. Im Fall ist hierzu jedoch nichts weiter veranlasst, da GmbH-Geschäftsanteile im Gegensatz zu Anteilen an Personengesellschaften gemäß § 15 Abs. 1 GmbHG frei vererblich sind und außerdem der Gesellschaftsvertrag keine abweichenden Regelungen enthält.

### 2. Gemeinschaftliches Testament

27    Anders verhält es sich jedoch in Bezug auf die Testierfreiheit der Erblasser. Diese ist hier aufgrund des bereits vorhandenen gemeinschaftlichen Testaments, vgl. zur Form §§ 2267 S. 1 BGB, 2247 Abs. 1 BGB, gemäß §§ 2270, 2271 Abs. 1 S. 2 BGB eingeschränkt: Infolgedessen könnte unter anderem Dagmar Kunz die frühere Alleinerbeinsetzung ihres Ehemanns nicht ohne weiteres einseitig durch Testament aufheben, denn es ist im Zweifel von einer Wechselbezüglichkeit einer gegenseitigen Erbeinsetzung von Ehegatten nach § 2270 Abs. 2 BGB auszugehen.

28    Da ihr Ehemann noch lebt, müsste ein solch einseitiger Widerruf nach den Vorschriften erfolgen, die für den Rücktritt vom Erbvertrag gelten §§ 2271 Abs. 2 S. 1, 2296 BGB. Der Widerruf müsste also notariell beurkundet werden und dem Ehemann gemäß § 130 BGB zugehen. Der Entwurf enthält daher einen ausdrücklichen gemein-

---

[1] Die von der gesetzlichen Erbfolge abweichende Nachlassverteilung beim „Berliner Testament" (erster Todesfall: Alleinerbeinsetzung des Ehegatten, zweiter Todesfall: Miterbeinsetzung der Kinder zu gleichen Teilen statt – bei gesetzlicher Erbfolge – anteilige (quotale) Beteiligung der Kinder schon am Nachlass des erst versterbenden Elternteils) führt dazu, dass die Kinder bereits beim ersten Todesfall pflichtteilsberechtigt sind, § 2303 Abs. 1 BGB. Dennoch bewirkt das Berliner Testament eine deutlichen Stärkung des überlebenden Ehegatten: er gerät nicht in eine Erbengemeinschaft mit den Kindern (der Pflichtteil ist nur auf Geldzahlung gerichtet) und die vermögensmäßig Beteiligung der Kinder reduziert sich der Höhe nach um die Hälfte (§ 2303 Abs. 1 S. 2 BGB).

schaftlichen Widerruf des früheren gemeinschaftlichen Testaments. Ein gemeinsamer Widerruf wechselbezüglicher Verfügungen ist im Gegensatz zum einseitigen jederzeit in allen Testamentsformen möglich.[1]

Darüber hinaus werden in dem Entwurf auch alle etwa sonst errichteten letztwilli-　**29** gen Verfügungen widerrufen. Dadurch soll Rechtssicherheit in zweierlei Hinsicht erreicht werden: Vermieden wird ein Streit darüber, in welchem Umfang etwaige frühere Verfügungen durch den nunmehr zu errichtenden Erbvertrag ersetzt werden (§ 2258 BGB: „insoweit"), und, ob ein bestimmtes früheres Schriftstück überhaupt ein Testament oder nur dessen Entwurf darstellt.

### III. Erbeinsetzung, Bindungswirkung

Entsprechend dem Wunsch der Ehegatten Kunz, ihren Erbvertrag in die Zukunft　**30** hinein möglichst anpassungsfähig zu halten, sieht der Entwurf eine erbvertragliche Bindungswirkung nur in sehr geringem Umfang vor.

### 1. Vertragliche Verfügungen

Der Entwurf ist als einseitiger[2] Erbvertrag ausgestaltet, in dem lediglich Dagmar　**31** Kunz vertraglich bindende Verfügungen trifft. Aus dem Kreis der Verfügungen von Dagmar Kunz sind wiederum nur die zugunsten des Ehemanns ausgesetzten Vermächtnisse erbvertraglich bindend.

Aufgrund der aus vertraglich bindenden Verfügungen folgenden Beschränkungen　**32** der Testierfreiheit, § 2289 Abs. 1 S. 2 BGB, sowie den in §§ 2287f. BGB zugunsten des vertragsmäßig Bedachten angeordneten Ausnahmen vom Grundsatz des § 2286 BGB empfiehlt es sich bei der Gestaltung eines Erbvertrags grundsätzlich, mit dem Einsatz vertraglicher Bindungswirkungen vorsichtig zu verfahren: Würde beispielsweise im Fall die Bindungswirkung vorschnell auch auf die Verfügungen zugunsten der Kinder erstreckt, könnte Dagmar Kunz bei frühzeitigem Vorversterben ihres Ehemanns selbst bei grundlegender Veränderung der Verhältnisse (Zerwürfnis mit einem der Kinder, neuer Lebensgefährte) die einmal getroffene Nachlassverteilung nicht mehr korrigieren. Dies würde gelten, obwohl wesentliche Teile ihres Vermögens nicht gemeinsam in der Ehe erwirtschaftet wurden und somit nicht im unmittelbaren Zusammenhang zu den Interessen des Vertragspartners stehen, aus dem Verhältnis zu dem die Bindung herrührt.

### 2. Einseitige Verfügungen

Eine Verbindung von erbvertraglich bindenden und einseitigen letztwilligen Verfü-　**33** gungen ist im Erbvertrag ohne weiteres möglich, § 2299 Abs. 1 BGB. Zwei Grenzen sind dabei aber zu beachten: Gemäß § 2278 Abs. 2 BGB können keine anderen Verfügungen als Erbeinsetzungen, Vermächtnisse und Auflagen in vertragsmäßiger Weise getroffen werden und mindestens eine[3] derartige Verfügung muss erbvertraglich bindend sein, sonst liegt kein Erbvertrag vor. Der Testamentsgestalter sollte außerdem darauf achten, den Umfang der Bindungswirkung exakt zu kennzeichnen, um etwaige Auslegungsfragen zu vermeiden.

Die Ersatzerbeneinsetzung ist nicht auf den Fall des Vorversterbens des jeweiligen　**34** Erben beschränkt, sondern umfasst zum Beispiel auch den Wegfall eines Erben in

---

[1] Palandt/*Edenhofer*, § 2271 Rn. 2.
[2] Vgl. Palandt/*Edenhofer*, vor § 2274 Rn. 2.
[3] Palandt/*Edenhofer*, § 2299 Rn. 1.

Folge von Ausschlagung (§§ 1942 Abs. 1, 1953 Abs. 1 BGB).[4] Allgemein empfiehlt sich eine klare Regelung zur Ersatzerbeneinsetzung und Anwachsung: Beim Wegfall eines Erben wäre sonst zu fragen, ob an die Stelle des Weggefallenen bestimmte andere Personen treten sollen beziehungsweise ob insoweit die gesetzliche Erbfolge gilt oder ob der für den Weggefallenen vorgesehene Erteil den übrigen eingesetzten Erben zufallen soll, §§ 2069, 2094 BGB. Die Vermutungsregelung des § 2094 Abs. 1 BGB ist widerlegt, soweit der Erblasser die Anwachsung ausgeschlossen hat, § 2094 Abs. 3 BGB. Dies kann auch stillschweigend durch die Benennung von Ersatzerben geschehen, § 2099 BGB.[5] Der Vermeidung von Auslegungsfragen dient außerdem die Festlegung, dass zum Kreis der Abkömmlinge auch adoptierte und nichteheliche Kinder zählen.

### 3. Exkurs: Gemeinsames Versterben

**35**   Der Entwurf beschränkt sich jeweils auf eine einfache Ersatzerbeneinsetzung und enthält keine Klausel zum gemeinsamen Versterben („Katastrophenklausel"). Solche Klauseln sind häufig in gemeinschaftlichen Testamenten nach dem Muster des „Berliner Testaments" anzutreffen. Sie sollen in der Regel nicht nur die Fälle erfassen, in denen der Tod beider Elternteile exakt in derselben juristischen Sekunde erfolgt oder die Vermutung nach § 11 VerschG zum Tragen kommt, sondern auch Fälle, in denen der Tod beider Ehegatten beispielsweise in Folge eines Unfalls innerhalb einer mehr oder weniger kurz bemessenen Frist eintritt.

**36**   Gestaltungsziel der entsprechenden Klauseln ist es regelmäßig, zu verhindern, dass der nur zufällig kurzzeitig überlebende Ehegatte als Erbe des erstversterbenden Ehegatten behandelt wird. Statt dessen soll erreicht werden, dass unmittelbar die Kinder Erben des Erstversterbenden werden. Die Sinnhaftigkeit derartiger Klauseln ist in der Literatur umstritten.[6] Weil es (auch für die kurze Zeit des Überlebens eines Ehegatten) einen subjektlosen Nachlass nicht geben kann, bewirken diese Klauseln rechtstechnisch in der Regel, dass der kurzzeitig überlebende Ehegatte Vorerbe des vorverstorbenen Ehegatten wird und die gemeinsamen Kinder also dessen Nacherben sind. Es werden die Kinder also trotz der Klausel nicht unmittelbar Erben des zuerst versterbenden Ehegatten. Deshalb werden diese Klauseln mitunter als „überflüssig" bezeichnet.[6] Jedoch unterscheidet sich die bloße Einsetzung von Ersatzerben und die (zumindest konkludente) Anordnung von Vor- und Nacherbschaft jedenfalls hinsichtlich ihrer pflichtteilsrechtlichen Auswirkungen.[7]

### IV. Vermächtnisse

### 1. Vertraglich bindendes Vermächtnis zugunsten von Harald Kunz

**37**   Damit Harald Kunz auch nach dem Tod seiner Ehefrau seinen bisherigen Lebensstandard beibehalten kann, ist er darauf angewiesen, dass er aus dem Vermögen seiner Ehefrau zumindest eingeschränkt von Todes wegen bedacht wird. Deshalb liegt es nahe, die Vermächtnisse zugunsten von Harald Kunz mit erbvertraglicher Bindungs-

---

[4] Weitere Fälle sind etwa Erbverzicht, § 2346, und Erbunwürdigkeit, § 2344.
[5] Palandt/*Edenhofer*, § 2094 Rn. 3f.
[6] Einerseits: *Feick*, ZEV 2006, 16, andererseits: *Bestelmeyer*, ZEV 2006, 146.
[6] *Feick*, ZEV 2006, 16, 17.
[7] *Bestelmeyer*, ZEV 2006, 146. Im konkreten Fall ist eine „Katastrophenklausel" wohl auch deswegen verzichtbar, weil der vermögensstärkere Ehegatten ohnehin unmittelbar die Kinder bedenken will. Anders kann es sich wegen der unterschiedlichen pflichtteilsrechtlichen Folgen (der mit der Nacherbschaft belastete Erbteil des Vorerben ist nicht Bestandteil von dessen eigenem Nachlass) aber wohl beim Vorhandensein „einseitiger Kinder" verhalten.

wirkung auszustatten. Im Zweifelsfall wird im Gegenzug so auch leichter ein Verzicht von Harald Kunz auf ein etwa weiter gehendes Pflichtteilsrecht (Abschnitt D des Entwurfs) zu erreichen sein.

Dadurch kann sichergestellt werden, dass Harald Kunz die von seiner Ehefrau ange- **38** strebte Verteilung ihres Vermögens nicht etwa dadurch beeinträchtigt, dass er nach deren Tod die ihm zugedachten Vermächtnisse ausschlägt und gemäß §§ 2307 Abs. 1 S. 1, 2303 Abs. 2 S. 1 BGB seinen „kleinen" (siehe unten, Rn. 46) Pflichtteil fordert oder aber zwar die Vermächtnisse annimmt, zusätzlich aber einen Pflichtteilsrestanspruch gemäß § 2307 Abs. 1 S. 2 BGB geltend macht.

Wird – wie im Fall Harald Kunz – nicht der überlebende Ehegatte Erbe des verstor- **39** benen Ehegatten, sollte im Zusammenhang mit den Vermächtnissen zugunsten des von der Erbfolge ausgeschlossenen Ehegatten nicht übersehen werden, diesem auch etwaige Hausratsgegenstände des Verstorbenen zuzuwenden: Diese stünden ansonsten nicht dem Ehegatten, sondern den eingesetzten Erben zu. § 1932 Abs. 1 S. 2 BGB („gesetzlicher Erbe") greift bei gewillkürter Erbfolge nicht ein.[8]

## 2. Einseitiges Vermächtnis zugunsten von Alex Kunz

Ein triftiger Grund, auch das Vermächtnis zugunsten von Alex Kunz in die erbver- **40** tragliche Bindungswirkung mit einzubeziehen, liegt nicht vor. Statt dessen ist insoweit vor allem klärungsbedürftig, wie sich die Zuwendung des GmbH-Geschäftsanteils zur Erbeinsetzung des Alex verhält. Hier sind zwei grundsätzlich verschiedene Lösungen denkbar: Soll Alex Kunz zwar einen schuldrechtlichen Anspruch auf Verschaffung der Alleininhaberschaft an dem Geschäftsanteil im Rahmen der Erbauseinandersetzung erhalten, dadurch aber nicht über seine Erbquote hinaus begünstigt werden, so dass ihn im Verhältnis zur Miterbin Julia gegebenenfalls Ausgleichspflichten treffen, ist eine Teilungsanordnung, § 2048 BGB, zu wählen. Muss sich Alex dagegen den Wert des Geschäftsanteils nicht auf seinen Erbteil anrechnen lassen, ist ein Vorausvermächtnis gemäß § 2150 BGB gewünscht. Im Fall entspricht nur die zweite Alternative dem Willen von Dagmar Kunz, da Alex durch die Zuwendung des GmbH-Geschäftsanteils besonders belohnt werden soll.

## 3. Weitere Bestimmungen zu den Vermächtnissen

Im übrigen gilt zu den im Zusammenhang mit den angeordneten Vermächtnissen **41** getroffenen Bestimmungen: Da Dagmar Kunz die betreffenden Vermächtnisgegenstände ausschließlich bestimmten Personen zuordnen will, sind sämtliche Vermächtnisse höchstpersönlich ausgestaltet. Es wurden also keine Ersatzvermächtnisnehmer, § 2190 BGB, benannt, sondern vielmehr eine ausdrückliche Anordnung getroffen, wonach das betreffende Vermächtnis entfällt, wenn die bedachte Person beim Erbfall weggefallen ist. Somit kann beispielsweise nicht unter Rückgriff auf § 2069 BGB, der in seinem Anwendungsbereich § 2160 BGB gegebenenfalls verdrängt,[9] eine Ersatzvermächtnisnehmer-Einsetzung des Alex Kunz angenommen werden.

Der Entwurf stellt außerdem jeweils klar („soweit in meinem Nachlass befindlich"), **42** dass es sich bei den angeordneten Vermächtnissen nicht um Verschaffungsvermächtnisse im Sinne der §§ 2170 Abs. 1, 2169 Abs. 1 Halbs. 2 BGB, sondern um so genannte „Stückvermächtnisse" handelt. Auch hier soll der Rückgriff auf eine Vermutungsregelung, § 2169 Abs. 1 BGB, überflüssig gemacht werden.

---

[8] Palandt/*Edenhofer,* § 1932 Rn. 2.
[9] Palandt/*Edenhofer,* § 2160 Rn. 2; MünchKomm/*Schlichting,* § 2160 Rn. 1.

**43** Für das Nießbrauchsvermächtnis wurde auf die gesetzliche Ausgestaltung des Nießbrauchsrechts in den §§ 1030 ff. BGB Bezug genommen. Gemäß § 1041 BGB hat Harald Kunz demzufolge die Kosten für Ausbesserungen und Erneuerungen des Anwesens
nur insoweit zu tragen, als diese zur gewöhnlichen Unterhaltung des Grundstücks
gehören. Auch muss er nur die in § 1047 BGB genannten öffentlichen und privaten
Lasten tragen.[10] Zu sonstigen in der Praxis häufigen Gestaltungsfragen zum Nießbrauchsvermächtnis (Tragung von Zins- und Tilgungsleistungen für auf dem Grundstück
lastende Grundpfandrechte und Verbindlichkeiten) war nach dem Sachverhalt nichts
weiter veranlasst.[11]

**44** Hinsichtlich von Anfall und Fälligkeit folgen die Vermächtnisse weitgehend dem gesetzlichen Regelfall, §§ 2176, 2171 Abs. 1 BGB: Anfall und Fälligkeit im Zeitpunkt des
Todes des Erblassers. Zu beachten ist, dass der Vermächtnisanspruch nach dem Erbfall
erfüllt werden muss, also kein Vonselbsterwerb beim Vermächtnisnehmer eintritt. Das
Nießbrauchsvermächtnis ist durch Bewilligung und Eintragung des Nießbrauchsrechts im Grundbuch zu erfüllen, § 873 BGB, das Vermächtnis bezüglich der Hausrats- und Kunstgegenstände durch Einigung und Übergabe, § 929 BGB, und das Vermächtnis hinsichtlich der Gesellschaftsbeteiligung durch Abtretung des GmbH-Geschäftsanteils, §§ 413, 398 ff. BGB, 15 Abs. 3 GmbHG. Der Entwurf sieht vor diesem
Hintergrund eine kurze Erfüllungsfrist von sechs Monaten vor.

## V. Verzichtserklärungen des Ehemanns

### 1. Zulässigkeit

**45** Wie sich unter anderem aus § 34 Abs. 2 Halbsatz 2 BeurkG ergibt, ist die Verbindung eines Erbvertrags mit anderen Verträgen in einer Urkunde ohne weiteres zulässig. In der Praxis ist besonders häufig eine Kombination von Erbverträgen mit Eheverträgen anzutreffen.

### 2. Reichweite und Funktion des Verzichts

**46** Im Entwurf wird der Erbvertrag des Ehegatten Kunz zunächst mit einer Pflichtteilsverzichtsvereinbarung, §§ 2346 Abs. 2, 2348 BGB[12] verknüpft: Ein solch flankierender Verzicht des Ehemanns auf sein Pflichtteilsrecht ist bei der gegebenen Interessenlage zweckmäßig, um die von Dagmar Kunz beabsichtigte Nachlassverteilung

---

[10] Aus steuerlichen Gründen (Erhaltung von Abschreibungsmöglichkeiten bei vermieteten Immobilien) kann sich in der Praxis zwar häufig ein Bedürfnis ergeben, insbesondere von den Regelungen in
§§ 1041, 1047 abzuweichen; solche Gesichtspunkte brauchten aber nach dem Bearbeitervermerk nicht
berücksichtigt werden.

[11] Hinsichtlich des GmbH-Geschäftsanteils werden in der Praxis ebenfalls regelmäßig detailliertere
Anordnungen erforderlich sein: Sieht beispielsweise der Gesellschaftsvertrag für den Tod eines Gesellschafters Einziehungsmöglichkeiten vor, empfiehlt sich eine Klarstellung dazu, ob dem Vermächtnisnehmer für den Fall der Einziehung des vermachten Geschäftsanteils an dessen Stelle ein etwaiges
Ausscheidungsguthaben vermacht ist. Denn der Umkehrschluss zu § 2169 Abs. 3 zeigt, dass dem Vermächtnisrecht eine allgemeine Surrogationsregel fremd ist. Es wäre mangels einer eindeutigen Anordnung im Erbvertrag also durch Auslegung zu ermitteln, ob dieses Guthaben dem Vermächtnisnehmer
oder dem Erben zustehen soll.

[12] Nach dem Wortlaut der gesetzlichen Regelungen in §§ 2346 ff. stellt sich der Pflichtteilsverzicht
gegenüber dem Erbverzicht als Ausnahme dar. In der Praxis ist demgegenüber der Pflichtteilsverzicht
wesentlich weiter verbreitet als der Erbverzicht. Dies u. a. deshalb, weil der isolierte Pflichtteilsverzicht
zwar nicht unmittelbar zur Enterbung des Verzichtenden führt, sondern – sofern die Enterbung gewünscht ist – zusätzlich eine begleitende letztwillige Verfügung erforderlich ist, dafür aber den Vorteil
hat, anders als der Erbverzicht nicht zu einer Erhöhung der Pflichtteilsquoten der übrigen Pflichtteilsberechtigten zu führen (§ 2310 S. 2).

gegen die aus §§ 2307, 2303 BGB folgenden Risiken abzusichern. Im Rahmen der entsprechenden Folgenabschätzung ist hier insbesondere das Ehegatten-Wahlrecht von Harald Kunz zwischen „erbrechtlicher" und „güterrechtlicher" Lösung zu beachten: Nimmt Harald Kunz die im Erbvertrag zu seinen Gunsten angeordneten Vermächtnisse an, steht ihm ggf. ein Pflichtteilsrestanspruch gemäß § 2307 Abs. 1 S. 2 BGB zu. Bei der Berechnung des Pflichtteils ist in diesem Fall („erbrechtliche Lösung") von dem nach § 1371 Abs. 1 BGB erhöhten gesetzlichen Pflichtteil auszugehen. Der Pflichtteilsrestanspruch bestimmt sich also nach dem so genannten „großen" Pflichtteil, die Pflichtteilsquote beträgt ¹/₄, §§ 1931 Abs. 1 S. 1 und Abs. 3, 1371 Abs. 1 BGB. Etwas anderes gilt dagegen, wenn Harald Kunz die Vermächtnisse ausschlägt: Er ist dann weder Erbe noch Vermächtnisnehmer, so dass er gemäß § 1371 Abs. 2 BGB seinen Pflichtteil sowie zusätzlich Ausgleich des Zugewinns verlangen kann. Bei dieser „güterrechtlichen Lösung" ist für die Pflichtteilsberechnung dann aber der „kleine" Pflichtteil, § 1371 Abs. 2 Halbs. 2 BGB, maßgeblich. Die Pflichtteilsquote beträgt somit bei der „güterrechtlichen Lösung" lediglich ¹/₈.

Durch den vereinbarten uneingeschränkten Pflichtteilsverzicht wird sowohl der **47** Pflichtteilsrestanspruch[13] als auch der „kleine" Pflichtteil nach Ausschlagung, § 1371 Abs. 3 Halbs. 2 BGB ausgeschlossen. Die ausdrückliche Erstreckung des Pflichtteilsverzichts auch auf Pflichtteilsergänzungsansprüche gemäß § 2325 BGB dient lediglich der Klarstellung.

Zusätzlich zum Pflichtteilsverzicht enthält der Entwurf eine ehevertragliche Verzichtserklärung: Trotz des erklärten Pflichtteilsverzichts könnte Harald Kunz nämlich **48** nach Ausschlagung der Vermächtnisse im Rahmen der güterrechtlichen Lösung einen Anspruch auf Ausgleich des Zugewinns im Todesfall nach § 1371 Abs. 2 und 3 BGB geltend machen. Diese Möglichkeit entfällt erst durch einen ausdrücklichen Verzicht auf den Zugewinnausgleichsanspruch.[14] Die Vereinbarung einer Bedingung für den Pflichtteilsverzicht ist nach ganz herrschender Meinung zulässig.[15] Gleiches gilt für die ehevertragliche Vereinbarung.

### 3. Exkurs: Wechselwirkungen mit dem Unterhaltsrecht

Häufig sind auch die Wechselwirkungen eines Pflichtteilsverzichts mit dem Unter- **49** haltsrecht zu beachten: Gemäß § 1586b BGB endet der Unterhaltsanspruch nicht mit dem Tod des Verpflichteten, sondern geht auf den Erben als Nachlassverbindlichkeit über. Da der Erbe für diesen Unterhalt jedoch nach § 1586b S. 1 BGB nicht über einen Betrag hinaus haftet, der dem Pflichtteil des Unterhaltsberechtigten bei nicht erfolgter Scheidung entspricht,[16] entfällt nach weit verbreiteter Auffassung bei einem erklärten Pflichtteilsverzicht die Haftung des Erben aus § 1586b BGB.[17]

Üblicherweise werden deshalb entsprechende Verzichtserklärungen von Ehegatten **50** in notariellen Vereinbarungen um die Klarstellung ergänzt, dass der Anspruch des überlebenden Ehegatten auf Unterhalt nach § 1586b BGB vom erklärten Pflichtteilsverzicht unberührt bleibt.

---

[13] *Krause*, in: FA-ErbR, Rn. 3/322.
[14] *Münch*, Rn. 509f.
[15] Palandt/*Edenhofer*, vor § 2346 Rn. 7.
[16] Maßgeblich ist der kleine Pflichtteil, güterrechtliche Besonderheiten sind unerheblich: Palandt/*Brudermüller*, § 1586b Rn. 6.
[17] Palandt/*Brudermüller*, § 1586b Rn. 8.

## VI. Weitere Einzelheiten

### 1. Rücktrittsrecht

51    Die Aufnahme eines Rücktrittsrechts in einen Erbvertrag führt zu einer weitgehenden Angleichung an das gemeinschaftliche Testament: Anders als bei wechselbezüglichen Verfügungen im gemeinschaftlichen Testament, §§ 2271 Abs. 1 S. 1, 2296 BGB, besteht beim Erbvertrag für vertragsmäßige Verfügungen schon zu Lebzeiten beider Vertragsteile eine vertragliche Bindungswirkung, die ein änderungswilliger Erblasser nicht durch einseitige (wenn auch formbedürftige, siehe oben „Vorfragen") Erklärung beseitigen kann. Abweichendes gilt wegen § 2299 Abs. 2 S. 1 BGB lediglich für einseitige Verfügungen.

52    Um dem Wunsch von Dagmar Kunz nach einer weitgehenden Offenheit des Erbvertrags für spätere Entwicklungen zu entsprechen, ist deshalb für ihre mit erbvertraglicher Bindungswirkung getroffenen letztwilligen Verfügungen ein vertragliches Rücktrittsrecht vorzusehen. Die Interessen von Harald Kunz sind dabei wenigstens insoweit gewahrt, als die wirksame Ausübung des Rücktrittsrechts den Zugang der Rücktrittserklärung bei ihm voraussetzt, § 2296 Abs. 2 S. 1 BGB. Die Aufnahme entsprechender Rücktrittsvorbehalte wird sich bei der Gestaltung von Erbverträgen häufig nicht zuletzt deshalb empfehlen, um dem jeweiligen Erblasser einen Handlungsspielraum auch für den Fall einer dauernden Geschäfts- und Testierunfähigkeit des anderen Vertragspartners in Folge schwerer Krankheit zu erhalten.

53    Bei der Ausgestaltung des Rücktrittsrechts ist der Erblasser weitgehend frei: beispielsweise kann das Rücktrittsrecht – anders als im Entwurf vorgeschlagen – an das Vorliegen bestimmter Voraussetzungen geknüpft werden und die Rücktrittsfolgen können abweichend von § 2298 Abs. 2 S. 1 BGB auf bestimmte letztwillige Verfügungen beschränkt werden. Der Entwurf grenzt in diesem Zusammenhang die Unwirksamkeitsfolge auf die zugunsten eines Ehegatten getroffenen Verfügungen ein, da anzunehmen ist, dass insbesondere die jeweiligen Erbeinsetzungen von Julia und Alex auch für den Fall des Rücktritts fortbestehen sollen.

### 2. §§ 2077 ff. BGB

54    Der in Teil E Abschnitt II angeordnete Ausschluss des Anfechtungsrechts nach § 2079 S. 1 BGB soll zu einem höheren Bestandsschutz für den Erbvertrag führen und einer möglichen Anfechtung durch übergangene Pflichtteilsberechtigte, § 2080 Abs. 3 BGB, vorbeugen.

55    Die folgende Bestimmung dient schließlich der Vermeidung von Auslegungsfragen im Hinblick auf §§ 2279 Abs. 2, 2077 BGB. Auch hier wäre es jedoch (wie bei der Ausgestaltung der Rücktrittsfolgen) möglich gewesen, die Unwirksamkeitsfolge auf einen bestimmten Kreis der in der Urkunde enthaltenen letztwilligen Verfügungen einzuschränken.

# Fall 14. Sorgenvolle Eltern

## Sachverhalt

Die Ehegatten Severin und Valerie Sorgenvoll sprechen bei Notar Dr. Klughart Weser in Nürnberg vor und berichten folgendes:

„Wir sind miteinander im gesetzlichen Güterstand verheiratet. Aus unserer Ehe sind drei gemeinsame Kinder hervorgegangen: Unser Sohn Arndt und die Töchter Barbara und Constanze. Sonst hat keiner von uns Kinder. Am Stadtrand bewohnen wir ein kleines Einfamilienhaus, das weitgehend schuldenfrei ist. Im Grundbuch sind wir als Miteigentümer zu gleichen Teilen eingetragen. Ansonsten besitzen wir den üblichen Hausrat, zwei Pkw und einige Ersparnisse.

Wir machen uns große Sorgen, auf welche Weise wir dieses Vermögen nach unserem Tod verteilen sollen. Am liebsten wäre uns, alles könnte so geregelt werden, wie wir selbst es von unseren eigenen Eltern kennen: Wenn der erste von uns stirbt, bekommt zunächst der Ehegatte alles, damit er für die Zukunft gesichert ist und vor allem in unserem Haus bleiben kann, ohne Gefahr zu laufen, es verkaufen zu müssen, um die Kinder auszubezahlen. Erst wenn dann auch der zweite von uns verstorben ist, wird alles gerecht unter den Kinder verteilt. Unsere Töchter Barbara und Constanze bereiten uns dabei wenig Schwierigkeiten. Beide sind schon seit längerem berufstätig und haben mittlerweile ihre eigenen Familien gegründet. Wir sind uns sicher, dass keine der beiden nach dem Tod des Ersten von uns etwas vom Überlebenden fordern wird.

Großes Kopfzerbrechen machen wir uns aber wegen unseres erstgeborenen Sohnes Arndt. Er ist seit seiner Geburt körperlich und geistig schwer behindert und lebt in einer speziellen Einrichtung für Schwerstbehinderte. Leider reicht die Behinderung unseres Sohnes so weit, dass er weder geschäfts- noch testierfähig ist. Deshalb wurde sogar ein Betreuer für ihn bestellt. Der Lebensunterhalt unseres Sohnes, der selbst keinerlei Einkünfte erzielen kann, wird weitgehend von der Sozialhilfe getragen. Hier liegt nun unser Problem: Sehr wichtig ist uns nämlich, dass unser Sohn auch nach unserem Tod die Unterstützung durch den Sozialhilfeträger nicht verliert. Gerade in diesem Zusammenhang machen wir uns jedoch große Sorgen, da wir wissen, dass nach den gesetzlichen Bestimmungen ererbtes Vermögen der Sozialhilfe vorrangig ist. Wir befürchten deshalb, dass der Anteil unseres Sohnes am Erbe verwendet wird, um die laufenden Kosten zu decken und auf diese Weise rasch verbraucht ist, ohne dass Arndt auf Dauer etwas von seinem Erbe hätte. Wir wollen daher unbedingt erreichen, dass der Sozialhilfeträger nicht auf den Erbteil unseres Sohnes zugreifen kann.

Ohne spezielle Vorkehrungen und Anordnungen werden wir also unseren Sohn, obwohl wir ihn sehr lieben und deshalb nicht benachteiligen wollen, nicht zum Erben einsetzen können. Er soll vielmehr auf die Weise etwas erhalten, dass er selbst einen Vorteil davon hat, der Sozialhilfeträger aber nicht zugreifen kann. Der überlebende Ehegatte oder auch unsere Töchter können dazu gegebenenfalls mit zusätzlichen Aufgaben bei der Verwaltung des Nachlasses betraut werden.

Schließlich ist unbedingt noch darauf zu achten, dass der Längerlebende von uns durch die zu errichtende letztwillige Verfügung möglichst wenig gebunden wird und auch nach dem Tod des Ersten von uns frei und unabhängig auf neuere Entwicklungen reagieren kann."

**Bearbeitervermerk:**

Notar Dr. Weser bittet den Jurastudenten Vez, der bei Dr. Weser gerade ein Praktikum ableistet, um Erstellung des Entwurfs für den entsprechenden Erbvertrag. Dabei weist er Vez auf §§ 2, 90 ff., 102 SGB XII hin. Seine maßgeblichen Gestaltungserwägungen soll Vez erläutern.

## Gliederung

## Lösung

### Teil 1: Entwurf

### I. Erster Erbfall

1. Jeder von uns setzt den jeweils anderen Ehegatten zu $^{10}/_{11}$ und unseren Sohn **1** Arndt zu $^{1}/_{11}$ zu seinen Erben ein. Für den Fall, dass der andere Ehegatte – gleich aus welchem Grund – nicht Erbe nach dem verstorbenen Ehegatten wird, gelten jedoch statt der vorstehenden Regelung die nachfolgend in Abschnitt II niedergelegten Bestimmungen. Die letztwilligen Verfügungen in Abschnitt II gelten also insbesondere, wenn der andere Ehegatte vorverstorben ist oder das Erbe nach dem erstversterbenen Ehegatten ausgeschlagen hat. Wird hingegen, ohne dass ein Fall des Abschnitts II vorliegt, Arndt gleich aus welchem Grund nicht Erbe des verstorbenen Ehegatten, tritt ersatzweise der andere Ehegatte an dessen Stelle.

2. Unser Sohn Arndt ist nur Vorerbe. Dabei ist Arndt von den gesetzlichen Beschrän- **2** kungen der §§ 2113 ff. BGB ausdrücklich nicht befreit. Befreiung wird lediglich erteilt von den Beschränkungen des § 2119 BGB (Anlegung von Geld). Der Nacherbfall tritt mit dem Tod des Vorerben ein. Nacherbe ist der länger lebende Ehegatte. Ersatznacherben sind die Abkömmlinge des Vorerben, mehrere unter sich zu gleichen Teilen entsprechend den Regeln der gesetzlichen Erbfolge. Weitere Ersatznacherben sind die nachfolgend in Abschnitt II eingesetzten Erben nach den dort festgelegten Verteilungsgrundsätzen mit Ausnahme von Arndt. Die Nacherbenanwartschaft ist weder vererblich noch übertragbar, ausgenommen an den Vorerben. Überträgt ein Nacherbe sein Anwartschaftsrecht auf den Vorerben, entfällt für diesen die Ersatznacherbfolge.

3. Sämtliche letztwillige Verfügungen, die vorstehend zugunsten eines Ehegatten ge- **3** troffen wurden, sind erbvertraglich bindend und somit einseitig weder widerruf- noch abänderbar. Alle übrigen vorstehenden Verfügungen sind dagegen einseitig, also nicht erbvertraglich bindend.

### II. Zweiter Erbfall

In einseitiger, also nicht erbvertraglich bindender Weise verfügen wir hiermit weiter **4** was folgt:

1. Wird der andere Ehegatte – gleich aus welchem Grund – nicht Erbe des verstorbenen Ehegatten, sind (Schluss- und/oder Ersatz-)Erben unser Sohn Arndt zu $^{1}/_{5}$ und unsere Töchter Barbara und Constanze zu jeweils $^{2}/_{5}$. Fällt ein vorstehend eingesetzter Erbe gleich aus welchem Grund weg, sind Ersatzerben dessen Abkömmlinge, mehrere unter sich zu gleichen Teilen entsprechend den Regeln der gesetzlichen Erbfolge. Sind keine Abkömmlinge des weggefallenen Erben vorhanden, tritt Anwachsung bei den verbliebenen vorstehend eingesetzten Erben gemäß § 2094 BGB ein.

2. Arndt ist jedoch auch in diesem Fall nur Vorerbe. Nacherben sind die Abköm- **5** linge des Vorerben, mehrere unter sich zu gleichen Teilen entsprechend den Regeln der gesetzlichen Erbfolge. Weitere Ersatznacherben sind die verbliebenen vorstehenden in Abschnitt II/1 eingesetzten Erben nach Maßgabe der dort getroffenen Verteilungsgrundsätze.

3. Im Übrigen gelten die in Abschnitt I/2 getroffenen Anordnungen entsprechend, **6** ausdrücklich einschließlich der nur teilweisen Befreiung von den Beschränkungen der §§ 2113 ff. BGB.

### III. Testamentsvollstreckung

7 Weiter verfügen wir hiermit in einseitiger, also nicht erbvertraglich bindender Weise was folgt:

1. Hinsichtlich jeden Erbteils, der unserem Sohn nach vorstehenden Bestimmungen anfällt, wird Testamentsvollstreckung in Form einer Dauertestamentsvollstreckung gemäß § 2209 BGB angeordnet. Zum Testamentsvollstrecker ernennen wir beim Tod des Erstversterbenden von uns den Länderlebenden, beim Tod des Längstlebenden unsere Tochter Barbara, ersatzweise unsere Tochter Constanze.

8 2. Der jeweilige Testamentsvollstrecker wird ermächtigt, jederzeit einen Nachfolger zu benennen. Kann oder will er dies nicht, soll der Nachfolger gemäß § 2200 BGB durch das Nachlassgericht ernannt werden. Das gleiche gilt, wenn der Testamentsvollstrecker sein Amt nicht antreten kann oder will.

9 3. Solange die jeweilige Erbengemeinschaft besteht, nimmt der Testamentsvollstrecker die unserem Sohn Arndt zustehenden Rechte als Miterbe wahr und verwaltet den Nachlass gemeinsam mit weiteren Miterben. Von den Beschränkungen des § 181 BGB (Verbot der Mehrvertretung und des Insichgeschäfts) ist der Testamentsvollstrecker ausdrücklich befreit. Der Testamentsvollstrecker darf nicht über den Erbteil als solchen verfügen, jedoch bei einer Auseinandersetzung der Erbengemeinschaft mitwirken.

10 4. Nach einer Erbauseinandersetzung setzt sich die Testamentsvollstreckung an den dem Vorerben zugeteilten Vermögensgegenständen fort.

11 5. Im Wege der Verwaltungsanordnung nach § 2216 Abs. 2 BGB wird der jeweilige Testamentsvollstrecker verbindlich angewiesen, unserem Sohn Arndt aus den ihm gebührenden anteiligen jährlichen Reinerträgen des Nachlasses bzw. der ihm bei einer Erbauseinandersetzung zugeteilten Vermögensgegenstände nach billigem Ermessen solche Geld- oder Sachleistungen nach Art und Höhe zukommen zu lassen, die zur Verbesserung seiner Lebensqualität beitragen, auf die der Sozialhilfeträger aber nach den sozialhilferechtlichen Vorschriften nicht zugreifen kann und die auch nicht auf die dem Behinderten gewährten Sozialhilfeleistungen anrechenbar sind. Dies sind nach derzeitiger Rechtslage insbesondere Geschenke zum Geburtstag des Arndt und zu den üblichen Festtagen, Aufwendungen zur Befriedigung seiner individuellen Bedürfnisse geistiger und künstlerischer Art sowie in Bezug auf Freizeitgestaltung und Hobbies, Aufwendungen für eine Teilnahme an Ferien- und Kuraufenthalten. Soweit die jährlichen Reinerträge nicht in voller Höhe in der obigen Weise verwendet werden, sind sie entsprechend der obigen Zielsetzungen für größere Anschaffungen oder Unternehmungen zugunsten unseres Sohnes anzulegen.

### IV. Bindungswirkung, Rücktrittsrecht

12 1. Die in dieser Urkunde getroffenen letztwilligen Verfügungen sind erbvertraglich bindend bzw. einseitig wie vorstehend jeweils angegeben. Die erbvertraglich bindenden Verfügungen werden hiermit – unbeschadet des nachstehend vereinbarten Rücktrittsrechts – jeweils angenommen.

13 2. Jeder von uns behält sich jedoch das freie und uneingeschränkte Rücktrittsrecht von diesem Erbvertrag vor. Der Rücktritt eines von uns hat die Unwirksamkeit des gesamten Erbvertrags zur Folge. Das Rücktrittsrecht erlischt mit dem Tode des anderen Vertragsteils.

## V. Ausschluss Anfechtungsrecht, Unwirksamkeit bei Ehescheidung

**1.** Sämtlich vorstehenden Verfügungen sollen ausdrücklich auch dann Bestand behalten, wenn beim Tod eines von uns nicht bedachte Pflichtteilsberechtigte vorhanden sein sollten. Insoweit verzichten wir auf unser jeweiliges gesetzliches Anfechtungsrecht. **14**

**2.** Mit Scheidung unserer Ehe wird der gesamte Erbvertrag unwirksam. Entsprechendes gilt, wenn beim Erbfall ein Scheidungsverfahren rechtshängig ist, unabhängig davon, ob die rechtlichen Voraussetzungen für eine Scheidung vorliegen. **15**

### Teil 2: Erläuterungen

### I. Einführung

Die Gestaltung einer letztwilligen Verfügung von Eltern eines behinderten Kindes stellt vergleichsweise hohe Anforderungen. Neben der schwierigen persönlichen Situation, in der sich die betreffenden Eltern befinden, liegt dies vor allem an der komplizierten Gemegelage aus sozialhilferechtlichen Vorschriften und erbrechtlichen Wunschvorstellungen der Erblasser begründet. Von der einschlägigen Literatur wurden deshalb zwischenzeitlich eine Vielzahl von Lösungsmodellen entwickelt, denen aber jeweils spezifische Vor- und Nachteile anhaften.[1] **16**

Vorliegender Fall, der dem „klassischen Modell"[2] des Behindertentestaments nachgebildet ist, kann veranschaulichen, welche Auswirkungen die Einsetzung eines Testamentsvollstreckers und die Anordnung von Vor- und Nacherbschaft haben kann. Diese Mechanismen begegnen dem Testamentsgestalter unter anderem auch bei letztwilligen Verfügungen geschiedener Erblasser oder von Erblassern, deren Erben überschuldet sind. Der Fall soll daher allgemeine Erkenntnisse vermitteln, die über den Spezialfall des „Behindertentestaments" und seiner besonderen sozialhilferechtlichen Einkleidung hinaus reichen. **17**

### II. Motivlage

### 1. Modell „Berliner Testament"

Im Grundsatz liegt für die Ehegatten Sorgenvoll eine Nachlassverteilung nach dem Modell des „Berliner Testaments" nahe. Differenziert wird dabei nach Todesfällen: Beim ersten Todesfall erbt im wesentlichen der überlebende Ehegatte. Der Längerlebende soll auf diese Weise eine möglichst starke Stellung erhalten und wirtschaftlich für die Dauer seines weiteren Lebens gesichert werden. Die Kinder sind dagegen erst beim zweiten Todesfall bedacht und erben als Schlusserben zu gleichen Teilen („Einheitslösung": Beim Tod des Längerlebenden entsteht ein einheitlicher Nachlass, der sich aus dem Vermögen des Zweitversterbenden und dem in dieses Vermögen gefallenen Nachlass des Erstversterbenden zusammensetzt). **18**

### 2. Sozialhilferechtliche Probleme

Damit kann sich die Gestaltung des Erbvertrags der Ehegatten Sorgenvoll im übrigen maßgeblich an den Auswirkungen des sozialhilferechtlichen Nachranggrundsatz orientieren. Im einzelnen bedeutet dieser Grundsatz vor allem: Der Träger der öffent- **19**

---

[1] Ein Überblick bietet beispielsweise: *Litzenburger*, RNotZ 2004, 138.
[2] Bengel/*Reimann*, Rn. 79.

lichen Sozialhilfe ist erst dann zur Leistung berufen, wenn Arndt sich nicht selbst helfen kann, § 2 SGB XII. Sohn Arndt ist verpflichtet, eigenes Einkommen und Vermögen einzusetzen, wobei Vermögen im Sinne des SGB XII das gesamte verwertbare Vermögen, § 90 Abs. 1 SGB XII, des Hilfebedürftigen ist, mit geringfügigen Ausnahmen nur für das so genannte Schonvermögen, § 90 Abs. 2 SGB XII. Arndt müsste deshalb insbesondere auch dasjenige für seinen Lebensunterhalt einsetzen, was er von seinen Eltern durch Verfügung von Todes wegen erlangt hat. Zur Sicherheit könnte der Sozialhilfeträger beispielsweise den Erbteil des Arndt pfänden, § 859 Abs. 2 ZPO, und verwerten lassen, §§ 844, 857 ZPO.

20      Darüber hinaus kann der Sozialhilfeträger, wenn Sohn Arndt, weil er in der letztwilligen Verfügung seiner Eltern übergangen wurde, einen Pflichtteilsanspruch gemäß §§ 2303 ff. BGB hat, diesen Pflichtteilsanspruch gemäß § 93 Abs. 1 SGB XII auf sich überleiten. Zwar ist ein Pflichtteilsanspruch gemäß § 852 Abs. 1 ZPO erst pfändbar, wenn er vertraglich anerkannt oder rechtshängig geworden ist. Jedoch hindert dies die Überleitung des Anspruchs wegen der Spezialregelung in § 93 Abs. 1 S. 4 SGB XII nicht. Der Sozialhilfeträger kann den Pflichtteilsanspruch also auch dann auf sich überleiten und verwerten, wenn Arndt selbst ihn gar nicht geltend macht.[3]

21      Fraglich ist, ob vor diesem Hintergrund das Ziel der Ehegatten Sorgenvoll, dass einerseits ein möglichst geringer Teils ihres Nachlasses (sowohl hinsichtlich seiner Substanz als auch im Hinblick auf seine Erträge) vom Sozialhilfeträger verwertet werden kann und andererseits Arndt gleichwohl zur Verbesserung seiner Lebensqualität über das Niveau der staatlichen Grundversorgung hinaus Zuwendungen aus dem Nachlass erhält, überhaupt erreicht werden kann. Zusätzlich ist zu überlegen, wie verhindert werden kann, dass der Sozialhilfeträger beim Tod des Arndt durch Zugriff auf dessen Nachlass gemäß § 102 SGB XII zugleich auch Zugriff auf das von den Eltern ererbte Vermögen erhält.

## III. Erbrechtliche Verfügungen

### 1. Zugriffsschutz

22      Als Gestaltungsmittel stehen Notar Dr. Weser bei der geschilderten Motivlage vor allem die Anordnung von Vor- und Nacherbschaft sowie die Einsetzung eines Testamentsvollstreckers in Form der Dauervollstreckung gemäß § 2209 S. 1 Halbsatz 1 BGB zur Verfügung.

### a) Vor- und Nacherbschaft

23      Die Vor- und Nacherbschaft dient hier vor allem dem Ziel, einen möglichen Zugriff des Sozialhilfeträgers als Eigengläubiger des Arndt auf die Substanz von dessen Nachlassanteil zu verhindern. Durch Einsetzung des Arndt als nicht befreiter Vorerbe wird dies in zweierlei Hinsicht erreicht.

### aa) Verwertungsschutz zu Lebzeiten des Arndt

24      Zum einen wird der gesamte der Nacherbenbindung unterliegende Nachlass durch die §§ 2115 BGB, 773 ZPO, 83 Abs. 2 InsO vor der Verwertung durch die Eigengläubiger des Vorerben geschützt, denn der Sozialhilfeträger könnte zwar die Nachlassgegenstände pfänden oder beschlagnahmen lassen, dies aber nur durch den Eintritt der Nacherbfolge „aufschiebend bedingt". Etwaige Zwangsverfügungen gegen den Vorer-

---

[3] *BGH* ZEV 2006, 76.

ben sind mit Eintritt des Nacherbfalls insoweit unwirksam, als sie das Recht des Nacherben vereiteln oder beeinträchtigen würden.[4] Es handelt sich dabei um eine jedermann gegenüber gegebene absolute Unwirksamkeit.[5] Zum Beispiel würde eine Pfändung des Vorerbteils mit Eintritt des Nacherbfalls erlöschen und ist damit wirtschaftlich betrachtet ein nur beschränkt taugliches Befriedigungsmittel.[6]

### bb) Kein Zugriff nach dem Tode des Arndt

Zum anderen wird durch die Anordnung von Vor- und Nacherbschaft verhindert, dass der ererbte Nachlass mit dem Tod des Arndt auf dessen Erben übergeht und damit dem Kostenersatz nach § 102 SGB XII unterliegt. Der jeweilige Vorerbteil des Arndt bildet ein Sondervermögen, das bei seinem Tod nicht in seinen eigenen Nachlass fällt, sondern von den Nacherben unmittelbar als Erben des jeweils verstorbenen Ehegatten (also des betreffenden „ursprünglichen" Erblassers) erworben wird, § 2139 BGB.[7]

### cc) Nicht befreiter Vorerbe

Die Vorerbeneinsetzung des behinderten Erben hat dabei grundsätzlich ohne Befreiung von den gesetzlich vorgesehenen Beschränkungen der §§ 2113 ff. BGB zu erfolgen. Denn nur für den nichtbefreiten Vorerben ist geklärt, dass diesem ausschließlich die Nutzungen des Nachlasses gebühren, vgl. § 2111 Abs. 1 S. 1 a. E. BGB, ein Zugriff auf die Substanz des Nachlasses dagegen ausgeschlossen ist.[8] Zwar ist auch bei der befreiten Vorerbschaft wegen § 2115 BGB eine Vollstreckung in den Nachlass nicht sinnvoll. Beim befreiten Vorerben könnte der Sozialhilfeträger aber jedenfalls mittelbar eine Verwertung der Nachlassgegenstände erreichen, indem er die Gewährung von Sozialhilfe unter Bezugnahme auf § 90 Abs. 1 SGB XII verweigert und den betreffenden Erben auf das Recht verweist, die zu seiner Nachlassbeteiligung gehörenden Gegenstände für sich verwenden, § 2138 Abs. 1 BGB.[9]

Allerdings ist der Vorerbe (wie im Entwurf vorgeschlagen) zumindest von den Beschränkungen des § 2119 BGB zu befreien, damit er bzw. sein Testamentsvollstrecker etwaige ihm im Rahmen der Erbauseinandersetzung zugewiesene Geldbeträge auch in Aktien o. ä. anlegen kann.[10]

Zu Nacherben sind, da insoweit ein anderer Wille der Ehegatten Sorgenvoll nicht ersichtlich ist, die Abkömmlinge zu berufen, ersatzweise die Geschwister und deren Abkömmlinge. Eine Ausnahme gilt jedoch für den ersten Erbfall: Hier ist als Nacherbe in erster Linie der überlebende Ehegatte vorzusehen. Für den Fall des Vorversterbens des behinderten Kindes vor dem ersten Todesfall erlangt der Ehegatte damit die Stellung eines Alleinerben.[11]

---

[4] Palandt/*Edenhofer*, § 2115 Rn. 4.
[5] MünchKomm/*Grunsky*, § 2115 Rn. 10.
[6] *Bengel*, in: Münchener Anwaltshandbuch, § 13 Rn. 19; *Nieder/Kössinger*, § 21 Rn. 91.
[7] MünchKomm/*Grunsky*, § 2100 Rn. 1.
[8] *Bengel*, in: Münchener Anwaltshandbuch, § 13 Rn. 16 f.
[9] *Nieder*, in: Münchener Vertragshandbuch, XVI/19 Anm. 4.
[10] *Müller*, in: Würzburger Notarhandbuch, Rn. 4/378.
[11] Um eine etwaige Nachlassauseinandersetzung zwischen Vor- und Nacherben zu erleichtern, sieht der Entwurf außerdem vor, dass die angeordnete Ersatznacherbfolge entfällt, wenn ein Nacherbe sein Anwartschaftsrecht auf den Vorerben überträgt. Sonst wäre bei einer solchen Auseinandersetzung für noch nicht geborene Ersatznacherben ein Pfleger zu bestellen und außerdem die vormundschaftsgerichtliche Genehmigung einzuholen. Auch eine hervorragende Lösung bräuchte dies jedoch nicht zu berücksichtigen. Weiter wird die Vererblichkeit und Veräußerlichkeit der Nacherbenanwartschaft ausgeschlossen. Inwieweit sich ein solcher Ausschluss schon aus der Einsetzung von Ersatznacherben ergibt, ist unklar.

## b) Testamentsvollstreckung

29    Eine über die Anordnung von Vor- und Nacherbschaft noch hinausgehende Einschränkung der Verfügungsbefugnis des Arndt wird durch Einsetzung eines Testamentsvollstreckers erreicht: § 2205 S. 2 BGB gewährt dem Testamentsvollstrecker unbeschränkte Verfügungsbefugnis über die der Testamentsvollstreckung unterliegenden Gegenstände. Der belastete Erbe selbst ist dagegen gemäß § 2211 BGB von einer Verfügung über die der Testamentsvollstreckung unterliegenden Nachlassgegenstände ausgeschlossen. Damit ist Arndt – der als nichtbefreiter Vorerbe zumindest über die Erträge seines Erbanteils frei verfügen könnte – auch der Zugriff auf die Früchte und Nutzungen seines Nachlassanteils entzogen.[12] Ohne Anordnung von Testamentsvollstreckung müsste er diese Erträge dagegen im Verhältnis zum Sozialhilfeträger wegen § 90 Abs. 1 SGB XII zur Deckung seines Lebensunterhalts heranziehen.

30    Darüber hinaus bewirkt die Testamentsvollstreckung in ähnlicher Weise wie die Anordnung von Vor- und Nacherbschaft, dass die Eigengläubiger des betroffenen Erben während der Dauer der Testamentsvollstreckung keine Zugriffsmöglichkeiten auf die der Verwaltung des Testamentsvollstreckers unterliegenden Nachlassgegenstände haben: Nach § 2214 BGB können sich Gläubiger des Arndt nicht an die von der Testamentsvollstreckung betroffenen Gegenstände halten, denn ab dem Erbfall ist jegliche Vollstreckungsmaßnahme in den der Testamentsvollstreckung unterliegenden Nachlass unwirksam.[13]

## c) Zusammenfassung: Wirkungen der Kombination von Vor- und Nacherbschaft und Testamentsvollstreckung

31    Die Kombination von Nacherbfolge und Testamentsvollstreckung hat hinsichtlich der zur Vorerbschaft gehörend Gegenstände gegenüber dem Sozialhilfeträger einen weitreichenden Vollstreckungsschutz zur Folge.

32    Da zusätzlich auch Arndt selbst nicht auf seinen Nachlassanteil zugreifen kann, ist sein Miterbenanteil weder beim ersten noch beim zweiten Todesfall verwertbares Vermögen im Sinne des § 90 Abs. 1 SGB XII. Damit kann der Sozialhilfeträger den Erbteil des Arndt nicht nur nicht zwangsweise verwerten, sondern außerdem auch nicht Arndt vor der Gewährung von Hilfeleistungen auf den Einsatz dieses Vermögens verweisen. Durch die Kombination von Nacherbfolge und Testamentsvollstreckung kann Notar Dr. Weser jedenfalls das „Abwehrziel" der Ehegatten Sorgenvoll erreichen.

## 2. Hebung des Lebensstandards

## a) Dauertestamentsvollstreckung

33    Noch nicht erfüllt ist nach den bisherigen Ausführungen dagegen die Zielvorstellung der Ehegatten Sorgenvoll, den Lebensstandard des Arndt dauerhaft über Sozialhilfeniveau zu heben. Außerdem sind möglicherweise trotz der bislang beschriebenen testamentarischen Vorkehrungen die Erträge der Vorerbschaft dem Zugriff des Sozialhilfeträgers ausgesetzt: Denn nach den einschlägigen gesetzlichen Regelungen muss der Dauertestamentsvollstrecker die Nachlasserträge an den Erben herausgeben, soweit dies den Grundsätzen einer ordnungsgemäßen Verwaltung entspricht, §§ 2216 Abs. 1, 2217 Abs. 1 BGB. Auch dies sind nach herrschender Auffassung Ansprüche,

---

[12] *Bengel*, in: Münchener Anwaltshandbuch, § 13 Rn. 19.
[13] Palandt/*Edenhofer*, § 2214 Rn. 2.

auf die der Sozialhilfeträger Arndt gemäß § 90 Abs. 1 SGB XII vor der Leistungsgewährung verweisen könnte.[14]

Aus diesen Gründen muss Notar Dr. Weser über die bloße Anordnung von Testamentsvollstreckung hinaus in seinen Entwurf ergänzend eine ausdrückliche Anweisung für den eingesetzten Testamentsvollstrecker aufnehmen, die jährlichen Erträge der Vorerbschaft an Arndt ausschließlich in solchen Formen auszukehren, die bei der Gewährung von Sozialhilfe anrechnungsfrei bleiben.[15] Diese zusätzlichen konkreten Verwaltungsanordnungen gemäß § 2216 Abs. 2 S. 1 BGB haben gegenüber der aus § 2216 Abs. 1 BGB fließenden allgemeinen Pflicht zur ordnungsgemäßen Verwaltung nach herrschender Meinung Vorrang.[16] **34**

### b) Auswahl des Testamentsvollstreckers

Ein weiteres in der Praxis häufig auftretendes Problem im Zusammenhang mit der Anordnung von Testamentsvollstreckung ist die Auswahl des richtigen Testamentsvollstreckers. Das OLG Nürnberg sah bei Personengleichheit von Testamentsvollstrecker und gesetzlichem Vertreter eines Minderjährigen einen erheblichen Interessenkonflikt im Sinne der §§ 1629 Abs. 2 S. 3, 1796 Abs. 2 BGB, der die Bestellung eines Ergänzungspflegers zur Wahrung der Rechte des Kindes gegenüber dem Testamentsvollstrecker erforderlich macht.[17] Ein ähnlicher Interessenkonflikt kann beim „Behindertentestament" auch bei einem volljährigen, aber unter Betreuung stehenden Erben auftreten: Sind Betreuer und Testamentsvollstrecker ein und dieselbe Person, besteht ebenfalls die Schwierigkeit, dass es Teil der Aufgabe des Betreuers wäre, den Testamentsvollstrecker zu überwachen.[18] Für Arndt ist jedoch bereits ein familienfremder Betreuer bestellt, so dass dieses Problem hier unberücksichtigt bleiben kann.[19] **35**

### c) Erbquote

Hinsichtlich der Erbquote, mit der Arndt im jeweiligen Todesfall bedacht wird, galt jedenfalls bislang, dass diese etwas über seiner Pflichtteilsquote liegen sollte. Denn bei **36**

---

[14] *Nieder/Kössinger,* § 21 Rn. 96.

[15] *Nieder/Kössinger,* § 21 Rn. 97.

[16] Die konkrete Ausgestaltung der entsprechenden Verwaltungsanordnung brauchte auch im Rahmen einer sehr guten Lösung nicht zu erfolgen. Der Entwurf sieht für den Fall, dass aus den Ertragnissen des Nachlasses nach Abzug der anrechnungsfrei zu gewährenden Leistungen Überschüsse verbleiben vor, dass diese als Rücklagen für spätere Maßnahmen zur Verbesserung der Lebensqualität des Arndt zurückgelegt werden. Damit soll nach verbreiteter Meinung dem Einwand Rechnung getragen werden können, es seien wegen § 2216 Abs. 1 zwingend sämtliche Ertragnisse des Nachlasses an den Vorerben herauszugeben, vgl. *Nieder,* in: Münchener Vertragshandbuch, XVI/19 Anm. 6. Nicht verwechselt werden darf diese Frage nach der Zulässigkeit der Thesaurierung von Nachlasserträgnissen jedoch mit dem Umstand, dass nach dem Tod des Vorerben Ertragnisse, die der Testamentsvollstrecker nicht ausgekehrt hat, grundsätzlich nicht in die Nacherbschaft fallen, sondern in das Vermögen des Behindertenerblassers und unterliegen dem Zugriff nach § 102 SGB XII unterliegen: *Bengel,* in: Münchener Anwaltshandbuch, § 13 Rn. 23.

[17] *OLG Nürnberg* ZEV 2002, 158: Der Vater hatte in einer letztwilligen Verfügung sein noch minderjähriges Kind zum Erben eingesetzt und die Mutter zur Testamentsvollstreckerin.

[18] *Ruby,* ZEV 2006, 66, 69.

[19] Der BGH hat in einer jüngeren Entscheidung die generalisierende Betrachtungsweise des OLG Nürnberg verworfen: *BGH* MittBayNot 2008, 297, 298. Vielmehr müsse im Einzelfall untersucht werden, ob konkret tatsächlich ein solcher Interessenkonflikt vorliegt, was unter anderem dann nicht der Fall sein soll, wenn aufgrund der bisherigen Erfahrung und des engen persönlichen Verhältnisses zwischen Elternteil und Kind keinerlei Anlass zur Annahme besteht, der Elternteil werde unbeschadet seiner eigenen Interessen die Belange des Kindes nicht in gebotenem Maße wahren und fördern. Der Vertragsgestalter wird – gemäß dem „Gebot des sichersten Weges" – wohl ggf. dennoch anregen, eine „Personalunion" von Betreuer und Testamentsvollstrecker zu vermeiden: *Nieder/Kössinger,* § 21 Rn. 93 f.

einer Erbeinsetzung des Arndt unter oder gleich seiner Pflichtteilsquote fielen gemäß § 2306 Abs. 1 S. 1 BGB a.F. die Beschwerungen seines Erbteils durch Nacherbfolge und Testamentsvollstreckung automatisch weg. Dem Zugriff des Sozialhilfeträgers hätte damit die Erbquote und außerdem der Zusatzpflichtteil des Arndt gemäß § 2305 BGB offengestanden.

37    Als Pflichtteilsquote errechnet sich für Arndt unter Beachtung dieser Grundsätze beim ersten Todesfall $1/12$ und beim zweiten Todesfall $1/6$, §§ 2303 Abs. 1 S. 2, 1931 Abs. 1 S. 1 und Abs. 3, 1371 Abs. 1, 1924 Abs. 4 BGB.[20]

Am 1. 1. 2010 ist allerdings mit Inkrafttreten der Reform des Erb- und Verjährungsrechts die bisherige Unterscheidung in § 2306 Abs. 1 S. 1 und S. 2 BGB a.F. weggefallen. Damit kommt es für die Handlungsmöglichkeiten des beschwerten Erben nicht mehr darauf an, ob der hinterlassene Erbteil kleiner (Rechtsfolge bislang: automatisches Wegfallen der Beschränkungen und Beschwerungen und Zusatzpflichtteil, vgl. Rn. 36: § 2306 Abs. 1 S. 1 BGB a.F.) oder größer (§ 2306 Abs. 1 S. 2 BGB a.F.) als die Hälfte des gesetzlichen Erbteils ist. Vielmehr gilt jetzt einheitlich das bislang in § 2306 Abs. 1 S. 2 BGB a.F. verankerte Wahlrecht: der beschwerte Erbe kann entweder den Erbteil mit den Belastungen und Beschränkungen annehmen oder den Erbteil ausschlagen und dennoch den Pflichtteil verlangen. Ein automatisches Entfallen der Beschränkungen oder Beschwerungen gibt es also nicht mehr.[21]

Trotzdem wird sich aus den unten in Rn. 42 ff. genannten Gründen bei der Gestaltung eines Behindertentestaments weiterhin empfehlen, eine Erbquote zu bilden, die etwas über der Pflichtteilsquote liegt.

## IV. Weiterführende Hinweise

### 1. Keine Sittenwidrigkeit des „Behindertentestaments"

38    In der Literatur war umstritten, inwieweit das Behindertentestament eine nach § 138 BGB sittenwidrige und daher nichtige Gestaltung zu Lasten der Sozialhilfe bzw. des Behinderten darstellt.[22] Der BGH hat diese Frage in zwei jüngeren Entscheidungen verneint und zur Begründung maßgeblich auf die Testierfreiheit abgestellt, die unterhalb der Schwelle des Pflichtteilsrechts nur in besonderen Ausnahmefällen eine Beschränkung durch § 138 BGB erfahre.[23]

39    Im Anschluss an diese Entscheidungen betont nunmehr auch die überwiegende Literatur, dass Eltern gerade durch die Vorkehrungen in einem „Behindertentestament" ihrer sittlichen Verantwortung für das Wohl ihres Kindes nachkommen können, wenn über die ohnehin gewährte Sozialhilfe hinaus dem Behinderten zusätzliche Vorteile und Annehmlichkeiten gewährt werden.[24]

### 2. Pflichtteilsstrafklausel

40    Die Verwendung einer Pflichtteilsstrafklausel ist beim „Behindertentestament" besonders risikobehaftet. Nicht zielführend ist daher in der Regel eine Gestaltung, in der

---

[20] Maßgeblich ist bei der Berechnung der Pflichtteilsquote neben der Zahl der vorhandenen Geschwister des Arndt auch der Güterstand der Ehegatten Sorgevoll. Als Faustregel kann dabei gelten, dass bei Vorhandensein von mehr als einem Kind der gesetzliche Güterstand der Zugewinngemeinschaft zur rechnerisch niedrigsten Pflichtteilsquote der Abkömmlinge führt, da hier die Nachlassbeteiligung des Ehegatten am größten ist.

[21] *Langenfeld*, NJW 2009, 3121, 3122.

[22] *Müller*, in: Würzburger Notarhandbuch, Teil 4, Rn. 381.

[23] *BGH* NJW 1990, 2055; *BGH* NJW 1994, 248.

[24] *Bengel*, in: Münchener Anwaltshandbuch, § 13 Rn. 33.

die Ehegatten ihr behindertes Kind beim ersten Erbfall durch eine Alleinerbeinsetzung des überlebenden Ehegatten enterben und versuchen, die Gefahr der Geltendmachung von Pflichtteilsansprüchen durch eine Pflichtteilsklausel zu reduzieren. Anschaulich zeigt dies die bereits eine BGH-Entscheidung vom 8. Dezember 2004:[25] Die Eltern hatten ein gemeinschaftliches Ehegattentestament errichtet, in dem sie sich für den ersten Todesfall gegenseitig als alleinige Erben einsetzten. Ihre acht Kinder bestimmten die Eltern dagegen zu Schlusserben des Letztversterbenden. Nacherben der Kinder sollten deren Abkömmlinge, beim Fehlen von Abkömmlingen die übrigen Geschwister oder ersatzweise deren Kinder sein. Bezüglich des Erbteils der behinderten Tochter wurde zusätzlich Testamentsvollstreckung angeordnet. Außerdem wurde verfügt, dass ein Kind, das beim Tod des erstversterbenden Elternteils den Pflichtteil verlangt, beim Tod des letztversterbende Elternteils ebenfalls nur den Pflichtteil erhalten solle (einfache Pflichtteilsstrafklausel).

Nach Überleitung und Geltendmachung des Pflichtteilsanspruchs nach dem erst- **41** verstorbenen Vater hätte der Sozialhilfeträger damit sogar zweimal Zugriff auf einen Pflichtteilsanspruch des behinderten Kindes nehmen können: Nach dem ersten Todesfall infolge der durch die Erblasser unmittelbar angeordneten Enterbung des behinderten Kindes und beim zweiten Erbfall aufgrund des Eingreifens der Pflichtteilsstrafklausel. Der BGH konnte hier nur helfen, indem er die Pflichtteilsstrafklausel dahingehend einschränkend auslegte, dass sie nicht eingreift, wenn ein Sozialhilfeträger den Pflichtteilsanspruch des behinderten Kindes nach dem erstversterbenden Elternteil auf sich überleitet und geltend macht.[26] So blieb zumindest für den Schlusserbfall die Kombination aus Vorerbeinsetzung und Verwaltungstestamentsvollstreckung erhalten.[27]

### 3. Gefahrenquelle § 2306 Abs. 1 S. 1 BGB

Das nach klassischer Vorlage gestaltete Behindertentestament zielte unter anderem **42** darauf ab, über eine geeignete Bildung der Erbquoten für beide Todesfälle die Klippe des § 2306 Abs. 1 S. 1 BGB a.F. zu umschiffen, vgl. Rn. 36f.

Jedoch lag auch im Anwendungsbereich des § 2306 Abs. 1 S. 2 BGB a.F. ein Gefah- **43** renpunkt für das „Behindertentestament", der durch die Verallgemeinerung dieser Regelung im Rahmen der Neufassung von § 2306 Abs. 1 BGB weiterhin seine Gültigkeit behält. Diese Schwierigkeit liegt in dem Wahlrecht begründet, das diese Vorschrift für den behinderten Erben eröffnet: Nach den in Rn. 37 vorgestellten Grundsätzen könnte Sohn Arndt im jeweiligen Erbfall entweder den ihm zugewandten mit zusätzlichen Anordnungen belasteten Erbteil annehmen oder aber nach § 2306 Abs. 1 BGB n.F. von seinem Ausschlagungsrecht Gebrauch machen und den ordentlichen Pflichtteil verlangen. Das Ziel, seine Nachlassbeteiligung vom Zugriff des Sozialhilfeträgers auszunehmen, wäre damit vereitelt.

Allerdings gilt: Für den geschäftsunfähigen Arndt ist dieses Wahlrecht durch seinen Betreuer auszuüben, § 1902 BGB, der sich gemäß § 1901 Abs. 2 S. 1 BGB bei seiner

---

[25] *BGH* RNotZ 2005, 176.

[26] *BGH* RNotZ 2005, 176, 178; *BGH* ZEV 2006, 76, 77.

[27] Dieses Rechtsprechungsbeispiel darf allerdings nicht umgekehrt dazu verleiten, bei letztwilligen Verfügungen von Eltern mit behinderten Kindern stets sowohl beim ersten als auch beim zweiten Todesfall eine Nachlassbeteiligung des behinderten Erben vorzusehen: Liegt der Sachverhalt anders als im hier gebildeten Fall, werden insbesondere seitens des behinderten Kindes Sozialhilfeleistungen voraussichtlich erst nach dem Tod des letztversterbenden Ehegatten bezogen, kann es sich, um das verfrühte Entstehen einer Erbengemeinschaft zu vermeiden, empfehlen, auf eine Miterbeneinsetzung des behinderten Kindes beim ersten Todesfall zu verzichten: *Müller*, in: Würzburger Notarhandbuch, Teil 4, Rn. 388.

Entscheidung ausschließlich am Wohl des Arndt auszurichten hat. Interessen Dritter, insbesondere die finanziellen Interessen des Sozialhilfeträgers, sind in diese Entscheidung dagegen nicht[28] mit einzubeziehen.[29]

44    Aus diesem Grund wird der behinderte Erbe selbst bzw. dessen Betreuer bei passender Ausgestaltung der Verwaltungsanordnung für den Testamentsvollstrecker in der Regel nicht den Weg der Ausschlagung gehen: Durch die zweckgebundenen Zuwendungen wird der Lebensstandard des Behinderten idealerweise dauerhaft über Sozialhilfeniveau gehalten, was den Nachteil der angeordneten Beschränkungen und Beschwerungen ausgleicht.[30] Dieses Argument verliert jedoch jedenfalls dann an Überzeugungskraft, wenn die Zuwendung an den behinderten Erben deutlich unter seiner Pflichtteilsquote liegt. Für den Betreuer könnte sich dann eventuell sogar eine Pflicht zur Ausschlagung ergeben,[31] so dass die bisherigen Empfehlungen zur Höhe der Beteiligungsquote des Behinderten wohl weiter zu beachten sind.[32]

45    Geklärt ist nach h. M. zu diesem Problemkreis die Frage, ob der Sozialhilfeträger das Ausschlagungsrecht in gleicher Weise wie den eigentlichen Pflichtteilsanspruch auf sich überleiten kann: Weil es sich bei dem Ausschlagungsrecht um ein höchstpersönliches Gestaltungsrecht und nicht um einen Anspruch handelt, wird eine solche Überleitungsmöglichkeit überwiegend verneint.[33]

46    Noch nicht höchstrichterlich entschieden ist dagegen, ob der Sozialhilfeträger bei Vorliegen eines seinen Zugriff auf die Erbschaft ausschließenden Testaments bzw. Erbvertrags nicht das Ausschlagungsrecht des Behinderten als von diesem gemäß § 90 Abs. 1 SGB XII einzusetzende Vermögensposition betrachten kann. Der Sozialhilfeträger könnte damit seine Hilfe mit der Begründung kürzen, insoweit sei eine Einkunftserzielungsmöglichkeit des Behinderten gegeben, um dadurch ihn bzw. seinen Betreuer zu veranlassen, die Vorerbschaft auszuschlagen und den Pflichtteil zu verlangen.[34] Allerdings dürfte meist die Ausschlagungsfrist, § 1944 Abs. 1 BGB, bereits abgelaufen sein, wenn der Sozialhilfeträger seine Prüfung beendet hat und den Behinderten bzw. seinen Betreuer zur Ausschlagung auffordert, so dass diese das Verlangen gar nicht erfüllen können.[35] Besonderes Augenmerk ist dabei dem Fristbeginn zu widmen: beim geschäftsunfähigen oder beschränkt geschäftsfähigen Erben kommt es nicht auf dessen Kenntnis an, sondern auf die seines gesetzlichen Vertreters.[36]

### 4. Vermächtnislösung

47    Neben der hier dargestellten klassischen Lösung – Anordnung von Nacherbfolge in Kombination mit Dauertestamentsvollstreckung und Verwaltungsanweisung nach § 2216 Abs. 2 BGB – wird häufig auch die Lösung über ein Vermächtnis zugunsten des behinderten Abkömmlings empfohlen. Die „Vermächtnislösung" hat gegenüber der „Erblösung" vor allem den Vorteil, dass sie die gesamthänderische Bindung des Nach-

---

[28] *Nieder/Kössinger,* § 21 Rn. 65.

[29] Bei Ausschlagung durch den Betreuer ist gemäß §§ 1908 i Abs. 1 S. 1, 1822 Nr. 2 zusätzlich die Genehmigung des Betreuungsgerichts erforderlich.

[30] *Reimann/Bengel/Mayer,* Syst. Teil E Rn. 215.

[31] *Langenfeld,* NJW 2009, 3121, 3122.

[32] Zur früheren Rechtslage anschaulich: *Nieder/Kössinger,* § 21 Rn. 84.

[33] Zweifelnd jedoch *Litzenburger,* RNotZ 2005, 162, 165, nach dessen Auffassung die klassische Ausprägung des Behindertentestaments „an einem ‚seidenen Faden' hängt, nämlich an der Nichtüberleitbarkeit des Ausschlagsrechts".

[34] *Nieder/Kössinger,* § 21 Rn. 106.

[35] *Nieder/Kössinger,* § 21 Rn. 106.

[36] *Reimann/Bengel/Mayer,* Syst. Teil E Rn. 215.

lasses bei der Vor- und Nacherbschaft (und eine notwendige Erbauseinandersetzung unter Beteiligung des Behinderten bzw. dessen Testamentsvollstrecker) vermeidet.[37]

Von ihrer Struktur her ist die Vermächtnislösung der Erblösung zumindest in ihren **48** Grundzügen vergleichbar: Dem behinderten Kind wird vermächtnisweise ein Bruchteil des Nachlasswerts (sog. Quotenvermächtnis) zugewandt, der zumindest dem Pflichtteil des Behinderten entspricht. Der Wert des Vermächtnisses kann gemäß § 2307 Abs. 1 S. 2 BGB auf den Pflichtteil angerechnet werden. Hinsichtlich der Verwaltung des Vermächtnisses wird Dauervollstreckung angeordnet. Darüber hinaus wird der Testamentsvollstrecker, § 2223 BGB, im Wege der Verwaltungsanordnung angewiesen, mit den Mitteln des Vermächtnisses dem Behinderten Leistungen zu erbringen, die auf Sozialhilfeleistungen nicht anrechenbar sind. Schließlich wird der beim Tod des Behinderten verbliebene Rest des Vermächtnisses gemäß § 2191 BGB einem Nachvermächtnisnehmer zugewiesen, um den Kostenersatz nach § 102 SGB XII zu vermeiden.[38]

Nachteil dieser Gestaltungsvariante ist jedoch, dass derzeit höchstrichterlicher Ent- **49** scheidungen dazu fehlen, ob auch durch die Anordnung des Vor- und Nachvermächtnisses vermieden werden kann, dass der Erbe des behinderten Vorvermächtnisnehmers dem Sozialhilfeträger gegenüber aus § 102 SGB XII mit dem Vermächtnisgegenstand haftet, so dass es nicht zu einer quotenmäßigen Teilung des Nachlasses zwischen Nachvermächtnisnehmer und Sozialhilfeträger kommt.[39]

Jedenfalls nicht zielführend ist die Enterbung des behinderten Kindes unter gleich- **50** zeitiger Begünstigung durch eine Auflage: Der Wert der Auflage wird nicht auf den Pflichtteil angerechnet, da § 2307 BGB nur für Vermächtnisse gilt. Somit entsteht zusätzlich zur Auflage der sofort überleitbare Pflichtteilsanspruch.[40]

---

[37] *Müller,* in: Würzburger Notarhandbuch, Rn. 4/384.
[38] Zusammenfassend: *Nieder,* in: Münchener Vertragshandbuch, XVI/19 Anm. 2b.
[39] *Bengel/Reimann,* in: Beck'sches Notarhandbuch, Rn. C/143; *Müller,* in: Würzburger Notarhandbuch, Rn. 4/386.
[40] *Müller,* in: Würzburger Notarhandbuch, Rn. 4/390.

# Fall 15. Ungeliebte Ehefrau

## Sachverhalt

In den Amtsräumen des Notars Dr. Lucas Wohlabwäg findet sich Herr Arthur Treugefahr (T) ein und schildert folgenden Sachverhalt:

„Seit ungefähr einem Jahr bin ich rechtskräftig geschieden. Der Scheidungskrieg war fürchterlich und am Ende musste ich das gemeinsam mit meiner Ex-Frau gekaufte Einfamilienhaus ihr zum Alleineigentum überlassen. Selbst wohne ich jetzt am C-See in der Nähe meiner Arbeitsstätte zur Miete. Ich bin heilfroh, dass ich wenigsten meine kleine Eigentumswohnung in der Großstadt M, die ich vor einigen Jahren von meinen Eltern überlassen erhalten habe, behalten konnte. Diese Wohnung ist zur Zeit an eine Studenten-WG vermietet. Sonst habe ich nicht mehr viel, außer meinem Einkommen als Angestellter, mit dem ich – soweit es neben den von mir zu tragenden Unterhaltslasten eben geht – für das Alter vorsorgen und ein Sparvermögen aufbauen will.

Um mich von dem ganzen Ärger abzulenken, habe ich ein neues Hobby gesucht und den Motorradführerschein nachgemacht. Mein neues Motorrad bringt mir viel Spaß und ich bin inzwischen sehr regelmäßig auf ausgedehnten Touren in den Alpen und Südeuropa unterwegs.

Dabei kommen mir jedoch immer wieder düstere Gedanken: Was passiert eigentlich, wenn mir bei einer meiner Touren etwas zustoßen sollte? Aus meiner gescheiterten Ehe habe ich eine Tochter, die jetzt zwar bei ihrer Mutter wohnt, mir trotz der Scheidung aber noch sehr nahe steht und die ich unbedingt auch als meine Erbin einsetzen will. Gerade die Eigentumswohnung kann meine Tochter Viola später (heute ist sie erst zehn Jahre alt) vielleicht gut brauchen, wenn sie in M studieren oder arbeiten sollte. Weitere Kinder habe ich nicht.

Ich habe nun aber Sorge, dass über den Umweg meiner Tochter mein Ex-Frau von meinem Nachlass profitiert oder jedenfalls das „Bestimmungsrecht" darüber erhält. Nach den bitteren Erfahrung bei unserer Scheidung will ich das auf jeden Fall verhindern. Meine Ex-Frau bringt es aus lauter Hass auf mich fertig, das ganze Vermögen zu verscherbeln, so dass meiner Tochter, wenn sie selbst volljährig wird, nichts bleibt. Es muss doch irgendwie möglich sein, dass meine Ex-Frau vom Einfluss auf meinen Nachlass ausgeschlossen wird, selbst wenn er von meiner minderjährigen Tochter geerbt wird. Außerdem darf es natürlich auf gar keinen Fall passieren, dass wenn zunächst meine Tochter geerbt hat, dann am Ende – weil auch Viola verunglückt (so traurig sind meine Gedanken manchmal) – meine Ex-Frau meinen Nachlass als Erbin von Viola (als Bestandteil von deren Nachlass) bekommt oder – falls auch Viola schon ein Testament gemacht haben sollte – Pflichtteilsansprüche daran geltend machen kann."

Auf Nachfrage von Dr. Wohlabwäg erklärt Treugefahr weiter:

„Der Ausschluss meiner Ex-Frau ist mir so wichtig, dass ich dafür eine gewisse Bindung meiner Tochter in ihren eigenen Verfügungsmöglichkeiten über meinen Nachlass in Kauf nehme. Jedenfalls für eine „Übergangszeit", am besten bis sie im Beruf steht und ihre Persönlichkeit weitgehend „gefestigt" ist, sind solche Beschränkungen bestimmt auch als „Selbstschutz" gut. Ich nehme jedoch an, dass ein junger Mensch spätestens mit 27 Jahren oder, wenn ihm selbst Kinder geboren werden, die erforderliche

Reife hat, selbst über seine Angelegenheiten verantwortungsvoll zu entscheiden. Dann sollte Viola keinen allzu strengen Bindungen mehr unterliegen. Sie soll dann vor allem selbst entscheiden können, wer das von mir ererbte Vermögen nach ihrem eigenen Tod einmal bekommt. Allerdings müssen meine Ex-Frau und deren Verwandte in aufsteigender Linie (vor allem meine Schwiegereltern, die eine nicht unerhebliche Schuld am Scheitern meiner Ehe tragen) oder etwaige „neue" Kinder meiner Ex-Frau auch dann ausgeschlossen sein. Lieber sollen insoweit – wenn Viola keine eigenen Kinder hat – meine Eltern oder meine Geschwister und deren Kinder „Erben" sein.

Mein Bruder Prüfgern Treugefahr hat übrigens ein gutes Verhältnis zu meiner Tochter, die seit der Scheidung ihrem Onkel beinahe mehr anvertraut als mir selbst, und ist als selbständiger Wirtschaftsprüfer in wirtschaftlichen Dingen so gut bewandert, dass er hervorragend geeignet wäre, sich während der Jugendjahre meiner Tochter für diese um meinen Nachlass zu kümmern und ihn zu verwalten. Auch meine Schwester Monika Sorgesehr hat engen Kontakt zu Viola und wäre bestens geeignet, während Violas Minderjährigkeit erzieherische Aufgaben für sie an meiner Stelle zu übernehmen. Sie könnte dabei gerne auch die Tätigkeit ihres Bruders Prüfgern wie ein Erziehungsberechtigter von Viola überwachen.

Herr Dr. Wohlabwäg, bitte erstellen Sie für mich einen Testamentsentwurf, der alle gerade angesprochenen Punkt möglichst gut berücksichtigt. Bei meiner nächsten Motorradtour könnte ich dann – wenn meine letzten Dinge geregelt sind – wesentlich sorgenfreier sein. Viel weiter als bis zu den eigenen Kindern von Viola sollen etwaige Bindungswirkungen und Einschränkungen in dem Testament aber nicht wirken; ich finde, was einen letzten Willen angeht, kann man nicht über mehrere Generationen hinweg planen."

**Bearbeitervermerk:**

Der Testamentsentwurf ist zu fertigen. Die wesentlichen Gestaltungserwägungen sind in einem Gutachten zu erläutern. Es ist davon auszugehen, dass keine früheren letztwillige Verfügung des Treugefahr vorhanden sind. Die Vorbemerkungen und Schlussbestimmungen sind erlassen, ebenso die notariellen Hinweise.

## Gliederung

## Lösung

**Teil 1: Entwurf**[1]

### I. Vorbemerkungen

1 **Hinweis:** Laut Bearbeitervermerk sind die Vorbemerkungen erlassen.

### II. Letztwillige Verfügungen

2 Rein vorsorglich hebe ich, Arthur Treugefahr, hiermit alle bisher etwa von mir errichteten Verfügungen von Todes wegen auf.

#### 1. Erbeinsetzung

3 Hiermit setze ich, Arthur Treugefahr, meine Tochter Viola Treugefahr, geboren am ..., zu meiner alleinigen und ausschließlichen Erbin ein.

4 Sollten zum Zeitpunkt meines Ablebens weitere Kinder von mir am Leben sein, so sind alle Kinder zu gleichen Teilen zu Erben berufen.

#### 2. Nacherbfolge

5 Meine Tochter Viola ist zunächst nur Vorerbin. Von den gesetzlichen Beschränkungen eines Vorerben ist sie befreit, soweit eine Befreiung gesetzlich möglich ist.

6 Zu Nacherben berufe ich
– in erster Linie die Abkömmlinge der Vorerbin zu unter sich gleichen Teilen gemäß den Regeln der gesetzlichen Erbfolge,
– in zweiter Linie meine etwaigen weiteren Kinder gegenseitig, wiederum ersatzweise deren Abkömmlinge,
– in dritter Linie die Abkömmlinge meiner Eltern zu unter sich gleichen Teilen gemäß den Regeln der gesetzlichen Erbfolge, nach derzeitigen Verhältnissen also meine Geschwister Prüfgern Treugefahr und Monika Sorgevoll zu jeweils ein Halb.[2]

7 Die Nacherbfolge tritt ein mit dem Tod der Vorerbin. Die Vererblichkeit des Nacherbenrechts ist ausgeschlossen. Die Anordnung der Vor- und Nacherbfolge soll auflösend bedingt sein.

8 Die jeweils angeordnete Nacherbschaft soll erlöschen,
– wenn der Vorerbin ein Kind geboren wird, mit dem Tag der Geburt, oder
– mit Vollendung des 27. Lebensjahres der Vorerbin, oder
– mit Versterben meiner geschiedenen Ehefrau.

9 Die eingesetzten Nacherben sind gleichzeitig auch Ersatzerben in der angegebenen Reihenfolge.

#### 3. Herausgabevermächtnis

10 Meine Erbin Viola beschwere ich hiermit mit einem auflösend bedingten Herausgabevermächtnis auf den Überrest.

---

[1] Nachfolgende Musterformulierungen entstammen überwiegend folgenden Fundstellen *Nieder/Kössinger*, § 21 Rn. 54 und *Kornexl*, Rn. 482 ff.

[2] Alternativ könnte formuliert werden „... diejenigen Personen, die meine gesetzlichen Erben wären, wenn ich im Zeitpunkt des Eintritts des Nacherbfalles ohne Hinterlassung von Abkömmlingen gestorben wäre, gemäß den gesetzlichen Regeln".

Für dieses Vermächtnis gilt:  **11**
Vermächtnisnehmer sind

– in erster Linie die Abkömmlinge von Viola; mehrere unter sich zu gleichen Teilen nach Stämmen
– in zweiter Linie meine etwaigen weiteren Kinder zu gleichen Teilen, wiederum ersatzweise deren Abkömmlinge nach den Regeln der gesetzlichen Erbfolge,
– in dritter Linie die Abkömmlinge meiner Eltern zu unter sich gleichen Teilen gemäß den Regeln der gesetzlichen Erbfolge, nach derzeitigen Verhältnissen also meine Geschwister Prüfgern Treugefahr und Monika Sorgevoll zu jeweils ein Halb.[3]

Das Vermächtnis fällt mit meinem Tod an. Es ist jedoch erst nach dem Tod der Beschwerten, dann aber unverzüglich, zu erfüllen. Bis dahin kann eine Sicherung des Vermächtnisanspruchs weder verlangt noch durchgesetzt werden.  **12**

Die auflösende Bedingung für das Vermächtnis tritt ein, wenn bei Tod von Viola weder meine geschiedene Ehefrau noch deren einseitige Verwandte (d. h. deren Abkömmlinge aus anderen Verbindungen und Verwandte aufsteigender Linie) Erbe nach Viola werden bzw., wenn die vorstehend angeordnete Nacherbfolge zum Tragen kommt.  **13**

Gegenstand des Vermächtnisses ist der Anspruch auf Übereignung und Herausgabe sämtlicher Vermögensgegenstände, welche Viola beim Erbfall von Todes wegen, durch Sondererbfolge oder aufgrund eines Vertrages zugunsten Dritter auf den Todesfall (z. B. Lebensversicherung) zugeflossen sind. Das Vermächtnis erfasst zudem alle Vermögenswerte, die – bei wirtschaftlicher Betrachtung – als Ersatz für einen der ursprünglichen Vermächtnisgegenstände zwischen Anfall und Fälligkeit in das Vermögen von Viola geflossen sind.  **14**

Für Vermögenswerte, die in diesem Zeitraum aus dem Vermögen der Beschwerten ausscheiden, ohne dass sie hierfür ein Surrogat erhält, entfällt die Verpflichtung aus dem Vermächtnis. Viola ist weder für Verluste der Vermögenssubstanz noch für die von ihr bis zur Fälligkeit des Vermächtnisses gezogenen Nutzungen zum Ersatz verpflichtet.  **15**

Viola hat einen Anspruch darauf, dass ihr nachgewiesene Aufwendungen für die Vermächtnisgegenstände durch den Vermächtnisnehmer ersetzt werden. Diese Pflicht besteht jedoch nur, soweit der Wert des Vermächtnisses bei seiner Fälligkeit durch die Aufwendungen noch nachweislich erhöht ist. Etwas anderes gilt jedoch für die notwendigen Verwendungen auf einen Vermächtnisgegenstand. Diese sind in voller Höhe unverzinst zu erstatten, soweit es sich nicht um gewöhnliche Erhaltungskosten handelt.  **16**

## 4. Testamentsvollstreckung

Für meinen Nachlass ordne ich hiermit  **17**

Testamentsvollstreckung

an, die sowohl für die Vorerben als auch für die Nacherben gilt.

Zum Testamentsvollstrecker berufe ich meinen Bruder Prüfgern Treugefahr, geboren am …  **18**

Falls dieser das Amt nicht annimmt oder wegfällt, wird das Nachlassgericht ersucht, einen geeigneten Testamentsvollstrecker zu ernennen.

Aufgabe des Testamentsvollstreckers ist es, den Nachlass zu verwalten, wobei dem Testamentsvollstrecker alle Rechte zustehen, die ihm bei einer Dauervollstreckung  **19**

---

[3] Zu einer alternativen Formulierung siehe Fn. 2.

i.S.d. § 2209 BGB gesetzlich zukommen. Es steht im Ermessen des Testamentsvollstreckers, dem Erben jederzeit Vermögenszuwendungen zur freien Verfügung zu machen. Der Testamentsvollstrecker ist auch befugt, bis zum Eintritt der Nacherbfolge
die Rechte sämtlicher Nacherben auszuüben und deren Pflichten zu erfüllen (Nacherbenvollstreckung gemäß § 2222 BGB).

20    Die Testamentsvollstreckung endet mit Vollendung des 27. Lebensjahres des jeweiligen Erben. Die Nacherbenvollstreckung endet außerdem, wenn feststeht, dass der
Nacherbfall nicht mehr eintreten kann.

21    Der Testamentsvollstrecker ist in der Eingehung von Verbindlichkeiten für den
Nachlass nicht beschränkt und von den Beschränkungen des § 181 BGB befreit. Der
Testamentsvollstrecker erhält für seine Tätigkeit keine Entschädigung. Er hat jedoch
Anspruch auf Ersatz seiner Auslagen. Im Übrigen hat er die gesetzlichen Rechte und
Pflichten.

### 5. Familienrechtliche Anordnung

22    Sollte Viola bei meinem Tod noch minderjährig sein, entziehe ich meiner geschiedenen Ehefrau gemäß § 1638 BGB das Recht, Violas Erwerb von Todes wegen zu verwalten. Der Ausschluss der Vermögenssorge gilt darüber hinaus für Vermögenswerte,
welche zur Erfüllung von Pflichtteils- oder Pflichtteilsergänzungsansprüchen geleistet
werden sowie für das Geltendmachen derartiger Ansprüche.

23    Zum Pfleger benenne ich gemäß §§ 1917 Abs. 1, 1909 BGB meine Schwester Monika Sorgesehr. Für sie gelten die in §§ 1852 bis 1854 BGB vorgesehenen Befreiungen,
also insbesondere von der Pflicht zur Rechnungslegung und zur Hinterlegung von
Wertpapieren.

### III. Hinweise, Schlussbestimmungen

24    **Hinweis:** Laut Bearbeitervermerk sind die notariellen Hinweise und die Schlussbestimmungen erlassen.

### Teil 2: Erläuterung zum Entwurf

### I. Interessenlage

25    Durch Scheidung einer Ehe bzw. die Einleitung eines Scheidungsverfahrens nach
Maßgabe der § 1933, 2077 BGB entfällt zwar das gesetzliche Ehegattenerbrecht und
im Zweifel auch eine zugunsten des anderen Ehegatten getroffene Verfügung von Todes wegen. Damit sind die erbrechtlichen Verknüpfungen zwischen geschiedenen Ehegatten jedoch noch nicht endgültig aufgelöst: Sind wie im vorgestellten Fall gemeinsame Kinder vorhanden, ist möglich, dass der ehemalige Ehepartner zumindest noch
indirekt am Nachlass des Geschiedenen teil hat. Wie auch in den Erwägungen des T
angedeutet, kann dadurch geschehen, dass

– der geschiedene Ehegatte den Nachlass nach dem Anfall an die noch minderjährigen
  gemeinschaftlichen Kinder als dann allein Sorgeberechtigter verwaltet, §§ 1680, 1626
  Abs. 1 S. 2, 1629 BGB, oder

– die geschiedenen Kinder nachfolgend beerbt, § 1925, und zwar sogar als möglicher
  Alleinerbe gemäß § 1925 Abs. 3 S. 2 BGB, oder

– den gemeinschaftlichen Kindern gegenüber pflichtteilsberechtigt wird (§ 2303
  Abs. 2 S. 1 BGB).[4]

---

[4] *Nieder/Kössinger*, § 21 Rn. 36.

## II. Lösungsmodelle

Um während der Lebenszeit der gemeinschaftlichen Kinder eine Einflussnahme des **26** geschiedenen Ehepartners auf den ererbten Nachlass zu verhindern, stehen zwei Instrumente zur Verfügung, die häufig in Kombination eingesetzt werden:

1. Gemäß § 1638 Abs. 1 BGB ist möglich, als sogenannte „familienrechtliche Anordnung" im Rahmen einer letztwilligen Verfügung den ehemaligen Ehepartner von der Vermögenssorge für den Nachlass des Erblassers auszuschließen mit der Folge, dass der Ex-Partner nicht berechtigt ist, dieses Vermögen zu verwalten. Folge eines solchen Ausschlusses der Vermögenssorge ist, dass hierfür gemäß § 1909 S. 2 BGB ein Ergänzungspfleger zu bestellen ist. Nach der Musterformulierung macht Treugefahr dazu von der in § 1917 Abs. 1 BGB eingeräumten Möglichkeit Gebrauch und benennt als Pfleger seine Schwester Monika Sorgesehr. Die angeordneten Befreiungen entbinden den Pfleger insbesondere davon, gemäß § 1915 Abs. 1 i.V.m. § 1840 BGB jährlich Rechnung zu legen oder Inhaber- und Orderpapiere zu hinterlegen.[5]

2. Sollen die gemeinschaftlichen Kinder im Hinblick auf den ererbten Nachlass noch über ihre Volljährigkeit hinaus von der Einflussnahme des geschiedenen Elternteils „abgeschirmt" werden, bietet sich darüber hinaus an, für den Nachlass Testamentsvollstreckung in Form der Verwaltungsvollstreckung (Dauervollstreckung, § 2209 BGB) anzuordnen.[6] Auf die Dauer dieser Testamentsvollstreckung ist der Nachlass dem unmittelbaren Zugriff des Erben (und damit auch einer mittelbaren Einflussnahme des geschiedenen Elternteils) entzogen, da für die Verwaltung des Nachlasses allein der Testamentsvollstrecker zuständig ist, § 2205 BGB, und auch nur dieser über die Nachlassgegenstände verfügen kann, § 2211 Abs. 1 BGB.[7] Anders als beim sogenannten „Behindertentestament" besteht bei letztwilligen Verfügungen Geschiedener regelmäßig jedoch kein Anlass, diese Testamentsvollstreckung auf die gesamte Lebenszeit des Erben zu erstrecken. Um eine dauerhafte „Entmündigung" des Erben zu vermeiden, sollte sie vielmehr auf eine bestimmte Zeitdauer beschränkt werden. Häufig wird dazu ein Lebensalter gewählt, für das nach allgemeiner Lebenserfahrung davon auszugehen ist, dass die Kinder durch Abschluss ihrer Berufsausbildung und Gründung einer eigenen Familie so weitgehend in ihrer Entwicklung „gefestigt" sind, dass sie verantwortungsvoll für sich selbst entscheiden können und weniger leicht beeinflussbar geworden sind. Im vorgestellten Fall ist die Altersgrenze nach den Ausführungen von Treugefahr insoweit mit der Vollendung des 27. Lebensjahres von Viola zu setzen.

Für das weitere Gestaltungsziel des geschiedenen Erblassers, eine mittelbare vermö- **27** gensmäßige Beteiligung des Ex-Partners an seinem Nachlass zu verhindern, hat die Gestaltungspraxis zwei hauptsächliche Lösungsmodelle entwickelt, die regelmäßig unter den Stichworten „Nacherbfolgelösung" und „Herausgabelösung" diskutiert werden.

## III. Nacherbfolgelösung

Um sicherzustellen, dass der Nachlass nicht in Folge Vorversterbens der gemein- **28** schaftlichen Kinder zumindest anteilig in die Hände des geschiedenen Ehepartners gerät, ist eine verbreitete Gestaltungsempfehlung, die eigenen Kinder nicht unbe-

---

[5] *Kornexl,* Rn. 487 ff.
[6] *Kornexl,* Rn. 493 ff.
[7] Beim „Behindertentestament" werden die Auswirkungen der Anordnung von Testamentsvollstreckung in ähnlicher Weise genutzt, vgl. Fall 13.

schränkt zu Erben einzusetzen, sondern nur als befreite[8] Vorerben. Als Nacherben werden bei dieser Gestaltung auf den Nacherbfall: „Tod der eigenen Kinder" deren Abkömmlinge berufen, ersatzweise etwaige Geschwisterkinder und letztlich Verwandte der eigenen Familie.

29    Auf diese Weise ist eine Teilhabe des geschiedenen Ehegatten am eigenen Nachlass endgültig ausgeschlossen: Tritt nach dem gemeinschaftlichen Kind gesetzliche Erbfolge ein, zählt zu dessen Nachlass nur sein eigenes Vermögen, nicht jedoch dasjenige Vermögen, das aus dem Nachlass des „ursprünglichen" Erblassers stammt und der Nacherbfolge unterliegt (einschließlich des Surrogats, § 2111 BGB): Die betreffenden Gegenstände bilden ein „Sondervermögen", das beim Eintritt des Nacherbfalls so behandelt wird, als ginge es unmittelbar vom „ursprünglichen" Erblasser auf den zum Nacherben berufenen über. Kraft gesetzlicher Erbfolge nach Viola könnte also nur ihr eigenes Vermögen, nicht aber das vom Vater ererbte an ihre Mutter fließen. Aus dem gleichen Grund (Sondervermögen auf Grund der Anordnung von Vor- und Nacherbschaft) kann der Nachlass des „ursprünglichen" Erblassers darüber hinaus auch nicht Grundlage der Pflichtteilsberechnung nach dem gemeinschaftlichen Kind sein, wenn dieses letztwillig verfügt hat und daher gewillkürte Erbfolge eintritt. Die „Bemessungsgrundlage" für die Pflichtteilsberechnung der Mutter von Viola am Nachlass ihrer Tochter umfasst nicht diejenigen Vermögenswerte, die Viola von ihrem Vater geerbt hat.

30    Die Anordnung von Vor- und Nacherbschaft bringt für die eigenen Kinder jedoch erhebliche Einschränkungen mit sich: Zwar sind dem befreiten Vorerben zum Beispiel entgeltliche Rechtsgeschäfte über das der Nacherbschaft unterliegende Vermögen möglich, §§ 2136, 2113 BGB, jedoch werden mit Eintritt des Nacherbfalls jedenfalls unentgeltliche Verfügungen unter Lebenden insoweit unwirksam, als sie das Recht des Nacherben vereiteln oder beeinträchtigen würden, § 2313 Abs. 2 BGB. Außerdem sind den Vorerben Verfügungen von Todes wegen über dieses Vermögen vollständig unmöglich (es zählt eben gerade nicht zum Nachlass der Vorerben). Die Kinder können also zum Beispiel nichts aus der Erbschaft ihres Elternteils ihren eigenen Ehepartnern oder sonstigen Personen ihrer Wahl letztwillig zuwenden.[9] Im Sachverhalt sind deutliche Hinweise enthalten, dass T – jedenfalls auf Dauer – keine derart weitreichenden Einschränkungen für seine Tochter Viola wünscht.

31    Um Viola für eigene Verfügungen von Todes wegen auch hinsichtlich des ererbten Nachlasses mehr Freiheit zu geben, wäre zwar grundsätzlich denkbar, die Vor- und Nacherbschaft (auflösend oder aufschiebend) bedingt anzuordnen und zwar dahingehend, dass die Vor- und Nacherbschaft nur greift, wenn Viola nicht anderweitig über ihren (eigenen und ererbten) Nachlass verfügt hat und dabei dafür Sorge getragen hat, dass ihre Mutter und deren einseitige Verwandte außen vor bleiben. Jedoch geht bei einer solchen Gestaltung ein wichtiger Vorteil der Nacherbfolge verloren: Tritt die Bedingung ein, steht also fest, dass Viola nicht nur Vor-, sondern Vollerbin geworden ist, würde das ererbte Vermögen ihres Vaters vom Pflichtteilsrecht der geschiedenen Mutter erfasst.[10]

32    In der Gestaltungspraxis wurde daher viele Jahre eine andere Modifizierung der Vor- und Nacherbschaft eingesetzt: Nach der sogenannten „Dieterle-Klausel" wurden – um die Nacherben nicht in ihrer Testierfreiheit zu beeinträchtigen – diejenigen Personen als Nacherben berufen, die von den Vorerben jeweils als ihre eigenen Erben ein-

---

[8] *Limmer*, in: Reimann/Bengel/Mayer, Teil A Rn. 372.
[9] *Nieder/Kössinger*, § 21 Rn. 38.
[10] *Nieder/Kössinger*, § 21 Rn. 38; *Limmer*, in: Reimann/Bengel/Mayer, Teil A Rn. 377.

gesetzt werden.[11] Zwischenzeitlich bestehen jedoch aufgrund einer Entscheidung des *OLG Frankfurt*[12] Zweifel an der Zulässigkeit einer solchen Konstruktion, da sie möglicherweise gegen das in § 2065 Abs. 2 BGB verankerte „Selbstbestimmungsgebot" verstoße, weil es aufgrund dieser Klausel dem Vorerben überlassen ist, an Stelle des Erblassers dessen (Nach-)erben zu bestimmen.[13]

In der aktuellen Literatur wird deshalb häufig nach dem „Gebot des sichersten We- **33** ges" die Verwendung der Dieterle-Klausel nicht weiter empfohlen.[14] Stattdessen wird in der Regel geraten, die Vor- und Nacherbschaft überhaupt auf einen bestimmten Zeitraum zu begrenzen und beispielsweise – entsprechende Vorstellungen der Erblasser vorausgesetzt – mit Erreichung eines gewissen „Mindestalters" der Kinder, ab dem aufgrund ausreichender „innerer Reife" eine beeinflussungsfreie Entscheidung allgemein erwartet werden könne, die Vor- und Nacherbschaft vollständig entfallen zu lassen.[15] Inhaltlich bietet sich für die auflösende Bedingung außerdem alternativ an, auch auf die Geburt eigener Kinder des Vorerben abzustellen, da diese Kindeskinder den geschiedenen Ehegatten sowohl von der gesetzlichen Erbfolge, §§ 1924, 1930 BGB, als auch vom Pflichtteilsrecht, § 2309 BGB, verdrängen.[16] Die Musterlösung folgt entsprechend den Angaben des T diesen Vorschlägen und sieht hinsichtlich der Vor- und Nacherbschaft als auflösende Bedingungen sowohl die Vollendung des 27. Lebensjahres von Viola vor, als auch den Umstand, dass Viola eigene Kinder geboren werden.[17]

Ein sehr vorsichtiger Erblasser wird zur letzt genannten auflösenden Bedingung für **34** die Nacherbfolge unter Umständen allerdings anders entscheiden als T: verstirbt Viola vor ihrer Mutter unter Hinterlassung eigener Kinder, ist die Mutter zwar (bei gesetzlicher Erbfolge) vom Erbrecht nach Viola und außerdem (bei gewillkürter Erbfolge) auch vom Pflichtteil ausgeschlossen, ein Erb- und Pflichtteilsrecht steht ihr dann aber wiederum am Nachlass des Kindes von Viola zu (das – „Katastrophenfall" – ebenfalls vor der Mutter versterben könnte). Der vorsichtige Erblasser wird also von der auflösenden Bedingung „Geburt eigener Kinder" für die Nacherbfolge absehen und stattdessen weitere Nacherbfolgen anordnen: Der erstrangige Nacherbe ist seinerseits nur Vorerbe, Nacherben bei seinem Tod sind diejenigen Personen, welche der ursprüngliche Erblasser als Ersatznacherben eingesetzt hatte.[18] Im konkreten Fall ist eine solche Anordnung seitens des T, der nach seiner Aussage nicht „über Generationen hinweg" planen will, aber gerade nicht gewünscht.

Für die Verwaltung der Nacherbenbefugnisse sieht die Musterformulierung vor, **35** dass die Testamentsvollstreckung auch auf die Ausübung dieser Befugnisse erstreckt wird, also Nacherbenvollstreckung gemäß § 2222 BGB angeordnet wird. In der Gestaltungspraxis wird eine solche Anordnung regelmäßig empfohlen, wenn – wie beim Geschiedenentestament der Regelfall – eine unbestimmte Zahl von u. U. noch gar nicht geborenen oder noch minderjährigen Personen zu Nacherben bestimmt werden. Denn nur mittels der Nacherbenvollstreckung kann in diesen Fällen während der Dauer der Vorerbschaft Verfügungen über Nachlassgegenstände unabhängig von einer Vielzahl

---

[11] *Dieterle*, BWNotZ 1971, 15 ff.

[12] *OLG Frankfurt a. M.* DNotZ 2001, 149.

[13] *Nieder/Kössinger*, § 21 Rn. 39.

[14] *Hölscher*, ZEV 2009, 213, 214; *Limmer*, in: Würzburger Notarhandbuch, Teil 4 Rn. 380 („problematische Regelung"); *ders*,. in: Reimann/Bengel/Mayer, Teil A Rn. 368.

[15] *Limmer*, in: Würzburger Notarhandbuch, Teil 4 Rn. 377.

[16] *Limmer*, in: Würzburger Notarhandbuch, Teil 4 Rn. 377.

[17] Zur weiteren Bedingung „Vorversterben" der Mutter vergleiche nachfolgende Erläuterungen zur Überschrift „Kombinationslösung".

[18] Mit Formulierungsvorschlag: *Kornexl*, Rn. 512 ff. (der jedoch auch auf den „ziemlich unwahrscheinlichen Kausalverlauf" der dieser Überlegung zugrunde liegt, aufmerksam macht).

von Zustimmungserklärungen und Ergänzungspflegschaften für unbekannte Nacherben ermöglicht werden.[19] Zur Person des Testamentsvollstreckers ist dabei zu beachten, dass der alleinige Vorerbe nicht zugleich auch Nacherbenvollstrecker sein kann.[20] Im Fall bietet sich an, die Dauervollstreckung und die Nacherbenvollstreckung in der Person des Bruders von T, Prüfgern Treugefahr zu vereinen.

36     Die in der Musterformulierung zur Nacherbfolge außerdem vorgesehene Ausschließung der Vererblichkeit und Übertragbarkeit der Nacherbenanwartschaft wird in der Literatur empfohlen, um zu verhindern, dass der geschiedene Ehegatte über den Nacherben zu einer Beteiligung am Nachlass des ursprünglichen Erblassers gelangt.[21]

## IV. Herausgabevermächtnislösung

37     Ein anderer Weg, die mit der Anordnung von Vor- und Nacherbenschaft für die eigenen Kinder verbundenen Nachteile zu vermeiden, stellt die Anordnung von Herausgabevermächtnissen dar: Im Rahmen dieser „Herausgabevermächtnislösung" werden die eigenen Abkömmlinge zu Vollerben eingesetzt, zugleich aber mit bedingten Vermächtnissen belastet, wonach sie mit ihrem eigenen Tod diejenigen Vermögensgegenstände (einschließlich von Surrogaten), die sie aus dem Nachlass des „ursprünglichen" Erblassers erworben haben (und sich zur Zeit ihres eigenen Todes noch in ihrem Vermögen befinden) an bestimmte Vermächtnisnehmer herauszugeben haben.[22] Als Vermächtnisnehmer können dabei beispielsweise die jeweiligen Abkömmlinge des gemeinschaftlichen Kindes berufen werden, ersatzweise dessen etwaige Geschwister und weiter ersatzweise dessen sonstige gesetzlichen Erben (mit ausdrücklichem Ausschluss des geschiedenen Ehegatten sowie dessen Abkömmlingen aus neuen Verbindungen und Verwandten aufsteigender Linie).

38     Vorteil dieser Lösung ist einerseits, dass die Erben lediglich schuldrechtlich beschränkt sind (es gibt also keinen Vermerk im Erbschein und auch – sofern vom Erblasser nichts anderes angeordnet – nicht im Grundbuch) und ihnen unentgeltliche Verfügungen unter Lebenden auch aus dem ererbten Vermögen möglich sind. Insoweit werden die eigenen Erben also weniger stark gebunden, als bei der Nacherbfolgelösung. Darüber hinaus ist bei der Herausgabevermächtnislösung auch eine vom Erblasser möglicherweise gewünschte Offenhaltung des Endbedachten einfacher umsetzen als bei der Nacherbfolge: Da bei Vermächtnissen das Drittbestimmungsrecht vom Gesetz weitgehend zugelassen wird (§§ 2151, 2153 BGB), kann der Erblasser beispielsweise einem von ihm für seinen oder von den Erben für ihren Nachlass ernannten Testamentsvollstrecker gemäß § 2151 BGB das Recht einräumen, aus einem vom Erblasser bestimmten Personenkreis die Vermächtnisnehmer zu bestimmen und gemäß § 2153 BGB die einzelnen Vermächtnisgegenstände unter ihnen zu verteilen.[23]

39     Nicht geklärt ist in diesem Zusammenhang bislang allerdings, ob bei der Herausgabevermächtnislösung im Sinne einer übertragenen „Dieterle-Klausel" angeordnet werden kann, dass Vermächtnisnehmer die gewillkürten Erben des Kindes aus der geschiedenen Ehe sind. Hiergegen wird zum einen geltend gemacht, dass der Erbe dazu schon deshalb nicht selbst als Bestimmungsberechtigter im Sinne von § 2151 BGB berufen werden könne, weil die Ausübung des Bestimmungsrechts nicht durch eine Verfügung von Todes wegen erfolgen kann (es handle sich insoweit um eine empfangsbe-

---

[19] *Keim*, in: Würzburger Notarhandbuch, Teil 4 Rn. 190.
[20] *Kornexl*, Rn. 525 f.
[21] *Limmer*, in: Reimann/Bengel/Mayer, Teil A Rn. 371.
[22] Ein solches Vermächtnis bleibt gemäß § 2163 Abs. 1 Nr. 1 BGB über die 30-Jahresfrist des § 2162 BGB hinaus wirksam.
[23] *Nieder/Kössinger*, § 21 Rn. 44.

dürftige Willenserklärung unter Lebenden[24]) und außerdem das Bestimmungsrecht mit dem Tod des Bestimmungsberechtigten erlischt.[25] Daneben wird geltend gemacht, es sei derzeit nicht gesichert, ob die vom OLG Frankfurt zur Nacherbfolgelösung getroffene Entscheidung tatsächlich nicht auch auf das Vermächtnisrecht übertragen werden könne (trotz der dort bereits gesetzlich vorgegebenen Durchbrechungen des Höchstpersönlichkeits-Grundsatzes).[26] Folgt der Gestalter dem Gebot des sichersten Weges auch insoweit und verzichtet bei der Herausgabevermächtnislösung darauf, eine „Dieterle-Klausel" ähnliche Anordnung zu treffen, kann er auch bei dieser Variante nicht erreichen, dass ein Kind aus der geschiedenen Ehe hinsichtlich des ererbten Nachlasses für seine eigenen letztwilligen Verfügungen von den Vorentscheidungen des geschiedenen Elternteils vollständig frei wird (denn der Beschwerte kann dann den Vermächtnisnehmer nicht selbst bestimmen). Als „Freiheitsgewinn" gegenüber der Nacherbfolge bleibt für den Erstbedachten aber, dass ihm einerseits unentgeltliche Verfügungen möglich werden (s. o.) und er andererseits für seine eigenen letztwilligen Verfügungen auch hinsichtlich des ererbten Nachlasses zumindest insofern keinerlei weiteren Beschränkungen unterliegt, als er durch eine geeignete eigene letztwillige Verfügung dafür Sorge trägt, dass der ihm vom ursprünglichen Erblasser ererbte Nachlass anderen Personen zufällt, als denen, die vom ursprünglichen Erblasser ausgeschlossenen worden sind (wenn der Erstbedachte also beispielsweise den eigenen Ehegatten zum Erben einsetzt): Die Belastungen aus dem Herausgabevermächtnis treffen den Erstbedachten aufgrund der vom ursprünglichen Erblasser gesetzten Bedingung nur, wenn Gegenstände aus dessen Nachlass von Todes wegen an den geschiedenen Ehegatten oder dessen einseitige Verwandte fließen würden.[27]

Neben der Frage, wer zulässiger Weise als Vermächtnisnehmer berufen werden **40** kann, ist zur Herausgabevermächtnislösung derzeit außerdem ungeklärt, wie die Bedingung für den Anfall des Vermächtnisses auszugestalten ist: Nach herkömmlicher Ansicht ist das Herausgabevermächtnis als „aufschiebend bedingtes Vermächtnis" auszugestalten, d. h. es fällt erst mit dem Tod des Erstbedachten im Sinne des § 2177 BGB an.[28] Eine im Vordringen befindliche Meinung vertritt demgegenüber, die „Pflichtteilsfestigkeit" dieser Konstruktion könne nicht als gesichert angesehen werden, weil der Herausgabeanspruch bei einem aufschiebend bedingten Vermächtnis erst mit Bedingungseintritt, also mit dem Tod des Kindes, entsteht. In der selben logischen Sekunde entstehe aber auch der Pflichtteilsanspruch des anderen Eheteils, so dass nicht zweifelsfrei feststehe, dass der Pflichtteilsberechtigte im Rahmen des § 2311 BGB das Herausgabevermächtnis als Abzugsposten gegen sich gelten lassen muss.[29] Um diese Zweifelsfrage zu vermeiden, empfehlen die entsprechenden Stimmen in der Literatur, das Herausgabevermächtnis als „auflösend bedingtes" Vermächtnis zu gestalten: Es entfällt, wenn und soweit die von ihm erfassten Gegenstände beim Tod des Kindes nicht an den geschiedenen Ehegatten oder dessen einseitige Verwandte fallen würden. Damit fällt das Vermächtnis sofort beim Tod des Erblassers an und belastet von Anfang an

---

[24] *Limmer*, in: Reimann/Bengel/Mayer, Teil A Rn. 376.
[25] *Nieder/Kössinger*, § 21 Rn. 44, str. A.A.: *Hölscher*, ZEV 2009, 213, 217 (mit dem Argument, dass eine empfangsbedürftige Willenserklärung auch in einer letztwilligen Verfügung abgegeben werden könne).
[26] *Hölscher*, ZEV 2009, 213, 218.
[27] *Hölscher*, ZEV 2009, 213, 214.
[28] *Limmer*, in: Reimann/Bengel/Mayer, Teil A Rn. 375.
[29] Nach (bislang) herrschender Meinung sind die vermachten Gegenstände bei der Bewertung des Nachlasses nach § 2311 BGB dagegen als sogenannte „Erblasserschulden" vorrangig abzusetzen: *Hölscher*, ZEV 2009, 213, 215.

das Vermögen des erbenden Kindes,[30] und kann damit bei § 2311 BGB ohne weiteres als Abzugsposten berücksichtigt werden.[31]

**41** In der Gestaltungspraxis ist weiter zu beachten, dass die Herausgabevermächtnislösung für den Kautelarjuristen gegenüber der Nacherbfolgelösung zusätzliche Herausforderungen stellt: Im Unterschied zur gesetzlich umfassend geregelten Nacherbschaft, sind zum Herausgabevermächtnis nur sehr wenige gesetzliche Bestimmungen vorhanden, so dass die betreffenden Fragen im Testament vom Erblasser selbst zu regeln sind (wobei die gesetzlichen Regelungen zur Vor- und Nacherbschaft jedoch eine Orientierung bieten können). Die vorgeschlagene Musterformulierung geht dabei auf folgende Problemkreise ein:

1. **Surrogation:** enthält das Herausgabevermächtnis keine ausdrückliche Surrogationsregelung entsprechend § 2111 Abs. 1 S. 1 BGB, unterliegt bei Verfügungen des Erstbedachten (d. h. des Erben) über einen Nachlassgegenstand das Surrogat nicht dem Vermächtnisanspruch, sondern der allgemeinen Rechtsnachfolge des Erstbedachten;[32] die vorgeschlagene Musterformulierung sieht eine derartige Surrogationsregelung vor, da es in den meisten Fällen Wille des Erblassers sein wird, seinen Nachlass möglichst umfassend dem Zugriff des geschiedenen Ehepartners zu entziehen und dem Letztbedachten (d. h. dem Vermächtnisnehmer) zu kommen zu lassen;[33] die Musterformulierung stellt außerdem klar, dass vom Vermächtnis auch solche Vermögenswerte erfasst werden, die Viola aufgrund von Sondererbfolge (z. B. Anteile an Personengesellschaften) oder durch Vertrag zugunsten Dritter zufallen;[34]

2. **Anspruch auf Eintragung einer Vormerkung:** Nach Anfall des Vermächtnisses hätte der Endbedachte nach herrschender Auffassung nur dann eine Anspruch auf Eintragung einer Vormerkung zur Sicherung seiner Vermächtnisforderung, wenn dieser Anspruch ausdrücklich mit vermacht wird. Im Rahmen der Herausgabevermächtnislösung wird eine solche Regelung jedoch in der Regel nicht den Vorstellungen des Erblassers entsprechen, weil die Eintragung einer Vormerkung zu einer noch stärkeren Einschränkung der Verfügungsfreiheit des Erstbedachten führen würde als bei einer befreiten Vorerbschaft;[35] die Formulierung „Herausgabevermächtnis aus den Überrest" soll zusätzlich klarstellen, dass für den Vermächtnisnehmer ein Anspruch auf dingliche Sicherung durch Eintragung einer Vormerkung bzw. Arrest oder einstweilige Verfügung nicht besteht;[36]

3. **Fruchtziehung:** Überwiegend wird die Anordnung für zweckmäßig gehalten, dass dem Endbedachten die Nutzungen, § 100, insbesondere die Früchte, § 99, der herauszugebenden Nachlassgegenstände, z. B. Mieteinnahmen bei Immobilien oder Zinserträge von Kapitalvermögen, erst ab dem Tod des Erstbedachten zustehen.[37] Jedenfalls, wenn als Zeitpunkt für den Anfall des Herausgabevermächtnisses der Zeit-

---

[30] Anfall (Tod des „ursprünglichen" Erblassers) und Fälligkeit (Tod des Erstbedachten) des Vermächtnisses liegen bei dieser Konstruktion als möglicherweise zeitlich weit auseinander.

[31] *Kornexl*, Rn. 529 ff. Bei der hier vorgestellten Kombinationslösung kann das Vermächtnis wohl zusätzlich dahingehend auflösend bedingt werden, dass es entfällt, soweit die ebenfalls angeordnete Nacherbfolge greift.

[32] *Nieder/Kössinger*, § 21 Rn. 46.

[33] *Kornexl*, Rn. 538.

[34] *Kornexl*, Rn. 538.

[35] *Nieder/Kössinger*, § 21 Rn. 47.

[36] Diese Regelung hat auch bei einer Konstruktion als „aufschiebend bedingtes" Vermächtnis besondere Bedeutung, da anderenfalls insbesondere aus §§ 2179, 160 BGB bereits vor Eintritt der aufschiebenden Bedingung die Möglichkeit einer Sicherung des Vermächtnisanspruchs durch Arrest oder einstweilige Verfügung folgen könnte: *Hölscher*, ZEV 2009, 213, 216.

[37] *Nieder/Kössinger*, § 21 Rn. 50.

punkt des Todes des „ursprünglichen" Erblasser gewählt wird, ist eine solche Regelung zu empfehlen, wenn nicht ausnahmsweise die Regelung in § 2184 BGB dem Interesse des Erblasser entsprechen sollte;[38]

**4. Verwendungs- und Aufwendungsersatz:** Zur Vermeidung von Abrechnungsschwierigkeiten wird in der Literatur weiter empfohlen anzuordnen, dass der Erstbedachte gegen den Endbedachten entweder gar keine Ansprüche auf Verwendungen und Aufwendung gemäß § 2185 BGB hat oder aber die für das Verhältnis von Nacherben zum Vorerben geltenden Vorschriften anwendbar sind.[39] Die Musterformulierung schlägt eine stärker an den Interessen des Erstbedachten orientierte differenzierende Lösung vor.[40]

## V. Kombinationslösung

Vor dem Hintergrund der Diskussion um die Pflichtteilsfestigkeit der Herausgabe- **42** vermächtnislösung wird in der Literatur teilweise vorgeschlagen, die beiden Lösungsansätze mit einander zu kombinieren.[41] Die Nacherbfolgelösung soll dabei nur für diejenigen Zeiträume gewählt werden, in denen die Gefahr der indirekten Teilhabe des geschiedenen Ehegatten besonders groß ist. Das trifft vor allem auf die Lebenszeit des geschiedenen Ehegatten zu, wenn und solange die Gefahr besteht, dass dieser nach einem kinderlos verstorbenen gemeinschaftlichen Kind aus der geschiedenen Ehe seinen Pflichtteil gemäß § 2303 Abs. 2 S. 1 BGB geltend macht. Für die übrigen Zeiträume (d. h. nach der Geburt eigener Kinder des Erstbedachten oder nach dem Versterben des geschiedenen Ehegatten) soll dagegen im Interesse einer für den Erben möglichst wenig belastenden Regelung die Herausgabevermächtnislösung als Schutz vor Abwanderung des Vermögens an die einseitigen Verwandten des geschiedenen Ehegatten (die zwar gesetzlich erbberechtigt sind, denen aber kein Pflichtteilsrecht zukommt) ausreichen.[42]

Die Musterformulierung folgt diesem Vorschlag im Grundsatz und stellt die Nach- **43** erbfolge – neben den oben zur Überschrift „Nacherblösung" bereits erläuterten Bedingungen „Mindestalter" und „Geburt eigener Kinder" – zusätzlich unter die auflösende Bedingung „Versterben des geschiedenen Ehegatten".[43]

Zum Herausgabevermächtnis folgt die Musterformulierung den neueren Stimmen in **44** der Literatur und ordnet ein „auflösend bedingtes" Herausgabevermächtnis an. Damit ist auch für den Zeitraum zwischen dem Eintritt der die Nacherbfolge auflösenden Bedingung „Mindestalter des Erstbedachten" und der Geburt eigener Kinder des Erstbedachten bzw. dem Versterben des geschiedenen Ehegatten eine zweifelsfrei pflichtteilsfeste Gestaltung gewählt. Würde die Nacherbfolge dagegen lediglich auf die beiden letzt genannten Ereignisse auflösend bedingt (also keine auflösende Bedingung „Mindestalter" gewählt), wäre bei der Kombinationslösung wohl auch ein „aufschiebend bedingtes" Herausgabevermächtnis ohne weiteres möglich, da sie in diesem Fall

---

[38] *Kornexl*, Rn. 536.
[39] *Nieder/Kössinger*, § 21 Rn. 51, der jedoch auch darauf hinweist, dass eine solche Regelung dazu führen kann, dass der Erbe an sich gebotene Verwendungen zur Erhaltung der Sachsubstanz unterlässt.
[40] *Kornexl*, Rn. 539.
[41] *Nieder/Kössinger*, § 21 Rn. 54.
[42] *Nieder/Kössinger*, § 21 Rn. 54.
[43] Auf diese Weise sollen nicht zuletzt auch die unterschiedlichen Regelungsbereiche und Formulierungsfragen der beiden Lösungsalternativen veranschaulicht werden. Für die Bearbeitung einer entsprechenden Klausuraufgaben die normalen Anforderungen gerecht wird, wird es jedoch in der Regel ausreichend sein, die verschiedenen Lösungsansätze darzustellen und nach Abwägung der Vor- und Nachteile entsprechend der Hinweise im Sachverhalt die eine oder andere Variante als Gestaltungsempfehlung zu geben. Als auflösende Bedingungen für die Vor- und Nacherbschaft sind grundsätzlich noch weitere Anknüpfungspunkte denkbar, z. B. könnte (zusätzlich) ausschlaggebend sein, dass der geschiedene Ehegatte einen Erb- bzw. Pflichtteilsverzicht mit dem gemeinsamen Kind vereinbart hat.

erst zu einem Zeitpunkt eingreift, zu dem kein Pflichtteilsrecht des geschiedenen Ehegatten mehr droht.[44]

## VI. Sonstiges

**45**　　Die in der Musterformulierung enthaltene familienrechtliche Anordnung sieht vor, dass der geschiedene Elternteil nach § 1638 BGB auch gehindert wird, das Ausschlagungsrecht des minderjährigen Kindes (§§ 2306, 2307 BGB) auszuüben. Die Zulässigkeit einer solchen Anordnung ist zwar umstritten.[45] Nach einer (häufig als „herrschend" bezeichneten) Auffassung betrifft das Ausschlagungsrecht nicht nur die Vermögenssorge, sondern auch die Personensorge für das minderjährige Kind und kann deshalb nicht von einer Anordnung nach § 1638 BGB erfasst werden.[46] Jedoch gilt: Selbst wenn die betreffende Anordnung ins Leere geht, wird die vom Erblasser beabsichtigte Nachlassverteilung wohl nicht ohne weiteres durch eine vom Ex-Partner für das gemeinsame Kind vorgenommen Ausschlagung vereitelt werden können: der Ex-Partner würde für eine solche Ausschlagung jedenfalls die Genehmigung des Familiengerichts benötigen, §§ 1643, 1822 Nr. 5 BGB. Die Erteilung einer solchen Genehmigung wird aber regelmäßig ausscheiden, da es den Interessen des Minderjährigen zumeist eher gerecht werden wird, die zwar belastete aber wertmäßig höhere Zuwendung des Erblassers anzunehmen, als diese auszuschlagen und dafür den wertmäßig meist deutlich niedrigeren Pflichtteil zu erhalten.

**46**　　Der Sachverhalt legte nahe, für Pflegerbestellung und Testamentsvollstreckung jeweils unterschiedliche Personen einzusetzen, so dass der in Fall 14 Rn. 36 beschriebene Interessenkonflikt vermieden wird. Wie von T gewünscht, kann seine Schwester Monika Sorgenvoll als Pflegerin während der Minderjährigkeit von Viola deren Rechte gegenüber dem Testamentsvollstrecker Prüfgern Treugefahr wahrnehmen und ihn in diesem Rahmen „überwachen", indem sie beispielsweise die aus §§ 2215, 2216 BGB fließenden Kontrollbefugnisse ausübt.[47]

**47**　　Zur zusätzlichen Absicherung der Vermächtnislösung könnte noch daran gedacht werden, die Vermächtnisnehmer als Testamentsvollstrecker einzusetzen mit der einzigen Aufgabe, das jeweilige zu ihren Gunsten angeordnete Vermächtnis zu erfüllen.[48] Da der Sachverhalt jedoch nur darauf hinweist, dass Prüfgern Treugefahr den Nachlass „für Viola" verwalten soll, konnte auch eine gute Lösung ohne eine solche Bestimmung auskommen.[49]

---

[44] Formulierungsvorschlag: *Nieder/Kössinger*, § 21 Rn 54.

[45] Dafür: *Kornexl*, Rn. 499.

[46] Palandt/*Diederichsen*, § 1638, Rn. 2; *Limmer*, in: Reimann/Bengel/Mayer, Teil A Rn. 382.

[47] Ausführlich: *Kornexl*, Rn. 496 ff.

[48] *Limmer*, in: Reimann/Bengel/Mayer, Teil A Rn. 379. Eine entsprechende Formulierung könnte beispielsweise lauten: „Zur Erfüllung der durch diese letztwillige Verfügung angeordneten Vermächtnisse ordne ich – beginnend mit der Fälligkeit des jeweiligen Vermächtnisses – Testamentsvollstreckung an. Als Testamentsvollstrecker setze ich den jeweiligen Vermächtnisnehmer für die Erfüllung des jeweiligen Vermächtnisses an sich selbst ein".

[49] Denkbar wäre zur zusätzlich Absicherung der Vermächtnislösung außerdem – entsprechend den Überlegungen zum „Katastrophenfall" bei der Nacherblösung – für den Fall, dass durch vorzeitigen Wegfall der Vermächtnisnehmer einseitige Verwandte des geschiedenen Ehegatten zum Zug kommen sollten, Nachvermächtnisse anzuordnen, für welche die gleichen Bestimmungen gelten wie für das „Ausgangsvermächtnis": Gelangen mit dem Tod des ersten Vermächtnisnehmers Gegenstände aus dem Nachlass des ursprünglichen Erblassers an den ausgeschlossenen Personenkreis, erwirbt der Nachvermächtnisnehmer gegen die Erben des ersten Vermächtnisnehmers gemäß § 2174 BGB einen Herausgabeanspruch: *Hölscher*, ZEV 2009, 213, 219. Auf eine solche Anordnung konnte hier aber angesichts der Erklärung des T, nicht über mehrere Generationen hinweg planen zu wollen, wie auch bei den Regelungen zur Nacherbfolge verzichtet werden.

# Fall 16. Abendsonne

## Sachverhalt

Der überregional tätige Bauunternehmer Hubert Hammerfels (48) hatte auf dem zurückliegenden Theaterball eine folgenreiche Begegnung: Die Staatsanwältin Adriana Abendsonne (30) beeindruckte den langjährigen Junggesellen auf solch nachhaltige Weise, dass schon für den kommenden Herbst die Hochzeit des frisch verliebten Paares ansteht. Die künftigen Ehegatten unterscheiden sich jedoch nicht nur hinsichtlich ihres Alters: Der erfolgreiche Unternehmer Hammerfels hat beträchtliche Einkünfte aus seiner unternehmerischen Tätigkeit und verfügt außerdem über ein erhebliches Vermögen, das teils erarbeitet, teils ererbt ist. Abendsonne hat ihr Studium dagegen mit BAföG-Mitteln finanziert und wohnte bis zu ihrem Einzug bei Hammerfels zur Miete in einem kleinen Altstadt-Appartement. Bei der Justiz ist sie derzeit in die Besoldungsgruppe R 1 eingruppiert.

Hammerfels und Abendsonne tragen der auf das Familienrecht spezialisierten Rechtsanwältin Sandra Storch ihre Vorstellungen vor, damit diese einen Ehevertrag ausarbeiten kann. Hammerfels will vor allem verhindern, dass Abendsonne im Falle einer Scheidung von seinem Vermögen profitiert. Dieses Vermögen habe mit der künftigen Ehe nichts zu tun und müsse bei einer Scheidung außen vor bleiben. Außerdem befürchtet er Streit um die Bewertung seines Unternehmens. Die Vereinbarung von Gütertrennung hält er allerdings nicht für den richtigen Weg, weil sie gegenüber dem gesetzlichen Güterstand erhebliche Nachteile vor allem in pflichtteilsrechtlicher und steuerlicher Hinsicht habe. Ideal sei es deshalb, die Vorteile des gesetzlichen Güterstands und der Gütertrennung miteinander zu kombinieren.

Außerdem will Hammerfels, der sich eigentlich schon zu alt für Kinder fühlt, unbedingt vermeiden, dass er für den Fall, dass die Verbindung mit Abendsonne kinderlos bleiben sollte, nach einer Ehescheidung bis in alle Ewigkeit über das Unterhaltsrecht die Hälfte seines Einkommens an Abendsonne abgeben muss. Am liebsten wäre von Hammerfels deshalb ein vollständiger gegenseitiger Unterhaltsverzicht. Allenfalls möchte er Abendsonne nach einer Scheidung unterstützen, wenn diese wegen der Erziehung gemeinsamer Kinder ihre Berufstätigkeit aufgeben muss; dann soll sie annähernd so gestellt werden, als hätte sie ihre Arbeit fortgesetzt. Auch im Bereich der §§ 1571, 1572 BGB hält er eine solche Regelung für angemessen. Auf keinen Fall solle jedoch die Regelung in § 1573 Abs. 2 BGB für seine künftige Verbindung mit Abendsonne im vollen Umfang zum Tragen kommen, meint Hammerfels.

Abendsonne ist mit den Überlegungen ihres künftigen Ehemannes weitgehend einverstanden. Durch ihre Laufbahnmöglichkeiten bei der Justiz sieht sie sich ausreichend wirtschaftlich gesichert. Ansprüche auf das Vermögen ihres Mannes will sie deshalb auch im Fall der Scheidung nicht erheben. Ihre unterhaltsrechtliche Versorgung für den der Fall Geburt gemeinsamer Kinder sowie in den Fällen der §§ 1571, 1572 BGB solle jedoch sichergestellt sein. Dabei will sie eine Unterhaltshöchstgrenze akzeptieren, die ihrem derzeitigen Gehalt bei der Justiz entspricht, und gegen den Geldwertverfall gesichert ist. Außerdem betont Abendsonne, dass in einem Ehevertrag auch für das Alter Vorsorge getroffen werden müsse. Sie will verhindern, dass ihr künftiger Ehemann, den sie durch sein Vermögen und verschiedene Kapitallebensversicherungen für das Alter ausreichend gesichert sieht, irgendwelche Ansprüche auf ihre Pension geltend machen kann. Sie dringt deshalb auf einen zumindest teilweisen Ausschluss der gesetzlichen Bestimmungen über den Versorgungsausgleich.

**Bearbeitervermerk:**

Der Ehevertragsentwurf der Rechtsanwältin Storch ist zu erstellen. Eine konkrete Unterhaltsberechnung muss dabei nicht durchgeführt werden und der Entwurf muss im Rahmen der unterhaltsrechtlichen Regelungen keine betragsmäßigen Festlegungen enthalten. Die Annahmen des Hammerfels zu den steuerlichen Nachteil des Gütertrennung sind als richtig zu unterstellen. Erb- und pflichtteilsrechtliche Regelungen brauchen nicht getroffen zu werden.

## Gliederung

## Lösung[1]

### Teil 1: Entwurf

### I. Güterrechtliche Vereinbarung

1　　Für die Dauer unserer künftigen Ehe vereinbaren wir, Adriana Abendsonne und Hubert Hammerfels, hiermit ehevertraglich was folgt: Für unsere Ehe gilt der gesetzliche Güterstand der Zugewinngemeinschaft, jedoch mit folgenden Abänderungen:

2　　1. Wird der Güterstand der Zugewinngemeinschaft nicht durch Ehevertrag oder durch den Tod eines Ehegatten beendet, sondern auf andere Weise, insbesondere durch Scheidung, so findet ein Zugewinnausgleich nicht statt. Dies gilt auch für den vorzeitigen Zugewinnausgleich. Einen in vorstehender Erklärung etwa liegenden Verzicht nehmen wir hiermit gegenseitig an.

3　　2. Zuwendungen eines Ehegatten an den anderen können bei Scheidung unserer Ehe nicht zurückgefordert werden, auch nicht wegen Störung der Geschäftsgrundlage, es sei denn, die Rückforderung ist auf gesonderter vertraglicher Grundlage vorbehalten. Dies

---

[1] Zum Ganzen: *J. Mayer,* in: Würzburger Notarhandbuch, Teil 3 Rn. 66 ff. (modifizierte Zugewinngemeinschaft), Rn. 3/157 ff. (Versorgungsausgleich) und Teil 3 Rn. 244 ff. (Unterhalt).

gilt unabhängig vom Verschulden am Scheitern der Ehe. Wir stellen ferner klar, dass andere Ausgleichsansprüche nicht bestehen sollen; insbesondere entsteht nicht etwa durch das gemeinsame Halten von Vermögensgegenständen eine Ehegatteninnengesellschaft, wenn wir dies nicht ausdrücklich vereinbaren. Wir verpflichten uns, bei etwaigen Gesamthaftungen das Innenverhältnis des Gesamtschuldnerausgleichs ausdrücklich zu regeln. Der in Ziffer 1 enthaltene Verzicht auf Zugewinn stellt nicht selbst eine ehebedingte Zuwendung dar und kann auf keiner Rechtsgrundlage zurückgefordert werden.

3. Für unsere Ehe schließen wir hiermit ferner die Verwaltungs- und Verfügungsbe- **4** schränkungen der §§ 1365 ff. BGB gegenseitig aus. Jeder von uns ist daher berechtigt, über sein Vermögen im Ganzen, über Hausratsgegenstände und über Einzelgegenstände, die sein ganzes oder nahezu ganzes Vermögen ausmachen, ohne Zustimmung des anderen zu verfügen.

## II. Nachehelicher Unterhalt

Hinsichtlich des nachehelichen Unterhalts vereinbaren wir, Adriana Abendsonne **5** und Hubert Hammerfels, was folgt:

1. Wir verzichten hiermit vorbehaltlich der in Ziffer 2 enthaltenen Einschränkung für den Fall der Scheidung unserer Ehe gegenseitig auf den nachehelichen Unterhalt und nehmen den Verzicht wechselseitig an. Dieser Verzicht ist unabhängig von der künftigen Entwicklung unserer wirtschaftlichen und persönlichen Verhältnisse. Er gilt auch für den Fall der Not und der Änderung der Rechtsprechung oder Gesetzeslage.

2. Von dem vorstehenden Unterhaltsverzicht nicht erfasst und daher vorbehalten **6** bleibt aber:

a) Der sog. Kindesbetreuungsunterhalt gemäß § 1570 BGB, wenn und solange ein Ehegatte nach den gesetzlichen Vorschriften Unterhalt wegen Pflege und Erziehung wenigstens eines gemeinschaftlichen Kindes verlangen kann. Dabei kann für die Zeit der vollen oder teilweisen Betreuungsbedürftigkeit eines gemeinschaftlichen Kindes Unterhalt nach Maßgabe der gesetzlichen Vorschriften verlangt werden, und zwar unabhängig davon, ob dieser Unterhaltsanspruch allein auf § 1570 BGB oder teilweise auch auf § 1573 Abs. 2 BGB beruht.

b) Der Unterhalt wegen Alters, § 1571 BGB, oder wegen Krankheit, § 1572 BGB, **7** jedoch jeweils nur mit den Einsatzzeitpunkten Scheidung, §§ 1571 Nr. 1, 1572 Nr. 1 BGB, oder Ende der Kindesbetreuung, §§ 1571 Nr. 2, 1572 Nr. 2 BGB, und beim Unterhalt wegen Alters mit dem weiteren Einsatzzeitpunkt Ende des Unterhalts wegen Krankheit und Gebrechlichkeit in den Fällen des § 1572 Nr. 1 und 2 BGB.

3. Soweit nach den gesetzlichen Bestimmungen und den vorstehenden Vereinbarun- **8** gen ein Anspruch auf nachehelichen Unterhalt besteht, wird dieser, und zwar der Gesamtunterhalt einschließlich dem Vorsorgeunterhalt, Mehr- und dem Sonderbedarf, der Höhe nach auf einen wertgesicherten monatlichen Höchstbetrag von _____ €[2] begrenzt. Damit wird kein Anspruch auf Zahlung eines nachehelichen Unterhaltsanspruchs dem Grunde oder der Höhe nach begründet. Hierfür gelten vielmehr die gesetzlichen Bestimmungen. Nur wenn nach den gesetzlichen Bestimmungen ein Unterhaltsanspruch den vorstehend vereinbarten Höchstbetrag übersteigt, wird dieser durch die vorstehende Vereinbarung begrenzt und insoweit auf darüber hinausgehende Ansprüche auf nachehelichen Unterhalt verzichtet.

---

[2] Hier ist der Betrag der Einkünfte der Abendsonne aus ihrer Tätigkeit als Staatsanwältin einzusetzen.

**9**   Der vorstehend genannte Höchstbetrag ist wertgesichert. Er erhöht oder vermindert sich in demselben prozentualen Verhältnis, in dem sich der vom Statistischen Bundesamt für jeden Monat festgestellte und veröffentlichte Verbraucherpreisindex für Deutschland (Basisjahr 2005 = 100 Punkte) bezogen auf den Tag der heutigen Beurkundung gegenüber den nachstehend genannten Stichtagen erhöht oder verringert. Eine Erhöhung oder Verminderung des Höchstbetrags tritt erstmals bei Rechtskraft der Ehescheidung ein und danach jeweils wieder, wenn sich der Verbraucherpreisindex gegenüber dem für die letzte Festlegung des Höchstbetrags maßgeblichen Stand um 10% nach oben oder unten verändert hat.

**10**   4. Die vorstehend zum nachehelichen Unterhalt getroffenen Vereinbarungen sind in ihrer Wirksamkeit voneinander unabhängig. Wir sind uns insbesondere darüber einig, dass für den Fall, dass sich einer von uns auf eine oder mehrere der hier getroffenen Regelungen nicht berufen kann, oder dass eine oder mehrere der vorstehenden Regelungen gemäß § 242 BGB angepasst werden, die übrigen Vereinbarungen zum nachehelichen Unterhalt unverändert fort gelten sollen.

### III. Versorgungsausgleich

**11**   Zum Versorgungsausgleich vereinbaren wir, Adriana Abendsonne und Hubert Hammerstein, was folgt:
Für den Versorgungsausgleich gelten die gesetzlichen Bestimmungen. Bin jedoch ich, Adriana Abendsonne, nach der Summe aller auszugleichenden Anrechte ausgleichspflichtig, findet ein Versorgungsausgleich nicht statt. Ich, Hubert Hammerstein, verzichte insoweit auf die Durchführung des Versorgungsausgleich. Ich, Adriana Abendsonne, nehme diesen Verzicht hiermit an.

### IV. Salvatorische Klausel

**12**   Klargestellt wird, dass die in diesem Ehevertrag zum Güterrecht, nachehelichen Unterhalt und Versorgungsausgleich jeweils getroffenen Vereinbarungen von einander unabhängig sind. Die ganze oder teilweise Unwirksamkeit der Regelungen zu einem oder mehreren dieser Themenbereiche lässt also die Wirksamkeit der zu den verbleibenden Themenbereichen getroffenen Vereinbarungen unberührt.

### Teil 2: Erläuterungen

### I. Interessenlage der Beteiligten

**13**   Der Sachverhalt schildert typisiert eine sogenannte „Diskrepanz-Ehe", die von starken Einkommens- und Vermögensunterschieden der Ehegatten geprägt ist. Zum Vermögen des Ehemanns zählt außerdem ein Unternehmen. Beide künftigen Ehegatten sind berufstätig und ein Kinderwunsch liegt – jedenfalls aktuell – nicht vor. Der geplante Zuschnitt der ehelichen Lebensverhältnisse der Ehegatten Abendsonne/Hammerfels unterscheidet sich also stark von den Grundannahmen des gesetzlichen „Ehemodells". Damit liegt der Abschluss einer ehevertraglichen Vereinbarung nahe, in der die Ehegatten für sie nicht passende Bestandteile des gesetzlichen Modells an ihre konkreten Umstände anpassen. Die besonderen, vom gesetzlichen „Leitbild" abweichenden Lebensverhältnisse können dabei im Rahmen der Inhalts- und Ausübungskontrolle des Vertrags als Rechtfertigung für die vorgeschlagenen Abweichungen von einzelnen gesetzlichen Bestimmungen dienen.

Losgelöst vom konkreten Sachverhalt gilt allgemein, dass die Bandbreite möglicher **14** Regelungen in ehevertraglichen Vereinbarungen vergleichsweise groß ist. Zur Erleichterung der Übersicht wird in der Literatur unter anderem nach einer „klassischen" Qualifizierung zwischen „Eheverträgen im engeren Sinn" einerseits und „Eheverträgen im weiteren Sinne" andererseits unterschieden[3] Während dabei Eheverträge im engeren Sinne im Anschluss an die in § 1408 Abs. 1 BGB enthaltene Legaldefinition als Vereinbarungen zum Güterrecht verstanden werden,[4] hat der erweiterte Ehevertragsbegriff über die Regelung der güterrechtlichen Verhältnisse hinaus den Gesamtbereich der ehelichen Lebensverhältnisse zum Gegenstand, also beispielsweise Fragen der allgemeinen Ehewirkungen, des ehelichen Güterrechts, sonstiger schuld- und sachenrechtlicher Vermögensverhältnisse sowie des Unterhalts und der Scheidungsfolgen.[5]

„Klassische" güterrechtliche Regelungen in Eheverträgen im engeren Sinn sind zum **15** Beispiel:
– die Vereinbarung einer der Wahlgüterstände des deutschen Rechts (Gütertrennung oder Gütergemeinschaft) als vollständige Abkehr vom gesetzlichen Güterstand („genereller" Ehevertrag) bzw.
– bei grundsätzlicher Beibehaltung des gesetzlichen Güterstands der Zugewinngemeinschaft die Festlegung von Modifikationen zur gesetzlichen Ausgangssituation („spezieller" Ehevertrag). Solche Modifikationen können beispielsweise sein:[6] vertragliche Regelungen zur Festlegung und Bewertung des jeweiligen Anfangsvermögens bzw. allgemein zur Ausgleichshöhe und die vertragliche Vereinbarung eines Ausgleichs in Sachwerten oder zur Herausnahme einzelner Vermögenswerte oder bestimmter Teile des Vermögens (z.B. eines Unternehmens) aus dem Zugewinnausgleich. Denkbar ist hierbei unter anderem außerdem die Vereinbarung eines allgemeinen oder auf bestimmte Fälle beschränkten (Komplett-)Ausschlusses des Zugewinnausgleichs.

Praxiswichtige Regelungsbereiche des erweiterten Ehevertragsbegriffs sind demgegenüber zum Beispiel: **16**
– Vereinbarungen zum Versorgungsausgleich, häufig in der Form von (Teil-)Verzichten, beispielsweise hinsichtlich bestimmter „Randversorgungen" (Versorgungsanrechte, bei denen nur geringe Ausgleichswerte zu erwarten sind) oder bestimmter Zeitabschnitte der Ehe (z.B. Zeiten gemeinsamer Berufstätigkeit),
– Vereinbarungen zum Sorge- und Umgangsrecht für ehegemeinschaftliche Kinder,
– Vereinbarungen zum Kindesunterhalt (Verzichtsvereinbarungen sind hierzu wegen § 1614 BGB allerdings nicht zulässig; in der notariellen Praxis sind zum Kindesunterhalt vor allem „Titulierungen" üblich, d.h. der konkrete Zahlungsbetrag für den Barunterhalt wird anhand der gesetzlichen Bestimmungen festgelegt und der Unterhaltsschuldner unterwirft sich insoweit der Zwangsvollstreckung aus der notariellen Urkunde, § 794 Nr. 5 ZPO)
– Vereinbarungen zum nachehelichen Unterhalt, wobei hier in der Vergangenheit – ähnlich wie zum Versorgungsausgleich – häufig ebenfalls Verzichts- oder Teilverzichtsregelungen im Vordergrund standen oder aber Zahlungsvereinbarungen getroffen wurden, worin sich der Unterhaltsschuldner zur Zahlung von Unterhalt in bestimmter Höhe verpflichtete und sich diesbezüglich in der Regel auch der Zwangsvollstreckung aus der notariellen Urkunde unterwarf („Titulierung", siehe

---

[3] *Grziwotz*, in: Beck'sches Notarhandbuch, Teil B I Rn. 6.
[4] HK-FamR/*Bergschneider*, § 1408 Rn. 3.
[5] HK-FamR/*Bergschneider*, § 1408 Rn. 1; *Grziwotz*, in: Beck'sches Notarhandbuch, Teil B I Rn. 6.
[6] HK-FamR/*Bergschneider*, § 1408 Rn. 6.

oben); für die Zukunft wird im Anschluss an das Unterhaltsreformgesetz erwartet,[7] dass möglicherweise auch „unterhaltsverstärkende" Vereinbarungen an Gewicht gewinnen,

– sowie Vereinbarungen zur Verteilung von Haushaltsgegenständen, sonstigen Vermögenswerten und Verbindlichkeiten.

17 Neben der an der Regelungsreichweite orientierten Unterscheidung wird zur Schilderung der Erscheinungsformen von ehevertraglichen Vereinbarungen in der Gestaltungspraxis häufig auch auf den Zeitpunkt des Abschlusses der Vereinbarung abgestellt. Diese Unterscheidung hat ihren Erkenntniszweck vor allem darin, dass ehevertragliche Vereinbarungen abhängig von ihrem Abschlusszeitpunkt üblicherweise auch bestimmte – je verschiedene – Regelungsgegenstände aufweisen. Als besonders verbreitete Anlässe für den Abschluss eines Ehevertrags lassen sich dabei identifizieren:[8]

– Beginn einer Ehe: kurz vor oder nach Eheschließung sind sogenannte „vorsorgende" Eheverträge häufig, hier beschränken sich die (künftigen) Ehegatten erfahrungsgemäß zumeist auf Regelungen zum Güterstand und pauschalisierende Bestimmungen zum Versorgungsausgleich/Unterhalt (beispielsweise den Ausschluss bestimmter Versorgungsanwartschaften oder bestimmter Ehezeiten vom Versorgungsausgleich oder den Ausschluss bestimmter Unterhaltstatbestände);

– Krise einer Ehe: ist das eheliche Zusammenleben krisenbelastet, wollen sich die Ehegatten jedoch noch nicht in absehbarer Zeit scheiden lassen, sind Vereinbarungen häufig, in denen die Ehegatten versuchen, für die Scheidungsfolgen den status quo festzuschreiben, als beispielsweise die Beendigung des gesetzlichen Güterstands, um zu verhindern, dass der Zugewinn für die Zeit der Krise „weiterläuft";

– Endgültiges Scheitern einer Ehe: häufig werden zur Vorbereitung einer Scheidung sogenannte „Trennungs- und Scheidungsfolgenvereinbarungen" getroffen, in denen die Ehegatten versuchen, sämtliche Bereiche des Scheidungsfolgenrechts möglichst abschließend zu regeln, um eine verhältnismäßig konfliktfreie Scheidung ihrer Ehe zu erreichen.[9] Übliche Regelungsgegenstände sind hier vor allem Vereinbarungen über die Beendigung des gesetzlichen Güterstands und den Ausgleich eines etwaigen Zugewinns, die Festlegung konkreter Zahlbeträge für den nachehelichen Unterhalt, Bestimmungen zum Sorge- und Umgangsrecht, die Titulierung des Kindesunterhalts, eine Reglung der Haftung für gemeinsame Verbindlichkeiten sowie die Verteilung von Haushaltsgegenständen und sonstigen gemeinsamen Vermögenswerten.

18 Eine weitere Orientierungshilfe für die möglichen Erscheinungsformen und Regelungsinhalte eines Ehevertrags bilden sogenannte „Ehemodelle" oder „Ehetypen". So liegt dem gesetzlichen Ehevermögensrecht und insbesondere dem Scheidungsfolgenrecht maßgeblich die sogenannte „Haushaltsführungsehe" zugrunde, in der ein Ehegatte durch Erwerbstätigkeit zum Familienunterhalt beiträgt und der andere durch Haushaltsführung und Kinderbetreuung.[10] Je weiter das individuell gelebte Ehemodell von dieser gesetzlichen Regelungsvorstellung abweicht, desto stärker ist in der Regel der Wunsch der Ehegatten, in einem Ehevertrag Bestimmungen zu treffen, die ihren individuellen Verhältnissen entsprechen.

---

[7] *Zimmermann*, in: Kersten/Bühling, Formularbuch und Praxis der Freiwilligen Gerichtsbarkeit 22. Aufl., 2008, § 85 Rn. 6.

[8] HK-FamR/*Bergschneider*, § 1408 Rn. 5.

[9] § 630 ZPO a. F. gab bis zum Inkrafttreten des FamFG für die sogenannte „Konsensualscheidung" ein gesetzliches Leitbild für eine solche umfassende Trennungs- und Scheidungsfolgenvereinbarung vor.

[10] *Grziwotz*, in: Beck'sches Notarhandbuch, Teil B I Rn. 7.

Häufige Fallgruppen, in denen eine solche individuelle Ausgestaltung gewünscht wird, sind z.B.:
- Doppelverdienerehen, in den die Ehegatten kinderlos bleiben;
- Zweitehen im fortgeschritten Alter (u.a. auch bei Patchwork-Familien), wenn die Existenz- und Alterssicherung bereits im wesentlichen abgeschlossen ist;
- stark phasenverschobene Ehen oder sonstige Diskrepanzen,
- Unternehmerehen.

## II. Güterrecht

Die Lösung schlägt vor, den gesetzlichen Güterstand dahingehend zu modifizieren, **19** dass bei Scheidung kein Zugewinnausgleich statt findet, und außerdem die Verfügungs- und Verwaltungsbeschränkungen des §§ 1365 BGB abzubedingen. Die Ehegatten und vor allem der Unternehmer Hammerfels stehen damit beinahe so, wie sie bei Vereinbarung von Gütertrennung stünden: Auch bei Verfügungen über ihr wesentliches Vermögen im Sinne des § 1365 BGB bedarf ein Ehegatte nicht der Zustimmung des anderen und im Scheidungsfall erfolgt kein Ausgleich des Zugewinns. Im wesentlichen wirkt sich die Beibehaltung des gesetzlichen Güterstands für die Ehegatten Abendsonne/Hammerfels also nur noch dadurch aus, dass bei Tod eines von ihnen § 1371 BGB zur Anwendung kommt, das heißt, die gesetzliche Erbquote um das „Zugewinn-Viertel" (§ 1371 Abs. 1 BGB) erhöht wird, bzw. der überlebende Ehegatten die „güterrechtliche Lösung" (§ 1371 Abs. 3 BGB) wählen kann.[11] In der Vertragspraxis sind derartige Vereinbarungen bei Unternehmer-Ehen häufig anzutreffen, da sie dem Unternehmer-Ehegatten gegenüber dem gesetzlichen Güterstand eine Reihe von Vorteilen bringen: der Unternehmer ist bei Dispositionen über das unternehmerische Vermögen nicht auf die Mitwirkung seines Ehegatten angewiesen, im Scheidungsfall können langwierige und kostenintensive Streitigkeiten über die Bewertung des Unternehmens vermieden werden und die Liquidität des Unternehmens wird bei Scheidung nicht durch eine Zugewinnausgleichsforderung belastet, die vor allem dann weitreichende Folgen haben kann, wenn das Unternehmen während der Ehezeit stark an Wert gewonnen hat.

Nach herrschender Auffassung ist selbst eine derart tiefgreifende Modifizierung des **20** gesetzlichen Güterstands, wie von der Lösung vorgeschlagen, zulässig.[12] Das in der Literatur diskutierte „Verbot der Phantasiegüterstände" soll hier also nicht eingreifen.[13] Im Rahmen der Inhalts- und Ausübungskontrolle betont auch die Rechtsprechung, dass es ein schützenswertes Interesse sei, die wirtschaftliche Substanz eines Unternehmens durch Vereinbarungen zum Güterrecht zu bewahren zu versuchen.[14]

Alternative Gestaltungsmöglichkeiten, um dem Interesse des Hammerfels Rechnung **21** zu tragen, sind grundsätzlich einerseits die Vereinbarung von Gütertrennung und andererseits eine weniger weitreichende „gegenständliche" Modifizierung des Zugewinnausgleichsrechts. Im vorliegenden Fall konnte Gütertrennung jedoch schon nach dem eindeutigen Wunsch von Hammerfels nicht vorgeschlagen werden. In der Praxis ist die Gütertrennung häufig wegen des im Sachverhalt anklingenden Verlusts des (zusätzlichen) Freibetrags aus § 5 Abs. 1 S. 1 ErbStG ungeliebt und darüber hinaus unter

---

[11] *J. Mayer*, in: Würzburger Notarhandbuch, Teil 3 Rn. 70 ff.
[12] *J. Mayer*, in: Würzburger Notarhandbuch, Teil 3 Rn. 67.
[13] Unzulässig soll dagegen sein, in freier Rechtschöpfung ohne Anlehnung an frühere oder geltende Güterstands-Typen eine individuelle Regelung zu versuchen. *Grziwotz*, in: Beck'sches Notarhandbuch, Teil B I Rn. 46.
[14] HK-FamR/*Bergschneider*, § 1408 Rn. 27.

Umständen insbesondere wegen ihrer erb- und pflichtteilsrechtlichen „Folgewirkungen": Aufgrund des „Zugewinn-Viertels" ist im gesetzlichen Güterstand die gesetzliche Erbquote des Ehegatten in der Regel höher als bei den Wahlgüterständen, § 1931 BGB. Dies bedeutet aber zugleich auch, dass bei Geltung des gesetzlichen Güterstands die Erb- und Pflichtteilsquote von Kindern entsprechend niedriger ist. Dies kann vor allem dann von Bedeutung sein, wenn der Unternehmer um die Liquidität seines Unternehmens nicht nur vor dem Hintergrund möglicher Zugewinnausgleichsforderungen besorgt ist, sondern auch wegen eventuell drohender Pflichtteilsforderungen.

22    Eine „gegenständliche" Modifizierung des Zugewinns würde bedeuten, dass der Zugewinnausgleich nicht vollständig für den Scheidungsfall ausgeschlossen wird, sondern dass nur bestimmte Vermögenswerte – beispielsweise Betriebsvermögen – bei der Berechnung des Ausgleichsanspruchs ausgenommen werden, indem vertraglich vereinbart wird, dass diese Gegenstände weder im Anfangs- noch im Endvermögen des betreffenden Ehegatten berücksichtigt werden. Im übrigen lässt eine solche Lösung den Zugewinnausgleich zu und ist damit weniger pauschal.[15] Nachteilig ist jedoch, dass insgesamt bis zu vier Vermögensmassen entstehen (jeder Ehegatte hat ausgleichspflichtiges und nicht ausgleichspflichtiges Vermögen). Dies eröffnet einerseits Abgrenzungsschwierigkeiten und andererseits Missbrauchsmöglichkeiten (ausgleichspflichtiges Vermögen wird mit benachteiligender Absicht in nicht ausgleichspflichtiges Vermögen „umqualifiziert").[16] Für die Ehegatten Abendsonne/Hammerfels ist unabhängig davon der „Komplettausschluss" aber jedenfalls auch deshalb nahe liegend, weil das Vermögen des Hammerfels neben seinem Unternehmen auch ererbte Bestandteile umfasst, so dass jedenfalls eine gegenständliche Herausnahme nur des Betriebsvermögens zu kurz griffe und weitere Bereichsausnahmen definiert werden müssten, so dass wohl kaum mehr ein Anwendungsbereich für den Zugewinnausgleich bliebe.

23    Die Regelungen in Abschnitt I Ziffer 2 des Formulierungsvorschlags beschäftigen sich mit der sogenannten „zweiten Spur" des vermögensrechtlichen Ausgleichs unter Ehegatten (vgl. Fall 8). Bei entsprechenden Vertragsgestaltungen wird in der Regel (vor allem aus Gründen der Streitvermeidung) allgemein versucht, die Rechtsverhältnisse der Vertragsparteien abschließend zu regeln und neben den güterrechtlichen Mechanismen auch die übrigen von der Rechtsprechung entwickelten Ausgleichsformen zu erfassen. In diesem Sinne schlägt die Musterformulierung eine Regelung vor, wonach bei Zuwendungen an den anderen Ehegatten oder sonstigen Verwendungen auf das Vermögen des Partners nur dann eine Rückerstattung bzw. ein Ausgleich zu erfolgen hat, wenn die Ehegatten dies ausdrücklich bestimmen.[17]

## III. Unterhalt

24    Die zum Unterhalt vorgeschlagene Regelung zeichnet im wesentlichen die Kernbereichslehre des BGH zum Recht des nachehelichen Unterhalts nach. Da beide Ehegatten über ein eigenes Einkommen verfügen, anders als im gesetzlichen Ehemodell derzeit also eine „Doppelverdiener-Ehe" vorliegt, und auch ein Kinderwunsch jedenfalls aktuell nicht gegeben ist, sieht der Formulierungsvorschlag entsprechend der im Sachverhalt wieder gegebenen Wünsche der Ehegatten einen grundsätzlichen Verzicht auf

---

[15] Anders als bei der „Gütertrennung im Kleinen" durch den Komplettausschluss ist der sozial schwächere Partner in diesem Fall nicht völlig ohne jeden Ausgleich an den Wertsteigerungen des Vermögen des anderen Ehegatten: *J. Mayer*, in: Würzburger Notarhandbuch, Teil 3 Rn. 80.

[16] *J. Mayer*, in: Würzburger Notarhandbuch, Teil 3 Rn. 84; *Münch*, Rn. 886.

[17] *J. Mayer*, in: Würzburger Notarhandbuch, Teil 3 Rn. 85.

nachehelichen Unterhalt vor.[18] Die Formulierung, wonach der Verzicht „auch für den Fall der Not" gelten soll, stellt dabei lediglich klar, dass der jeweilige Unterhaltsberechtigte das allgemeine Lebensrisiko zu tragen hat, beispielsweise für die Fälle späterer, nicht ehebedingter Arbeitslosigkeit.[19]

Ausgenommen werden vom grundsätzlichen Unterhaltsverzicht jedoch diejenigen **25** Unterhaltstatbestände, die nach der von der Rechtsprechung vorgenommenen Wertigkeitsbestimmung im Rahmen des gesetzlichen Scheidungsfolgensystems auf vergleichsweise hoher Stufe stehen. Die Vorgaben der Rechtsprechung decken sich dabei weitgehend mit den Vorstellungen von Abendsonne. Eine solche Ausnahme ist danach in erster Linie für den Kinderbetreuungsunterhalt, § 1570 BGB, erforderlich, aber auch für den Unterhalt wegen Alters, § 1571 BGB, oder wegen Krankheit, § 1572 BGB.[20] Für die beiden letzt genannten Unterhaltstatbestände, §§ 1571, 1572 BGB, gilt dies jedenfalls dann, wenn sie als sogenannter „Anschlussunterhalt" mit den Einsatzpunkten Scheidung oder Ende der Kinderbetreuung in Betracht kommen.[21] Im Sinne vorsichtiger Vertragsgestaltung (Gebot des sichersten Weges) sieht die Musterformulierung für den Unterhalt wegen Alters als weitere Ausnahme vom generellen Verzicht zusätzlich noch den Einsatzzeitpunkt Ende des Unterhalts wegen Krankheit in bestimmten Fällen vor. Außerdem wird zum Kindesbetreuungsunterhalt klargestellt, dass dieser grundsätzlich nach seinen beiden Bestandteilen, also dem Unterhalt nach § 1570 BGB und dem sogenannten Aufstockungsunterhalt nach § 1573 Abs. 2 BGB verlangt werden kann.

Soweit die vorgenannte Verzichtausnahmen reichen, kommen nach den Kriterien **26** der richterlichen Inhalts- und Ausübungskontrolle anderweitige Abänderungen der gesetzlichen Vorgaben, wie zum Beispiel höhen- und zeitabhängige Begrenzungen, nur in Ausnahmefällen in Betracht. Bei einer „Diskrepanz-Ehe" mit hohen Einkommensunterschieden, wie sie auch die Ehegatten Abendsonne/Hammerfels führen werden, hält es die Literatur jedoch aus der Gesamtschau der Umstände für gerechtfertigt, eine Deckelung der Unterhaltshöhe zu vereinbaren.[22] Dies soll jedenfalls dann gelten, wenn der Unterhaltshöchstbetrag so bemessen ist, dass er hinreichend hoch ist, um etwaige „ehebedingte Nachteile" auszugleichen und sich die Kappungsgrenze daher im Wesentlichen auf den Aufstockungsunterhalt aus § 1573 Abs. 2 BGB bezieht.[23] Der BGH hat den Aufstockungsunterhalt schon bislang nicht zum Kernbereich des Scheidungsfolgenrechts gezählt,[24] so dass die in der Musterformulierung vorgeschlagene Orientierung am Gehalt der Abendsonne als interessengerechte Lösung erscheint: Gibt Abendsonne, anders als derzeit vorgesehen, ihre Berufstätigkeit doch auf, beispielsweise um gemeinsame Kinder zu erziehen, wird dieser „ehebedingte Nachteil" (Aufgabe der Berufstätigkeit aus in der Ehe liegenden Gründen) dadurch aufgefangen, dass sie beim Eingreifen der nicht ausgeschlossenen Unterhaltstatbestände mit Hilfe des Unterhalts so gestellt wird, als hätte sie ihren Beruf weiter ausgeübt.[25] Nach der zum

---

[18] Zur grundsätzlichen Zulässigkeit eines vollständigen Unterhaltsverzichts bei kinderlosen Doppelverdiener-Ehen: *Münch*, Rn. 2164.

[19] *J. Mayer*, in: Würzburger Notarhandbuch, Teil 3 Rn. 256. Teilweise wird eine solche Regelung für deklaratorisch gehalten, da der Unterhaltsverzicht im Zweifel auch den Notbedarf umfasst. Gleichwohl empfiehlt sich jedoch eine entsprechende Klarstellung: Palandt/*Brudermüller*, § 1585 c Rn. 8.

[20] *J. Mayer*, in: Würzburger Notarhandbuch, Teil 3 Rn. 260.

[21] *J. Mayer*, in: Würzburger Notarhandbuch, Teil 3 Rn. 260.

[22] *Münch*, Rn. 2170.

[23] *J. Mayer*, in: Würzburger Notarhandbuch, Teil 3 Rn. 268; *Münch*, Rn. 2172, ähnlich auch Palandt/*Brudermüller*, § 1585 c Rn. 16.

[24] *J. Mayer*, in: Würzburger Notarhandbuch, Teil 3 Rn. 260.

[25] *J. Mayer*, in: Würzburger Notarhandbuch, Teil 3 Rn. 268.

1. 1. 2008 in Kraft getretenen Unterhaltsreform dürften wohl zusätzliche Argumente für die Zulässigkeit einer Unterhaltsdeckelung in ähnlichen Fällen streiten, da im Rahmen dieser Reform auch der Gesetzgeber beispielsweise durch die Neufassung von § 1569 BGB und § 1578 BGB signalisiert hat, dass es gerade nicht Aufgabe des Unterhaltsrechts ist, für eine lebenslange „Lebensstandard-Garantie" zu sorgen.

**27** § 1408 BGB (amtliche Überschrift: „Ehevertrag, Vertragsfreiheit") betont ausdrücklich die Vertragsfreiheit der Ehegatten beim Abschluss eines Ehevertrages. Weitere gesetzliche Vorschriften, denen sich die grundsätzliche Dispositionsfreiheit der Ehegatten entnehmen lässt, sind: § 6 VersAusglG für den Versorgungsausgleich und § 1585c BGB für den nachehelichen Unterhalt. Infolge der geänderten Rechtsprechungspraxis des BVerfG und in seiner Folge auch der übrigen Obergerichte sind für den Bereich des Ehevertrags die Grenzlinien der Vertragsfreiheit vollständig neu gezogen worden. Für die Vertragsgestaltung im Familienrecht gelten daher seit einigen Jahren grundsätzlich geänderte Rahmenbedingungen.[26]

Zwar betont auch die jüngere Rechtsprechung, insbesondere der BGH in seiner Grundsatzentscheidung vom 11. Februar 2004, dass die Ehegatten vertragliche Regelungen zu ihren ehelichen Verhältnissen treffen können.[27] Die frühere BGH-Rechtsprechung, wonach es im Rahmen ehevertraglicher Vereinbarungen im Hinblick auf die Eheschließungs- und Ehescheidungsfreiheit weitest gehend unbedenklich sein sollte, auch vollständige Gesamtverzichte (d.h. also einen Komplettverzicht auf die gesetzlichen Scheidungsfolgen durch Vereinbarung von Gütertrennung, eines Verzichts auf Versorgungsausgleich und nachehelichen Unterhalt) festzuschreiben, ist jedoch zwischenzeitlich – ursprünglich angestoßen durch eine Entscheidung des Bundesverfassungsgerichts (BVerfG)[28] – grundlegend überholt:

Nach dieser verfassungsrichterlichen Entscheidung ist ein Ehevertrag (entsprechendes gilt für Scheidungs- und Trennungsfolgenvereinbarungen)[29] nunmehr stets daraufhin zu untersuchen, ob die vertraglichen Regelungen zu einer evident einseitigen Lastenverteilung führen („objektive Seite"), und außerdem, ob sich ein Ehepartner bei Vertragsabschluss in einer erheblich schwächeren Verhandlungsposition befand („subjektive Seite"). Entscheidend ist bei dieser „Inhalts- und Ausübungskontrolle" der Gesamtcharakter des Vertrages, also Inhalt, Beweggrund und Zweck.[30] Die Eingehung oder Fortsetzung der Ehe scheidet dabei als korrespondierender Vorteil aus und kann das Ausnutzen einer Zwangslage zum Abschluss einer einseitig benachteiligenden Vereinbarung nicht länger aufwiegen.[31]

Nach der Grundsatzentscheidung des BGH vom 11. 2. 2004 ist im Rahmen der vom Verfassungsgericht verlangten Überprüfung insbesondere zu analysieren, ob sich die vertraglich vereinbarte Lastenverteilung nach den individuellen Lebensverhältnissen der Ehepartner rechtfertigen lässt. Hierfür wird eine zweistufige Kontrolle durchgeführt, die in einer Gesamtschau sämtliche Lebensverhältnisse der Ehegatten miteinbezieht, insbesondere die Einkommens- und Vermögensverhältnisse der Ehegatten, die Auswirkungen der Vereinbarungen auf den jeweiligen Ehegatten und etwaige Kinder sowie die subjektiven Beweggründe für den Abschluss der Vereinbarung.[32] In einem ersten Schritt („Wirksamkeitskontrolle") ist dabei die Wirksamkeit im Zeitpunkt des

---

[26] HK/*Bergschneider*, § 1408 Rn. 19.
[27] *BGH* MittBayNot 2004, 270 ff.
[28] *BVerfG* DNotZ 2001, 222 ff.
[29] *Grziwotz*, in: Beck'sches Notarhandbuch, Teil B I Rn. 11 a (a. E).
[30] Palandt/*Brudermüller*, § 1408 Rn. 8.
[31] Palandt/*Brudermüller*, § 1408 Rn. 9.
[32] Palandt/*Brudermüller*, § 1408 Rn. 8.

Vertragsschlusses zu prüfen und die Vereinbarung mit dem geplanten oder bereits verwirklichten Zuschnitt der Ehe abzugleichen; Ausgangspunkt ist insoweit § 138 BGB. Hält die Vereinbarung dem stand, ist in einem zweiten Schritt anhand der Verhältnisse im Zeitpunkt des Scheiterns der Ehe die geplante der tatsächlich verwirklichten Gestaltung der ehelichen Lebensverhältnisse gegenüberzustellen. Hierzu wird an § 242 BGB angeknüpft („Ausübungskontrolle").[33]

Inwieweit überhaupt ein Abweichen von den gesetzlichen Vorgaben zulässig ist, beurteilt diese jüngere Rechtsprechung nach der Bedeutung der geregelten Scheidungsfolge innerhalb des gesetzlichen Scheidungsfolgensystems.[34] Eine Beanstandung ist umso eher anzunehmen, je stärker die Vereinbarung in diejenige Gebiete eingreift, die innerhalb des gesetzlichen Systems die gewichtigsten sind.[35] Der BGH hat dazu seine sogenannte „relative Kernbereichslehre" als Stufenmodell entwickelt: Danach steht insbesondere der Kinderbetreuungsunterhalt, jedenfalls für die ersten drei Jahre nach der Geburt des Kindes,[36] auf der höchsten Stufe des gesetzlichen Scheidungsfolgenrechts und ist dabei beinahe „vereinbarungsfest". Auf der nächst niedrigeren Stufe folgen der Alters- und Vorsorgeunterhalt sowie der Versorgungsausgleich. Daran an schließt sich der Unterhalt wegen Erwerbslosigkeit, der Krankenvorsorge- und Altersvorsorgeunterhalt sowie der Aufstockungs- und Ausbildungsunterhalt. Auf der „niedrigsten Stufe" und damit am ehesten einer Vereinbarung zugänglich ist das Güterrecht.

**28** Auch im Rahmen der Inhalts- und Ausübungskontrolle von Eheverträgen gilt jedoch, dass die – gegebenenfalls anhand der Kernbereichslehre festgestellte – einseitige Benachteiligung eines Vertragspartners allein für die Annahme der Sittenwidrigkeit noch nicht ausreicht. Es müssen weitere Umstände hinzukommen.[37] Diese können – wie in der Entscheidung des BGH vom 11. 2. 2004 – vor allem in der Ausnutzung einer erheblich ungleichen Verhandlungsposition liegen oder auch auf der Schädigung Dritter beruhen.[38] In einer entsprechenden Zwangslage befindet sich nach der Rechtsprechung des BGH insbesondere, wer

– einen vorsorgenden Ehevertrag vor oder anlässlich der Heirat und im Zusammenhang entweder mit einer Schwangerschaft oder mit der Sorge für das gemeinsame Kind schließt, oder wer
– ohne Arbeits- und Aufenthaltserlaubnis und ohne Ausbildung dem künftigen Ehegatten in ein Land folgt, dessen Sprache er nicht beherrscht.[39]

Eine Schädigung der Interessen Dritter liegt vor, insbesondere wenn

– ein nicht kinderbetreuender Elternteil vom Betreuungsunterhalt freigestellt wird, oder wenn
– der auf Unterhalt oder Versorgungsausgleich Verzichtende zwangsläufig der Sozialhilfe anheim fallen muss, auch wenn eine entsprechende Schädigungsabsicht nicht bestand.[40]

**29** Die Nichtigkeit von Einzelregelungen (Wirksamkeitskontrolle) kann nach einer Folgeentscheidung des BGH nach Maßgabe des § 139 BGB den ganzen Vertrag er-

---

[33] Zusammengefasst nach: *Brüggen*, MittBayNot 2009, 337, 342.
[34] Palandt/*Brudermüller*, § 1410 Rn. 9.
[35] HK-FamR/*Bergschneider*, § 1408 Rn. 21.
[36] *Grziwotz*, in: Beck'sches Notarhandbuch, Teil B I Rn. 11 a.
[37] Palandt/*Brudermüller*, § 1408 Rn. 10.
[38] Palandt/*Brudermüller*, § 1408 Rn. 10.
[39] Palandt/*Brudermüller*, § 1408 Rn. 10.
[40] Palandt/*Brudermüller*, § 1408 Rn. 10.

greifen.[41] Beispielsweise kann sich ergeben, dass eine Vereinbarung zum Güterrecht, die für sich betrachtet nicht zu beanstanden wäre, weil das Güterrecht außerhalb des Kernbereichs des Scheidungsfolgenrechts liegt und damit der ehevertraglichen Disposition am weitesten zugänglich ist, dennoch im Rahmen der Inhaltskontrolle verworfen wird, weil sie mit einem Unterhaltsverzicht verbunden ist, der den Vorgaben der Inhaltskontrolle nicht stand hält.[42] Die Vertragspraxis versucht auf diesen Umstand teilweise durch Einfügung sogenannter „salvatorischer Klausel" zu reagieren, um die gesetzliche Vermutungsregelung in § 139 BGB zu erschüttern. Die Effizienz solcher Vorkehrungen ist zwar streitig.[43] Die Musterformulierung sieht eine solche Klausel entsprechend dem Gebot des sichersten Weges jedoch vor.

Ergibt die Ausübungskontrolle, dass die Berufung auf eine ehevertragliche Vereinbarung gegen Treu und Glauben verstößt, ist seitens der Gerichte eine Rechtsfolge anzuordnen, die den Belangen beider Ehegatten in der nunmehr eingetretenen Lage in ausgewogener Weise Rechnung trägt; die Obergrenze ist dabei das gesetzlich geschuldete. Die Ausübungskontrolle muss dabei jedoch nicht regelmäßig zur vollständigen Anwendung der gesetzlichen Vorschriften führen. Als Maßstab soll nach verschiedenen obergerichtlichen Entscheidungen statt dessen vor allem der Ausgleich sogenannter „ehebedingter Nachteile" in Frage kommen.[44] Hat also beispielsweise die Ehefrau ihre Berufstätigkeit unterbrochen, weil den Ehegatten – anders als ursprünglich erwartet – doch ein gemeinsames Kind geboren worden ist, kann sie so zu stellen sein, wie sie bei Weiterführung ihrer beruflichen Tätigkeit gestanden hätte.[45]

30    Die weiteren Regelungen in der Musterformulierung stellen klar, dass es sich bei der vereinbarten Höchstgrenze nicht um eine „Novation" des Unterhaltsanspruchs in dem Sinne handelt, dass der Höchstbetrag unabhängig vom Vorliegen der gesetzlichen Voraussetzungen zu zahlen wäre,[46] sondern lediglich um eine höhenmäßige Begrenzung des gesetzlichen Unterhalts. Außerdem schlägt die Musterformulierung eine Wertsicherung des Höchstbetrages vor, um zu vermeiden, dass allein der Unterhaltsberechtigte das Inflationsrisiko trägt. Zugunsten des Unterhaltspflichtigen hält die Musterformulierung außerdem noch klarstellend fest, dass der Höchstbetrag nicht nur den sogenannten „Elementarunterhalt", sondern den vollen Unterhaltsanspruch umfasst, also beispielsweise einschließlich des Vorsorgeunterhalts.[47]

## IV. Versorgungsausgleich

31    Auch nach Inkrafttreten des VersAusglG unterfallen Kapitallebensversicherungen nicht dem Versorgungsausgleich, sondern werden allenfalls beim Zugewinnausgleich berücksichtigt. Nach der Reform neu vom Versorgungsausgleich erfasst sind – unabhängig von der Leistungsform – lediglich Anrechte aus dem BetrAVG[48] und dem Altersvorsorge-Zertifizierungsgesetz[49]; private Lebensversicherung sind dagegen nach

---

[41] BGH, FamRZ 2005, 1444, 1447.

[42] HK-FamR/*Bergschneider*, § 1408 Rn. 29.

[43] Palandt/*Brudermüller*, § 1408 Rn. 8.

[44] HK-FamR/*Bergschneider*, § 1408, Rn. 35.

[45] Palandt/*Brudermüller*, § 1408 Rn. 11.

[46] Zur Novation: Palandt/*Brudermüller*, § 1585 c Rn. 10.

[47] Ausführlich zu Vereinbarungen über die Beschränkungen der Unterhaltshöhe: *Münch*, Rn. 2200 ff. Dort finden sich auch alternative Vorschläge zur Deckelung, unter anderem beispielsweise auch ein Vertragsmuster, das – entsprechend häufig anzutreffender Vertragspraxis – für die Deckelung auf eine Besoldungsgruppe nach dem Bundesbesoldungsgesetz verweist, um den Höchstbetrag im Lauf längerer Zeit anpassungsfähig zu halten.

[48] § 2 Abs. 2 Nr. 3 VersAusglG.

[49] § 2 Abs. 2 Nr. 3 VersAusglG.

wie vor nur dann in den Versorgungsausgleich mit einzubeziehen, wenn sie auf eine Rentenleistung gerichtet sind. Für Abendsonne könnte sich deshalb die ungünstige Situation ergeben, dass sie einerseits an der Altersversorgung von Hammerfels nicht teil hat, weil der Zugewinnausgleich insoweit ausgeschlossen ist, sie andererseits jedoch Hammerfels gegenüber hinsichtlich ihrer eigenen Beamtenversorgung, für die der Versorgungsausgleich durchzuführen ist, zum Ausgleich verpflichtet ist. Dem soll der von der Musterformulierung vorgeschlagene „einseitige Ausschluss" Rechnung tragen, um sicherzustellen, dass Abendsonne ihre Versorgungsanrechte nicht ausgleichen muss. Die Musterformulierung stellt dabei auf die „Summe der auszugleichenden Anrechte" ab, da aufgrund der vom Gesetzgeber mit dem VersAusglG herbeigeführten Strukturänderung der bisherige Einmalausgleich aller Anrechte über die gesetzliche Rentenversicherung vom Vorrang der internen Teilung jedes einzelnen Anrechtes innerhalb des jeweiligen Versorgungssystems abgelöst wurde.[50]

Keine Bedenken können gegen die vorgeschlagene Regelung vor dem Hintergrund der Inhalts- und Ausübungskontrolle[51] geltend gemacht werden: Nach derzeitigen Verhältnissen ist Hammerfels in keiner Weise für seine Altersversorgung auf weitere Leistungen aus der Versorgung der Abendsonne angewiesen.[52] Anders wäre dies vor allem, wenn zulasten eines kindererziehenden Ehegatten der Versorgungsausgleich auch für solche Zeiten ausgeschlossen werden soll, während der kindererziehende Ehegatte am Aufbau einer eigenen Altersversorgung infolge der Kinderbetreuung gehindert war.[53]

Eine „Sperrfrist" für Vereinbarungen zum Versorgungsausgleich wie früher § 1408 **32** Abs. 2 S. 2 BGB a.F.,[54] kennt das VersAusglG nicht mehr. Damit erübrigen sich künftig die bislang häufig anzutreffenden Vertragsformulierungen, wonach die Vereinbarung zum Versorgungsausgleich bei Antragsstellung innerhalb der Sperrfrist jedenfalls als Vereinbarung nach § 1587o BGB a.F. fortgelten solle.[55]

Gemäß des Wortlauts von § 1410 BGB muss ein Ehevertrag bei „gleichzeitiger Anwesenheit beider Teile" zur Niederschrift eines Notars geschlossen werden. Anders als **33** diese Formulierung auf den ersten Blick nahe legen könnte, macht dieses Formerfordernis nach ganz herrschender Auffassung eine Stellvertretung nicht unzulässig und zwar selbst dann nicht, wenn mit der Vertretung auch ein Fall des Selbstkontrahierens verbunden ist (ein Ehepartner vertritt den anderen). Ebenso wenig würde die Genehmigung bei einem Handeln in Vertretung ohne Vertretungsmacht der notariellen Form bedürfen (§ 182 Abs. 2 BGB). Ihrem eigentlichen Anwendungsbereich nach untersagt die Norm also lediglich die Aufspaltung des Beurkundungsvorgangs in Angebot und Annahme.[56] Jedoch wird von entsprechenden Verfahrensweisen in der Literatur ganz einhellig abgeraten und darauf hingewiesen, dass derart zustande gekommene Verträge wohl zu verstärkter richterlicher Inhaltskontrolle Anlass geben würden.[57]

---

[50] Zur Neuregelung des Versorgungsausgleichs: *Bergschneider*, RNotZ 2009, 457 ff.; *Brüggen*, MittBayNot 2009, 337 ff. Der Formulierungsvorschlag orientiert sich an: *Steer*, notar 2009, 328, 335.

[51] § 8 Abs. 1 VersAusglG.

[52] *Münch*, Rn. 2539.

[53] *Münch*, Rn. 2518 ff.

[54] „Der Ausschluss ist unwirksam, wenn innerhalb eines Jahres nach Vertragsschluss Antrag auf Scheidung der Ehe gestellt wird."

[55] Mit § 1587o BGB a.F. ist auch das Erfordernis einer familiengerichtlichen Genehmigung von Vereinbarungen über den Versorgungsausgleich in Scheidungsvereinbarungen insgesamt weggefallen.

[56] Palandt/*Brudermüller*, § 1410 Rn. 5.

[57] HK-FamR/*Bergschneider*, § 1410 Rn. 10; *Grziwotz*, in: Beck'sches Notarhandbuch, Teil B I Rn. 156. Umgekehrt gilt aber auch, dass die notarielle Beurkundung eines Ehevertrags bei gleichzeitiger Anwesenheit allein nach herrschender Auffassung keine Milderung des Prüfungsmaßstabs im

Eine Ausweitung des notarieller Beurkundungserfordernisse hat das Unterhaltsreformgesetz mit Wirkung zum 1. 1. 2008 gebracht: waren Vereinbarungen zum ehelichen Unterhalt und Getrenntlebensunterhalt bislang grundsätzlich formlos möglich, bedarf nunmehr eine Vereinbarung über den nachehelichen Unterhalt der notariellen Beurkundung, sofern sie vor Rechtskraft der Scheidung getroffen wird, § 1585 c S. 2 BGB.

Schließlich ist in der Literatur die Auffassung ganz herrschend, wonach sich das Formerfordernis bei einer Verbindung von formbedürftigen und nicht formbedürftigen Vereinbarungen auch auf letztere erstreckt (Beurkundungszwang aufgrund „Sachzusammenhangs").[58] Voraussetzung ist, dass die an sich nicht formbedürftigen Vereinbarungen mit formbedürftigen Geschäften zu einer „rechtlichen Einheit verflochten" werden, sich also die Vereinbarungen aus Sicht der Vertragsparteien als „Gesamtregelung" darstellen, die miteinander „stehen und fallen".[59] Die Praxis entscheidet sich in entsprechenden Situationen häufig auch deshalb dazu die Gesamtvereinbarung zu beurkunden, um dem „Gebot des sichersten Weges" zu entsprechen.[60]

---

Rahmen der Inhalts- und Ausübungskontrolle rechtfertig. Die Beurkundung rettet also beispielsweise den „Last-Minute-Ehevertrag", bei dem die schwangere Braut erst kurze Zeit vor der beabsichtigten Eheschließung erstmalig mit dem Abschluss des Ehevertrags konfrontiert wird, nicht: HK-FamR/*Bergschneider*, § 1408 Rn. 28; Palandt/*Brudermüller*, § 1408 Rn. 8.

[58] *Grziwotz*, in: Beck'sches Notarhandbuch, Teil B I Rn. 157; Palandt/*Brudermüller*, § 1410, Rn. 3.

[59] HK-FamR/*Bergschneider*, § 1410 Rn. 2.

[60] *J. Mayer*, in: Würzburger Notarhandbuch, Teil 3 Rn. 245.

# Paragraphenverzeichnis

Die **fett** gesetzten Zahlen verweisen auf die Fälle, die mageren auf deren Randnummern.

# Stichwortverzeichnis

Die **fett** gesetzten Zahlen verweisen auf die Fälle, die mageren auf deren Randnummern.